［新版］中東戦争全史

山崎雅弘

朝日文庫

本書は二〇〇一年九月、学習研究社より刊行されたものに
大幅に加筆しました。

新版まえがき

本書は、二〇〇一年九月に学研M文庫から出版された拙著『中東戦争全史』全九章に、その後の中東地域（イスラエル・パレスチナおよびその周辺）で発生した新たな紛争と出来事を分析する二章を加筆した、増補新版である。

旧版は、刊行時期が「9・11米国同時多発テロ事件」と重なったこともあり、七万部のベストセラーとなった。それから一五年が経過したが、イスラエル・パレスチナの対立と紛争は解決の方向へは向かっておらず、逆に二〇〇八年のイスラエル軍によるガザ侵攻など、相手側への報復を名目とする武力行使の応酬《おうしゅう》が繰り返されており、旧版刊行後の中東情勢についての補足的な分析や解説を行う必要があるとの思いを強くしていた。

二〇〇一年九月以降、中東とその周辺で起こった重要な出来事として挙げられるのは、前記した9・11同時多発テロ事件と、それに続くイスラム過激派組織「アルカーイダ」のテロ闘争、アラブ諸国で連鎖的に発生した民主化運動「アラブの春」、解決の糸口が見えないまま混迷の度を深めるシリア内戦、そして無差別テロの脅威で世界中を震撼《しんかん》させている新たな過激派勢力「イスラム国（ＩＳ）」の出現などである。

また、イスラエルとパレスチナに直接関わる問題として、ヨルダン川西岸地区での「防護壁」建設や、イランの核開発に対するイスラエルの強硬姿勢なども挙げられる。

これらの出来事は、個別の問題としてバラバラに捉《とら》えるよりも、二一世紀初頭における歴史の流れの中で、それぞれの位置づけを確認しつつ「点」ではなく「線」として読み解いた方が、より問題を多面的に理解できるように思える。

例えば、9・11同時多発テロ事件とアルカーイダは、その後に現れる「イスラム国」と繋がる線上に存在しており、シリア内戦はその前の「アラブの春」と同じ線上に位置している。一つの出来事が起きる前段階として、別の出来事に光を当てることで、歴史上の様々な事例を、大きな川の流れにも似た連続性の中で把握することが可能になる。

そして、同じ線上に位置する複数の出来事を対比させる形で見れば、個々の問題やそれを生みだした「勢力」の相違点も浮き彫りになる。

現在の日本では、同じイスラム過激派勢力であるアルカーイダと「イスラム国」の違いはほとんど認識されておらず、思想や目標の違いを説明できる人も多くないが、本書の第一〇章と第一一章を読めば、アルカーイダの分派として誕生しながら後に「本家」と袂《たもと》を分かった「イスラム国」の特異性も理解できるに違いない。

地域社会の変革に留まらず、近代国家の枠組みを土台から揺るがそうとする「イスラム国」については、組織創設と変遷の経過に加えて、イスラエル・パレスチナ問題との奇妙な形での関わりについても、第一一章で解説した。あまり知られていない事実だが、「イスラム国」はイスラエルを敵視しているのと同時に、パレスチナ側の自治政府やガザ地区の統治勢力である「ハマス」をも敵視し、両方に対して戦いを挑んでいる。

　ウサマ・ビンラディンの「アルカーイダ」は、アラブ世界のムスリム（イスラム教徒）の支持を得るため、イスラエルとパレスチナの対立では後者に味方する態度をとったが、「イスラム国」はそのような前例を踏襲していない。それは一体なぜなのか、という疑問への答えも、本書の中でわかりやすく説明している。


　最後にもう一つ重要な疑問として、イスラエルとパレスチナの紛争はなぜ終わらないのか、という根源的な問いがある。多層的な対立構造は、二一世紀に入ってさらに切り分けが難しい状況へと変質し、二〇世紀の後半に双方の指導者が築いた政治的な「遺産（レガシー）」が、風化した建造物のようにボロボロと崩れつつある。

　大小の戦乱が絶えない近現代史の中でも、とりわけ長く続いている中東の戦争や紛争を改めて俯瞰的《ふかんてき》に理解する上で、本書の内容が一助となれば幸いである。

〔新版〕中東戦争全史 ● 目次

第三章　第一次中東戦争―――81
――ユダヤ人国家イスラエルの建国――

第四章　第二次中東戦争

——大国の思惑とアラブ民族主義の台頭——

第五章　第三次中東戦争――イスラエルの領土拡張政策――139

第六章　第四次中東戦争──167

──イスラエル不敗神話の崩壊──

第七章　中東戦争と石油危機

――米ソ冷戦時代のアラブとイスラエル――

第八章　イスラエル軍のレバノン侵攻

——PLOとパレスチナ・アラブ人の抵抗——

第九章　和平を目指す者と、それを阻む者——267

——２０００年・パレスチナ紛争の再燃——

第一〇章　ガザ紛争とイランの核開発問題――――――303

――イスラエルが直面する二つの難問――

本文図版作製・山崎雅弘

あなたの隣人の家を欲しがってはならない。

——『シナイ契約』（いわゆる「モーセの十戒」）の第十番目の戒め

第一章

パレスチナ紛争の起源

——ディアスポラからバルフォア宣言まで——

一九世紀以前のパレスチナ

ユダヤ民族の王国・古代イスラエルの盛衰

東地中海に面した風光明媚な地・パレスチナ。乾いた太陽の光に照らされながら、ぶどうやオレンジ、オリーブの木が生育するこの穏やかな気候の大地は、しかし有史以来、戦乱の続いた争奪の舞台でもあった。比較的温暖な地中海性の気候と、豊かな水資源に恵まれたこの地方は、農業に適した肥沃《ひよく》な土地であるのと同時に、キリスト教・イスラム教・ユダヤ教の各宗教が共に聖地と仰ぐエルサレム（アラビア語ではアル・クドゥス）を擁していたからである。

旧約聖書によれば、当時カナンと呼ばれていたこの地で最初のヘブル（ユダヤ）人王国「イスラエル」（紀元前一一世紀）の王となったのはサウルという人物だったが、彼の時代にはまだ「イスラエル」の領土は彼の出身地ギベアとエルサレムを含む、ごく小さなものだった。彼らの王国の周辺には、ヘブル人がやってくる前からカナンの地で生活を営んでいたペリシテ人と呼ばれるヨーロッパ系の人々が住んでおり、ヘブル人はペリシテ人と戦って勝利を収めたことで、王国「イスラエル」を建設することができたのである。しかし、

「イスラエル」建国以前のカナンでは、内陸部に住むヘブル（ユダヤ）人と地中海沿岸部に住むペリシテ（非ユダヤ）人の間には大規模な争いもなく、互いの生活圏を尊重した共存生活が営まれていたといわれている。

その後、王国を継承したダビデは、二年にわたる内戦の末にカナンのユダヤ人王国の領土を拡張し、エルサレムの町に王国の首都を築いた。ダビデの死後、新たな王ソロモンは「イスラエル」を一二の地方に分割し、各部族の族長の影響力を弱める一方、エルサレムに壮大な神殿を建設して、王国の結束を固めようとした。彼はまた、商才を活かして近隣各国との間で活発に貿易を行い、「イスラエル」王国の経済力を大きく高めることにも成功している。周辺の国々は、聡明なソロモン王に敬意を表して貢ぎ物を献上し、ヘブル人の敵であるエジプトさえもが、王女をソロモン王の妃とするために送り出したという。

しかし、紀元前九三一年にソロモン王が死ぬと、カナンのユダヤ人たちは九年後に北部の「イスラエル」と南部の「ユダ」に分裂して、内乱の時代へと突入してしまう。同胞との戦いで、経済的にも精神的にも疲弊した二つのユダヤ人国家は、周辺の諸外国からの侵入を防ぎきれず、紀元前九一七年にはエルサレムがエジプトの王シェションク一世に征服されて、大切なソロモン王の財宝までもがエジプト人たちに奪い去られてしまった。

これ以降、同地に君臨する支配者はバビロニア、ペルシャ、ギリシャ（マケドニア）、そしてローマへと移り変わり、「イスラエル」の名前は紀元前八世紀頃には歴史の舞台から姿を消してしまう。紀元前三七年、ヘロデというイドマヤ人（非ユダヤ人）がローマ元老院に認められて新たなユダヤ王国を再興したものの、紀元前四年に彼が死ぬと、現地のユダヤ人たちは再びローマ総督の支配下へと戻されてしまった。そして、ユダヤ人による反乱が、紀元後七〇年にエルサレムで鎮圧されると、王国再建の夢を断たれたユダヤ人たちは、パレスチナの地を後にして世界中へと散っていった。

この、ユダヤ民族のパレスチナからの離散を指す「ディアスポラ」という言葉は、以来世界各地におけるユダヤ人の終わりなき流浪の象徴として語られることとなった。そして、ソロモン王とヘロデ王の築いた神殿は、現在「西の壁」（コーテル――通称「嘆きの壁」）として知られる石積みの壁面だけを残して、ローマ軍の手で完全に破壊されてしまったのである。

パレスチナ時代のエルサレム

「イスラエル」の時代が終わりを告げた後、この地は征服者であるローマ人によって「パレスチナ（ペリシテ人の土地）」と呼ばれるようになったものの、中心地であるエルサレムはその後五〇年以上にわたって、不毛の廃墟が連なる無惨な姿を晒《さら》し続けた。

カナンの神サリムの手で作られたとの意味を持つ古代エジプト語「ウルサリム」が語源ともいわれるエルサレムの再建は、新たな支配者であるローマ皇帝ハドリアヌスによって、一三五年頃から開始された。町の名も「アエリア・カピトリーナ」という名称に変更され、今なお旧市街に面影を留める典型的なローマ風の建築物が廃墟の中で次々と建てられていったが、ユダヤ人が町へと入ることは、祖国再興を求めるユダヤ勢力の新たな反乱を恐れるローマ軍によって厳重に禁止された。

その後、皇帝コンスタンティヌス一世の指導下で、ローマ帝国へのキリスト教導入が公認されると、イエス・キリスト昇天の地である「アエリア・カピトリーナ」のローマ帝国内における地位は上昇した。敬虔《けいけん》なキリスト教徒でもある、コンスタンティヌス一世の母ヘレナが、同地でキリスト磔刑《たっけい》に使用された十字架を「発見」したとの逸話をきっかけに、聖地「アエリア・カピトリーナ」では新たな教会の建設や水道などのインフラ整備が推進され、三三五年には市の中心部に位置する主イエス・キリストの絶命した場所（ゴルゴタの丘）に「聖墳墓《せいふんぼ》教会」が建立されている。

しかし、七世紀に入ると、エルサレムの支配権は新たな勢力によって握られることになる。六三八年、イスラム教の「カリフ（預言者ムハンマドの代理人）」ウマル一世に率いられたアラブ人勢力がエルサレムに入城し、町の名を「聖なる土地」を意味する「アル・クドゥス」へと改名したのである。

イスラム教の聖典コーランによると、六一〇年に現サウジアラビアのメッカで誕生した預言者ムハンマドは、あるとき大天使ガブリエルに導かれ、天馬に跨《また》がってエルサレムの地に着地する夢を見たとされている。ムハンマドは、馬から降りると跪《ひざまず》いて祈り、そこにある巨大な岩から天国へと通じる梯子《はしご》を昇って、アッラーの御座にひれ伏したという。敬虔《けいけん》な「カリフ」であるウマル一世にとって、ムハンマドにゆかりの深い、かつてソロモン王の神殿があった丘の上に実在する「聖なる岩」を自らの支配下に収めることは、単にアラブ人勢力の支配権を拡張するだけにとどまらない、重要な意味を持つ行いだった。

この「聖なる岩」をメッカとメディナに次ぐイスラム教第三の聖地と位置づけたムスリム（イスラム教徒）たちは、六九一年にこの岩を包み込むようにして「岩のドーム」と呼ばれる八角形の神殿を建て、その二〇年後には「岩のドーム」の南側に「アル・アクサ・モスク」を建立するなど、絢爛《けんらん》たるイスラム文化の粋を凝らした建築物を次々と生み出していった。アラブ系住民が、先住民であるカナン人やペリシテ人、ユダヤ人らを凌駕《りょうが》して、パレスチナに住む人口の大多数を占めるようになったのも、この時代のことである。

主イエスゆかりの聖地を異教徒の手に奪われたヨーロッパのキリスト教勢力は、一一世紀から一三世紀にかけて数度にわたる十字軍の遠征を実施して、聖地の奪回を試みた。この長い戦いの期間中、エルサレムの町は幾度か遠征軍の手に落ちたものの、一二四四年にトルコ人イスラム勢力によって再び占領されると、十字軍はもはや二度とエルサレムへと足を踏み入れることができなかった。エルサレム（アル・クドゥス）の支配権はこの時から二〇世紀までずっと、ムスリム勢力によって握られることになるのである。

一五一六年、同じムスリムであるトルコ人のマムルーク朝を破ってパレスチナを支配下に置いたオスマン帝国は、一五二〇年頃から「アル・クドゥス」の周囲に高い石積みの城壁と壮麗な門を構築し始めた。現在の「エルサレム旧市街」を形づくる、独特の趣ある景観は、事実上この時代に完成されたとも言える。この城壁内では、生活上の権利に制限が

[写真上]「嘆きの壁」と通称されるエルサレム神殿の西の壁の前で敬虔《けいけん》な祈りを捧げているユダヤ教徒。(写真＝朝日新聞)
[写真下]「聖なる岩」を包むように建てられた「岩のドーム」。(写真＝朝日新聞)

課せられてはいたものの、キリスト教徒やユダヤ教徒も居住することを許されていた。

こうして、多数派であるムスリムのアラブ人と、少数派であるユダヤ教徒およびキリスト教徒による共存の時代が、パレスチナで始まった。以来、パレスチナのムスリムたちは四〇〇年近くにわたって、文化や宗教の異なるユダヤ教徒やキリスト教徒の生存権を認めながら、共に生活を営んできたのである。

紛争の火種・シオニズム運動

そんなパレスチナのアラブ人とユダヤ人の共存関係を、根底から揺り動かすことになる一大政治運動がヨーロッパで誕生したのは、一九世紀が終わろうとしていた頃だった。ユダヤ人にとってのエルサレムの別名である「シオンの丘」に、ディアスポラによって世界各地に離散したユダヤの民が再び集まり、ユダヤ人が安心して暮らせる国家を再建しようという祖国回帰運動「シオニズム」がそれである。

ユダヤ人のパレスチナ回帰運動に「シオニズム」という名が付けられたのは、一八九〇年頃だったと言われている。もともと、ユダヤ教を信奉するユダヤ人たちは、偶像崇拝の否定や選民《せんみん》意識、食事規定など、独自の宗教観と生活習慣に固執して、居住地の文化に同化することを頑《かたく》なまでに拒絶する傾向にあったため、ヨーロッパの各地では伝統的にユダヤ人に対する有形無形の差別や迫害が繰り返されてきた。主イエスに磔刑をもたらした民族の子孫としてのユダヤ教徒を迫害から守ろうという寛容なる勢力は、カトリック教会の権威を至上とする当時のヨーロッパには、ほとんど存在しなかった。

一九世紀の半ばになると、西ヨーロッパの諸国ではユダヤ教徒の社会的地位が向上し、大学教授や医師、弁護士、芸術家、小説家、音楽家など、幅広い分野で傑出した人物を生み出すようになる。だが、帝政ロシアや東ヨーロッパ諸国では、ユダヤ教徒の地位向上が見られないばかりか、新たな迫害の種が各地の支配者によって蒔《ま》かれ始めた。経済的に満たされない国民の不満をそらすため、ロシア皇帝や東欧諸国の支配者は、異教徒であるユダヤ人に対する迫害をなかば公然と、積極的に扇動《せんどう》するようになっていったのである。

一八八〇年代に入ると、ロシアと東欧では「ポグロム」と呼ばれるユダヤ人迫害の動きが激化の一途をたどり、ユダヤ人の経営する商店は次々と放火や打ち壊しの対象となった。自国の政府が、理不尽な暴力から自分たちを守ってくれないことの悲哀を痛感したユダヤ人たちの間では、次第にユダヤ教徒が安心して日々を過ごせる祖国の必要性が叫ばれるようになる。そして、彼らの心に思い描かれた「安息の地」こそが、地中海東方の「シオンの丘」エルサレムだったのである。

当時のヨーロッパでエルサレムへの帰還を最初に説いた者が誰であったかは判然としないが、一八六二年には早くもドイツに住むユダヤ人モーゼス・ヘスが自著『ローマとエルサレム』の中で、離散したユダヤ人をエルサレムへと帰還させて、同地をユダヤ人の精神的支柱にすべきだと主張していた。また、一八八二年に出版されたロシア在住のユダヤ人レオン・ピンスケルの著書『自力解放』では、ユダヤ人が現在の苦境から解放されるためには「郷土」の存在が不可欠であるとの見解が述べられていた。

これらの書物は、いずれもエルサレム周辺におけるユダヤ国家創設という輝かしいイメージを描き出してはいたものの、具体的にどのような手順でその理想を実現するかという方法論について触れているものは皆無だった。いにしえの時代にユダヤ人が追放されたパレスチナには、既に大勢のアラブ人が一〇〇〇年以上もの長きにわたって生活を営んでおり、そこに新たな国の創設という計画を打ち立てるのは、容易なことではなかった。

そのため、迫害の絶えないヨーロッパからの脱出を決意したユダヤ教徒の大部分は、アラブ人の多いパレスチナではなく、彼らを受け入れるための空間的余裕のあるアメリカやカナダ、オーストラリア、南アフリカなどを移住先として選んでいたのである。

しかし、一八九六年二月に一冊の書物がウィーンで出版されると、彼らユダヤ人を取り巻く情勢は大きく変動することになる。

その書物の名は『ユダヤ人国家――ユダヤ人問題の現代的解決の試み』。著者のテオドール・ヘルツルは、オーストリア＝ハンガリー出身のジャーナリストだったが、彼は特派員としてパリに在住していた時代に「ドレフュス事件」を取材し、そこでフランスにおけるユダヤ人差別の実体を目《ま》の当たりにした。

「ドレフュス事件」とは、ユダヤ系の参謀本部付将校ドレフュス砲兵大尉がスパイ容疑の濡れ衣を着せられ、軍法会議で一方的に有罪判決が下された冤罪《えんざい》事件のことである。ヘルツルの目に映ったものは、フランス人の大群衆が「ドレフュス事件」に関連して、パリの街頭で反ユダヤの示威《じい》行進を繰り広げている光景だった。

　この事件を克明に取材した彼は、ユダヤ人に対して比較的寛容と思われていたフランスでも、このような反ユダヤ思想が容易に民衆の間で受け入れられたことに大きなショックを受けた。そして、数々の先人たちと同様に、ユダヤ国家創設の必要性を痛感させられたヘルツルは、もはや一刻の猶予も許されないとの使命感から、祖国建設のガイドラインとなる書物の執筆に着手したのである。

ユダヤ人のパレスチナ移住開始

シオニスト機構の発足

ヘルツルの著した『ユダヤ人国家』は、全部で一〇〇ページほどの小冊子だったが、特にこれといって目新しい思想が述べられているわけではなかった。むしろ、先人たちによるそれまでのシオニズム思想の系譜を踏まえた上で、現実的な祖国再建のプログラムを模索しようというのが、この書物の目的だったのである。しかし、この書物の執筆を含めたヘルツルの活動がそれまでのシオニズム運動と大きく異なっていたのは、祖国建設を目指す彼の提言がきわめて具体性に富んでいたことだった。

「まず、地球上のいずこかの場所にユダヤ教徒の安住の地を取得し、列強からの主権の承認を取り付ける。新たなる『約束の地』は、パレスチナに限らず、南米のアルゼンチンであってもよい。欧州で迫害されたユダヤの民は、新天地目指して直ちに出発する必要はなく、数十年の歳月をかけて継続的に移住する。最初は貧窮に苦しむ者から順に移住して、現地の土地を耕して開拓してゆく。そして、多少ましな階層の者がその後へと続いていくだろう。ただし、この移住は完全に自由意志に基づくものであり、移住を望まない者は欧州に残留すればよい」

そしてヘルツルは、この問題の解決には大国の関与が不可欠だと結論づけた。

「ユダヤ民族の問題は、宗教や社会問題の域を超えて、民族問題として認識されねばならない。これは世界的な政治問題となってこそ、初めて解決され得るものである。すなわち、世界の文明国が参加する国際会議でこの命題が議論の俎上《そじょう》へと乗せられた時、この難問は解答を見いだすことができるだろう」

後にイスラエル建国の礎となるこの書物『ユダヤ人国家』の出版はシオニズム運動の歴史上きわめて大きな意義を持つ大事件だった。ところが、当時のヨーロッパにおけるユダヤ人社会がこの書物に対して見せた反応は、きわめて冷淡かつ非協力的なものだった。とりわけ、西欧諸国に同化して高い社会的地位を確保していた裕福なユダヤ人たちは、このような運動を声高《こわだか》に叫ぶことで、反ユダヤ思想の再来を招く呼び水となってしまうことを恐れたのである。また、熱心なユダヤ教徒たちは、ユダヤ民族が直面する「ディアスポラ」の苦難は神が彼らに与え給《たも》うた試練であり、そのような状態から人為的に脱却して独自の国家を創設することは、神の意志に対する冒瀆《ぼうとく》であるとして、ヘルツルの運動に激しい非難を浴びせた。

だが、それでもヘルツルは自らの祖国建設計画に強い確信を抱き続けた。『ユダヤ人国家』の出版から一年半が経過した一八九七年八月二九日、ヘルツルはシオニズム運動を推進していたユダヤ人団体に働きかけて、スイスのバーゼルで「第一回シオニスト会議」を開催することに成功する。

シオニズム運動の活動家一九七人が一堂に会して開かれたこの会議では、ヘルツルを議長とするシオニズム運動の連合組織「シオニスト機構（後に世界シオニスト機構と改称される）」の設立が決定されるのと共に、シオニズム運動の到達目標を「パレスチナの地に、ユダヤ民族のための、公的な法によって保証された郷土を創設すること」と謳《うた》い上げた「バーゼル綱領」が採択された。

ヘルツルの予想では、ユダヤ民族の祖国再興は五〇年後には実現できるはずだった。そして「バーゼル綱領」から五一年後の一九四八年五月一四日、ヘルツルの大きな肖像写真が掲げられた一室で、初代首相ベングリオンによって、ユダヤ民族の独立国家イスラエルの建国宣言が高らかに読み上げられ、彼の予言は見事に成就することになる。

しかし、パレスチナの地で長らく暮らしてきたアラブ人たちにとって、この「バーゼル綱領」の採択は、彼らに何の恩恵ももたらさないばかりか、二〇世紀の歴史を通じてパレスチナで彼らの身に降りかかる様々な災厄を生み出す元凶以外の何物でもなかった。彼らは間もなく、この「綱領」に込められた遠大なる計画に翻弄《ほんろう》され、遂には先祖伝来の家や財産を失って祖国パレスチナから追放させられることになるのである。

シオニストの入植地探し

パレスチナを目指すユダヤ人の民族意識が次第に隆盛へと向かっていたのとは対照的に、

二〇世紀初頭のパレスチナに住むアラブ人たちの間には、まだ「パレスチナ人」としての民族意識は芽生えていなかった。彼らは自らを、エルサレム直轄州とその周辺に住む「オスマン帝国の民」であると認識しており、彼らの忠誠心はオスマン帝国の首都コンスタンチノープル（現イスタンブール）の宮殿に住むスルタン（皇帝）に対して捧げられていた。「ファラスティン（パレスチナのアラビア語名）」という地名に対する当時のアラブ系住民の執着は、地勢的境界すら明確には規定されていなかったこともあり、きわめて希薄なものであったといわれている。実際、パレスチナの農耕地の多くは、ベイルートなどの非パレスチナの大都市に住む不在地主によって所有されていた。そのため、小作人として彼らに雇われるアラブ人たちにとって、その土地は何処《いずこ》かに住む「親方」の所有地であって、自らを主体的な「パレスチナの民」と考える習慣はなかったのである。

パレスチナを自らの新天地と見なすユダヤ人にとって、こうしたアラブ人のパレスチナに対する帰属意識の希薄さは、ユダヤ人の移住計画を進める上で非常に好都合な要素だった。しかし、ヘルツルらシオニストの行く手には、依然として大きな壁が立ちはだかっていた。祖国再興の予定地パレスチナの支配権を握るオスマン帝国のスルタンが、同地の割《かつ》譲《じょう》を意味するシオニズム運動を受け入れるとは到底考えられなかったからである。

一九〇一年六月、ヘルツルはイスタンブールに赴《おもむ》き、スルタンのアブダル・ハミード二世への謁見《えっけん》を許された。だが、スルタンはユダヤ国家の創設ではなく、ユダヤ移民のオスマン帝国領各地への分散型の移住ならば受け入れてもよいとの条件を提示したため、ヘルツルの目論見はもろくも崩れ去ってしまう。スルタンの懐柔をあきらめたヘルツルは、続いてドイツ皇帝とイギリス首相にもシオニズムへの理解を働きかけたが、実のある返答を得ることはできなかった。

ユダヤ人の移住先をパレスチナに限定したのでは、祖国再興を実現できる見込みが薄いと考えたヘルツルは、新たなユダヤ人の入植計画をイギリス政府へと持ち込んだ。第一案は、地中海東方に浮かぶ小島キプロスだったが、この島では伝統的にトルコ人とギリシャ人の対立が続いており、そこにユダヤ人が入植すれば人種紛争に拍車がかかるとの理由から、却下された。次に第二案の入植地として、パレスチナに隣接するシナイ半島の町エル・アリシュの周辺が検討されたが、水源のない砂漠が広がる土地では大規模な入植は不可能との判断が下され、やはり却下された。

一九〇三年四月、ヘルツルと会談を行っていたイギリスの植民相チェンバレンは、第三の植民用地として東アフリカのウガンダを検討してみてはどうかと提案した。ナイロビ（現ケニア首都）とヴィクトリア湖の間に位置するマウ山麓の高原地帯は、気候がヨーロッパと似通った風光明媚な土地であり、前年に鉄道の車窓からこの地を眺めたことのあるチェンバレンは、入植者としてユダヤ人が最適ではないかと考えたのである。

しかし、この提案もまた、イギリス側の現地入植者と大蔵省、そしてパレスチナに固執するシオニストたちの反対に遭遇する。シオニズム運動にとりわけ熱心な東欧出身のユダヤ人たちは、古代イスラエルの栄えた「シオンの丘」を擁するパレスチナ以外に、祖国再

テオドール・ヘルツル。イスラエル建国の礎となる『ユダヤ人国家』を出版し、スイスのバーゼルで「第1回シオニスト会議」を開催。シオニズム運動を大きく先へ進めた。（写真＝Getty Images）

興の適地はないとの考えを捨てようとはしなかった。そして、ヘルツルが欧州各地を歴訪している間にも、帝政ロシアと東欧諸国のポグロムは猛威をふるい続けており、生命の危険に晒されながら日々の暮らしを続ける彼らにとっては、もはや悠長に入植先を探している場合ではなかった。

ユダヤ人富豪による土地買収作戦

一九〇四年七月三日、ヘルツルは突然の心臓発作でこの世を去る。まだ四四歳という若さだった。入植先をめぐる意見の対立によって、シオニスト機構は分裂の一歩手前にまで追い込まれており、ヘルツルの心労も極限に達していたといわれている。そして、一九〇五年に開催された第七回シオニスト会議において、イギリスの提示したウガンダ案は正式に却下されたが、重要な舵取り役であるヘルツルを失ったシオニスト機構は、次第に求心力を失っていくことになる。

だが、ヘルツルの急死と共に、ユダヤ人の精神的支柱としてのシオニスト機構の影響力に翳《かげ》りが見え始めていた頃、ヨーロッパに住むユダヤ人の一部は、独自に資金を調達して、パレスチナへの移住を開始していた。ヘブライ語の「上昇する」という意味から転じて「パレスチナへ昇り来る者」を表す言葉となった「アリヤー」と呼ばれる移民たちがそれである。

彼らは、一九〇一年にシオニスト会議で設立されたパレスチナでの土地購入機関「ユダヤ民族基金」や、大富豪ロスチャイルド家をはじめとするユダヤ人富裕層からの寄付を元手にパレスチナの土地を購入して、合法的にパレスチナへの「浸透」を図ったのである。

こうして、二〇世紀初頭だけで約一万人のユダヤ人が、新天地パレスチナへの移住を果たしていた。だが、遠慮会釈《えしゃく》のない彼らユダヤ人の一方的な流入は、当然のことながら現地のアラブ人社会に感情的な反発を呼び起こすことになる。

前記した通り、パレスチナの農地はその大部分がダマスカスやベイルート、カイロなどの大都市に住む不在地主によって所有されていたが、ユダヤ人による土地の買収が活発になると、アラブ人の大地主は金と引き替えにパレスチナの土地を次々とユダヤ人勢力に売り渡していった。その結果、この地で代々暮らしてきた貧しい小作人は耕作地を失い、家族を養うための収入源を断たれてしまうという事態があちこちで発生した。

ユダヤ人の入植者がアラブ人の反感を買った理由は、他にもあった。彼らは、現地の生活様式や文化を完全に無視して、移住先であるパレスチナの地に、ユダヤ人の価値観に基づく新たな社会を作り始めたのである。

パレスチナには、もともとセファルディム系ユダヤ人と呼ばれる、地中海系の浅黒いユダヤ人たちがアラブ人と共に生活していたが、彼らは皆、パレスチナの現地社会と同化していたため、アラブ人との間で摩擦が生じることはきわめて少なかった。しかし、新たに入植してきた「アリヤー」の大半は、皮膚の白いヨーロッパのアシュケナジム系ユダヤ人たちであり、彼らは移住前の国でそうしてきたように、パレスチナに入植した後も現地の社会習慣を受け入れようとせず、自らの生活様式を頑なに貫き通した。

このような移民を乗せた船が次々とパレスチナの港に到着すると、アラブ人たちの胸には将来に対する不安と、自らの故郷に異質な文化を持ち込んで勢力圏を拡大してゆくユダヤ人に対する感情的な反発が、少しずつ強まっていった。彼らの不安と反感は、この時点ではまだ漠然としたものではあったが、これ以降パレスチナを舞台としたアラブ人とユダヤ人入植者の民衆レベルでの摩擦は、年を経るにつれて次第に先鋭化していった。

そして、パレスチナでの生活圏をめぐる彼らの対立は、ある国家の介入によって、取り返しのつかないほどに熾烈《しれつ》な民族間の戦争へとエスカレートしてゆくことになる。

かつて「世界をその光で照らし出す輝かしい太陽」と謳われ、強力な海軍力を背景に世界各地で植民地を経営していた大英帝国が、第一次大戦の勃発を機に、パレスチナを含む中東へもその触手を伸ばし始めたのである。

大英帝国による委任統治の始まり

第一次大戦中のパレスチナ

一九一四年七月二八日、オーストリア＝ハンガリーがセルビアに宣戦を布告したことがきっかけとなり、第一次世界大戦と呼ばれる戦争が勃発した。この戦争は、オーストリア＝ハンガリーとドイツの「同盟国（中央列強）」と、イギリス、フランス、ロシアから成る「連合国（協商国）」との戦争として始まったが、バルカン地方にも領土を持つオスマン帝国（トルコ）が同年一〇月に同盟国側に立って参戦したことから、地中海とペルシャに挟まれた中東は、英仏両軍とトルコ軍による戦いの舞台となった。

第一次大戦の勃発当時、世界最大規模を誇るイギリス海軍は、その膨大な艦船の燃料を石炭から石油へと転換する大事業を開始したばかりだった。重要戦略物資としての石油の価値が高まるにつれ、有望な油田を多く抱える中東地域は、イギリス政府の高い関心を集めるようになっていた。このような状況下における、トルコの第一次大戦参戦は、イギリスにとって、産油地の多い中東地域を大英帝国の支配権へと組み入れる絶好のチャンスだったのである。

中東地域の支配権を確立するためには、まずこの地域からトルコ軍を駆逐《くちく》することが先決だと考えたイギリス政府は、現地のアラブ人を焚《た》き付けて、反トルコ勢力を創り上げることから着手した。開戦翌年の一九一五年、カイロに駐在するイギリスのエジプト＝スーダン高等弁務官サー・ヘンリー・マクマホンは、アラブ人ムスリムの精神的指導者である「メッカの大守」フセイン・イブン・アリーに書簡を送り、イギリスの対トルコ戦争への協力を要請した。

預言者ムハンマドの血筋を引くハーシム家の当主フセインは「ダマスカス、ホムス、ハマ、アレッポを結ぶ領域内をアラブ人の国家として独立させるならば、イギリスに協力してもよい」との返事をマクマホンへと送付する。ここで規定された領域を厳密に適用すれば、パレスチナはアラブ国家には含まれないことになるが、フセインはこの時、パレスチナの処遇に関するイギリス側の真意を確認することを怠ってしまった。しかし、聖地アル・クドゥスがムスリム社会で占める重大な地位を考えれば、この地もまたアラブ人国家に含まれることは自明の理であると、フセインには思われたのである。

マクマホンは、一九一五年一〇月二四日付の書簡で、フセインの要求を受け入れる旨を約束した。こうして、計一〇通に及ぶ「フセイン＝マクマホン往復書簡」によって、大戦終結後のアラブ人国家創設と引き替えに、中東地域のアラブ人勢力が反トルコの反乱を起こして、イギリス軍の行動を助けるという重要な取引が成立した。

だが、公式にはイギリス政府を代表してこのような「取引」を行ったマクマホンだったが、実は彼の与《あずか》り知らぬ場所では、別の「イギリス政府代表者」二人が、第一次大戦終結後の中東地域における政治的支配権を規定する交渉を、それぞれ独自のルートで進めていた。そして、この分裂したイギリス政府の対応こそが、後に取り返しのつかない悲劇をパレスチナの地にもたらす要因となるのである。

イギリス政府の「三枚舌外交」

一九一五年から翌一六年にかけて、イギリスの中東専門家マーク・サイクスは、フランスの駐ベイルート領事を務めたこともある中東通の外交官フランソワ・ジョルジュ＝ピコと数度にわたる会談を行い、第一次大戦以後の中東をどのように分割するかという計画を話し合った。当事者であるアラブ人の意向を一切無視して、純粋にイギリスとフランスの国益のみを勘案して作成された分割案は、現レバノンを含むシリア地域をフランスの支配圏、その南と東に広がるパレスチナおよびメソポタミア（現イラク）地域をイギリスの支配圏と規定していたが、ヤッファとガザ、エルサレムを含むパレスチナは英仏露三国の国際管理下に置かれるものと定められた。

事実上、英仏両国による中東地域の乗っ取りを意味するこの「サイクス＝ピコ協定」は、一九一六年五月に英仏両国政府によって正式に調印されたが、当然のごとくその内容は秘密にされた。イギリスがこのような背信行為を行っているとは知らないフセインは、同年六月一〇日、自ら陣頭に立ってトルコ軍の兵営を襲撃し、オスマン帝国（トルコ）に対する反旗を翻した。イギリスは、若き考古学者トーマス・エドワード・ロレンスをアラブ側とイギリス軍との連絡将校として現地に派遣し、アラブの反乱をイギリス軍の活動と連携させるよう指示を送った。

一方、イギリスの首都ロンドンでは、ハイム・ワイツマンというロシア出身のユダヤ人化学者が、シオニズムの思想をイギリス政界に認知させるべく、精力的に奔走していた。弁舌の巧みな彼は、ユダヤ人の祖国帰還運動に対する心情的な支持を得ようと、論点を相手に合わせて巧妙に使い分けた。軍事や政治問題に精通した相手に対しては、スエズ運河に近いパレスチナに親イギリスのユダヤ人国家が誕生すれば、オスマン帝国ないしその解体後に勃興する可能性のある東方勢力から運河を守る防壁になりうると力説した。相手が敬虔なクリスチャンだとわかると、彼は旧約聖書からシオニズムに関連した箇所を引用して、ユダヤ人の祖国帰還は歴史の必然であると相手に思い込ませようとした。

一九一六年の末、イギリスでロイド＝ジョージを首班とする新内閣が誕生すると、ワイツマンの政界工作は大きく前進した。彼とは旧知の間柄だったアーサー・ジェームズ・バルフォア卿が、外務大臣に就任したからである。シオニズム容認の空気は英政府内での多数派を占め、ロイド＝ジョージとバルフォアは、パレスチナとメソポタミアの両地域は大英帝国の権益を護る上で不可欠の要地であるとの見解を持つようになる。

あと一押しでイギリス政界はユダヤ勢力の側につくと読んだワイツマンは、手をこまねいていればドイツが先んじてシオニスト勢力と手を結び、親独的なユダヤ国家がパレスチ

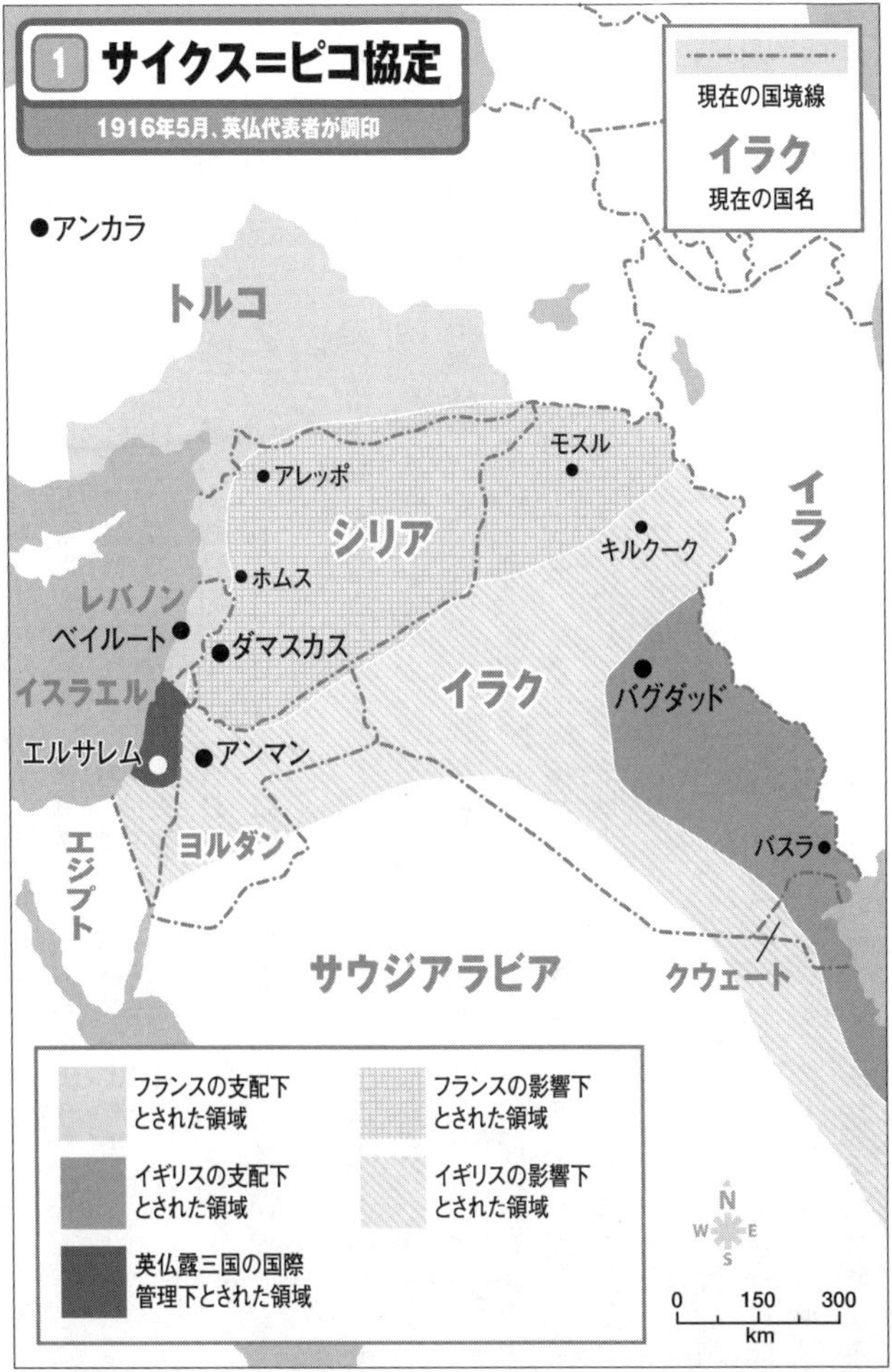
1
サイクス=ピコ協定
1916年5月、英仏代表者が調印
現在の国境線
イラク
現在の国名
アンカラ
トルコ
モスル
アレッポ
シリア
キルクーク
イラン
ホムス
レバノン
ベイルート
ダマスカス
イラク
バグダッド
イスラエル
エルサレム
アンマン
エジプト
ヨルダン
バスラ
サウジアラビア
クウェート
フランスの支配下とされた領域
フランスの影響下とされた領域
イギリスの支配下とされた領域
イギリスの影響下とされた領域
英仏露三国の国際管理下とされた領域
N
W
E
S
0
150
300
km

ナに誕生するであろうとの警告を発した。海軍省の技術顧問でもあったワイツマンが予想した通り、この警告は、安全保障問題に敏感なイギリス政界人の心を大きく揺り動かした。一九一七年一〇月三一日、イギリス政府はユダヤ国家創設を認める公式声明の文案を承認し、その文案はバルフォア外相からの書簡という形式をとって、一一月二日付で英国シオニスト連合会会長ロスチャイルド卿に宛てて送付された。

後に「バルフォア宣言」と呼ばれることになる、この歴史的な書簡の中身は、次のようなものだった。

「私は、内閣に対して提出され、承認されたユダヤ人シオニストの願望に対する同情を示す、次のような宣言を、政府を代表してあなたに伝えられることに大きな喜びを感じます。イギリス政府は、パレスチナにおけるユダヤ人の民族的郷土の設置に好感を抱いており、この目的の達成を容易にするため、最善を尽くすでしょう。ただし、その際にパレスチナに現存する非ユダヤ人共同体の市民的・宗教的諸権利や、他の国においてユダヤ人が享受している諸権利ならびに政治的身分に対して、害を与えることは何も行われないことを明確に諒解《りようかい》されるべきものとします」

ワイツマンは、この「バルフォア宣言」を、イギリス政府によるユダヤ人国家創設計画に対する正式な認知と理解した。先に述べたように、イギリス政府は中東の戦後処理に関して全く異なる三種類の「約束」を同時期に乱発していたが、シオニストたちは「バルフォア宣言」の文面にユダヤ国家の正当性を見いだして大いに勇気づけられた。そして、ユダヤ人のパレスチナへの入植は、これ以降徐々に拡大してゆくのである。

アレンビー将軍のエルサレム入城

「バルフォア宣言」が発表されると、当然のごとくパレスチナのアラブ人社会に大きな動揺が走り、フセインはカイロの英国政庁から派遣された特使に「これはどういうことか」と詰問《きつもん》した。特使は「パレスチナに対するユダヤ人の入植は、アラブ住民の政治的・経済的自由と相反しない限りでのみ許される」と弁明したが、この説明が「バルフォア宣言」の文中にある曖昧《あいまい》な表現と一致しないことは明白だった。

しかしフセインはこの時、またしても係争中の問題点を明確にしないまま善意に解釈するという、外交上の大きな過ちを犯してしまう。彼は、ユダヤ人のパレスチナへの入植は迫害から逃れるユダヤ人に緊急避難の場所を提供する過渡的な行動であるとの解釈を示し、イギリスの釈明を大筋では受け入れる姿勢を見せたのである。

アラブ人勢力の支援を受けたイギリス軍は、各地でトルコ軍を圧倒し、戦線を徐々に北上させていった。一九一七年一二月一一日には、エドモンド・アレンビー将軍に率いられたイギリス軍部隊がトルコ軍守備隊を撃破して、聖地エルサレムへと入城した。長らくイスラム教徒の支配下に置かれてきた聖地アル・クドゥスは、十字軍時代から数えて八一八年ぶりにキリスト教徒の手に戻り、再びエルサレムの名で呼ばれる城塞《じようさい》都市となった。

フセインの三男ファイサルは、アラブ人部隊を率いてシリア地域にまで進軍し、一九一八年一〇月一日にはシリアの古都ダマスカスからトルコ兵を駆逐することに成功した。実際には、この町へと最初に入ったのは英連邦オーストラリア軍の騎兵隊だったが、アラブ人の心情に配慮したロレンスの取り計らいで、ファイサルを解放者とする入城式が恭《うやうや》しく行われた。そして、フセインからマクマホンへの書簡に記されたダマスカスを除く三都市――ホムス、ハマ、アレッポが次々と陥落すると、戦意を失ったトルコはイギリス側に休戦を申し入れた。同年一〇月三〇日、連合国とオスマン帝国の間で休戦協定が調印され、中東における第一次大戦に終止符が打たれたのである。

現地パレスチナの情勢を見る限りでは、イギリスとアラブ人勢力の協力は順調に進展しているかに思われた。ファイサルをはじめとするアラブ人勢力の幹部たちは、ダマスカス解放後間もなく「アラブ政府の樹立」を宣言し、第一次大戦の講和交渉にもアラブ人代表として参加することを夢想していた。

しかし、先の「サイクス＝ピコ協定」によってシリアの支配権を獲得していたフランスには、この地域の主権をアラブ人に与えるという約束を結んだ覚えはなく、アラブの独立を支持するつもりもなかった。一九一九年一月一八日、パリで開催された和平会議にはファイサルも出席を許されたが、トルコ領土の戦後処理に関するアラブ人代表としての彼の意見は、戦勝国である英仏米伊の四大国によって完全に無視されてしまう。

そして、一九二〇年四月一九日に始まった国際連盟の最高理事会（通称サンレモ会議）の席上、シリアとレバノンをフランスが、パレスチナとヨルダン、イラクをイギリスが委任統治するという、「サイクス＝ピコ協定」に多少の修正を加えた内容が再確認され、フランスは同年六月二五日に軍隊をダマスカスへと派遣して、ファイサルの率いるアラブ人勢力を町の外へと追い払った。

一方、パレスチナの戦後処理を担当するイギリスは、フランスがシリアで行ったような強硬策をとるわけにはいかなかった。「フセイン＝マクマホン書簡」と「バルフォア宣言」という二枚の板に挟まれていたため、積極的な行動に打って出ることができなかったためである。しかし、イギリス政府もフランス同様「サイクス＝ピコ協定」で得た中東の利権をみすみす手放すつもりはなかった。

一九二二年七月二四日の国際連盟理事会で採択された、パレスチナの委任統治に関する規約（国際連盟規約第二二条）は、この時期におけるイギリス政府の首尾一貫しない中東政策を如実に物語っていた。そこには「オスマン帝国にかつて属していた若干の共同体（シリア、イラク、レバノン、トランスヨルダン、パレスチナ）は、自立能力を持てるようになるまで委任統治国から行政的な助言と支援を受けるとの条件のもとで、独立国家としての存在を暫定的に認めうる発展段階に達している」と記されていたが、その前文では「バルフォア宣言」の文面がほぼそのまま繰り返されており、結局のところイギリスがパレスチナにどのような将来を望んでいるのか、誰一人として断言できる者はいなかった。

二〇世紀の歴史を振り返ると、結果としてこの時期にイギリス政府がとったあからさまな三枚舌外交こそが、以後九〇年以上にわたって延々と続くアラブ人とユダヤ人による民族間紛争の、事実上の発端であったと言える。

ヨーロッパ随一の大国イギリスは石油利権の確保をはじめとする漠然とした思惑を抱いて中東に乗り込んだものの、そこで複雑に入り組んだ政治的・民族的・宗教的な利害の交錯を充分に理解していたわけではなかった。そして彼らは間もなく、自らの軽率な介入が招いた代償を、パレスチナに駐留するイギリス兵たちの血で贖《あがな》うことになるのである。

第二章
アラブ諸国の独立とホロコースト
――アラブ・ユダヤ紛争の恒常化――

イギリスによる中東政策の破綻

ヨルダンとイラクの独立

紆余曲折《うよきよくせつ》を経て、パレスチナの委任統治を開始することになったイギリスだったが、パレスチナ以外の中東地域では依然として、アラブ人による民族自決の動きが活発に繰り広げられていた。オスマン帝国の軍勢を駆逐《くちく》してダマスカスにアラブ人政府「シリア王国」を樹立したファイサルが、近代装備を駆使するフランス軍によってシリアから放逐された事件がきっかけとなり、中東のアラブ人は再び西欧文化圏に対する敵意を燃やすようになる。一九二〇年一一月には、ファイサルの兄アブドゥッラー・フセインがパレスチナ南東のマアンに到着し、そこで大々的な反フランス闘争の開始を宣言していた。

アラブ人勢力とシリアを支配するフランスの双方から圧力を受けるようになったイギリスは、中東情勢を安定させるため、事態の収拾に向けた政治的解決の道を模索し始めた。当時の植民地相ウィンストン・チャーチルは、自ら現地視察の旅に出て高等弁務官や軍人、アラブ問題の専門家などから事情を聞いた後、エジプトのカイロで会議を開いて、旧オスマン帝国領であった中東の政治地図を次のように描き出した。

まず、ペルシャと隣接するメソポタミア地域を「イラク王国」として独立させ、シリアから追放されて英国に亡命していたファイサルを国王に就任させる。一方、地中海沿岸のパレスチナでは、今後もイギリスの委任統治を継続するが、先の「バルフォア宣言」でシオニスト勢力に約束した「ユダヤ国家の独立」を目指すユダヤ人移民の受け入れは基本的に容認する。そして、イラクとパレスチナの間に位置するヨルダン川東岸の広い範囲に新たなアラブ国「トランスヨルダン王国」を創設し、国王にはファイサルの兄アブドゥッラーを即位させる。

これによって、中東をめぐる各勢力の利害衝突は、表面上回避できるはずだった。イラクとトランスヨルダン両王国の創設によって、「フセイン＝マクマホン書簡」で約束した「アラブの独立」は達成され、同時に対トルコ戦争での功労者ファイサルと、反仏闘争の指導者アブドゥッラーにそれぞれ独立国を与えることで、フランスとアラブ勢力との対立も沈静化されよう。そして、パレスチナをユダヤ人移民の受け入れ先として留保することにより、イギリス政府は「バルフォア宣言」を忠実に踏襲しているとの姿勢を、シオニスト勢力に対して示すことができた。

言うまでもなく、これらの国家群は全て大英帝国の支配下に置かれ、将来有望な中東の石油権益はすべてイギリスへと流れ込むことになっていた。一九二三年五月一五日、トランスヨルダン王国の成立が正式に発表され、イギリスはヨルダン川東部の広い地域をその間接的な影響下に置いた。

しかし、イギリス政府はこの時、重大な要素を見落としていることに気付いていなかった。ヨルダン川以西のパレスチナに住むアラブ人の処遇については、何一つ規定していなかったのである。そのため、チャーチルの構想はパレスチナにおけるユダヤ人とアラブ人の対立解消に何一つ役立たなかったばかりか、イギリスの中東政策がシオニスト勢力の全面支持へと傾きつつあるとの印象をパレスチナのアラブ人に植え付けることとなり、現地のアラブ人勢力は以前にも増して、反イギリス・反ユダヤの姿勢を強めていった。

エルサレムの支配者たち

イギリスの委任統治が実質的に開始した一九二〇年の七月、初代の高等弁務官としてユダヤ人のサー・ハーバート・サミュエルが着任したが、自身もユダヤ人である彼は熱心なシオニズム運動の支持者であり、着任から間もない八月には早くも、パレスチナへのユダヤ人移民の枠を年間一万六五〇〇人と規定した。イギリス当局による一九二二年の統計では、パレスチナの総人口は約七五万人で、その九割に当たる六八万人はアラブ人だったが、もしユダヤ側が移民枠いっぱいの同胞をパレスチナに移住させたなら、四〇年足らずのうちに、アラブとユダヤの人口比が五分五分になる計算だった。

事実上、シオニストの代理人のような立場に立つ高等弁務官によるこのような決定が、パレスチナのアラブ人たちに容認されるはずはなかった。一九二一年の四月から五月にかけて、パレスチナ各地で大規模な反ユダヤ暴動が発生し、ユダヤ移民の農場や移民の収容施設が暴徒たちによって次々と襲われた。アラブ・ユダヤ双方の衝突により、瞬《また》く間に三〇〇人を超える死傷者が発生し、高等弁務官サミュエルは事態の収拾を迫られた。彼はすぐにアラブ人勢力の指導者を集めて方針の転換を宣言し、パレスチナへのユダヤ人移民受け入れの一時凍結と、パレスチナの港湾に入港している移民船の乗客に対する上陸許可を撤回すると発表した。

この決定を聞いて、今度はシオニスト勢力が驚く番だった。政治的働きかけが奏功し、今やシオニストの側に立っていると考えられていたイギリス政府が、一転してアラブ人勢力に味方し始めたのである。しかし、アラブとユダヤの対立を深刻化させることは、パレスチナを含めた中東の安定を望むイギリスにとってはマイナス面の方が大きかった。それゆえ、サミュエルはユダヤ人としての同胞意識よりも、大英帝国の国益を優先する道を選ばざるを得なかったのである。

パレスチナの長期的な統治を成功させるには、アラブ人勢力をコントロールすることが不可欠だとの結論に達したサミュエルは、反ユダヤ暴動の黒幕と目《もく》されていた民族主義者のハジ・アミン・アル・フセイニを懐柔《かいじゅう》しようと試みた。当時、聖地エルサレムの「大ムフティ（イスラム教指導者）」の地位は空位になっていたが、大英帝国の力で彼をこの地位に据えることにより、ファイサルやアブドゥッラーと同様、イギリスの影響下に置くことができるであろうと考えたのである。

ムフティの地位は原則的にムスリムによる投票によって決められることになっており、

フセイニの得票順位は第四位に終わっていたが、イギリスは政治力を駆使して露骨な選挙結果の操作を行った。一九二一年、フセイニはイギリス政府の計画通りエルサレムの大ムフティに選出され、翌二二年にはより権限の大きな「最高ムスリム評議会」の議長へと任命された。

エルサレムの名家アル・フセイニ家の若き当主ハジ・アミンは、才能と野心に溢《あふ》れたエネルギッシュな人物で、ユダヤ人の入植に不満を抱くパレスチナのアラブ人たちの間では熱烈に支持されていた。しかし、独善的で頑固な性格を持つ彼が、他者の助言に耳を貸すことはほとんどなく、冷徹な政治的駆け引きを行うのも苦手だった。そのため、パレスチナのアラブ人社会では、独裁的なフセイニを嫌って、エルサレム市長のラギブ・アル・ナシャシビを新たな指導者に担ぎ上げようとする勢力が、少しずつ形成されていった。

ナシャシビを支持する勢力は、主に地主階級や実業家などの裕福なアラブ人が多かったが、彼らは既に入植して生活を営んでいるユダヤ人移民を完全に排斥するのではなく、その範囲を限定する方向に力を注ぐべきだという、より現実的な主張を唱えていた。

アラブ人の民族主義を鼓舞するフセイニと、政治力に恵まれたナシャシビの対立は、一九二〇年代を通じてパレスチナ全土で繰り広げられたが、この純粋な政治的対立が暴力事件に発展することはなかった。先のサミュエルによる方針転換以降、パレスチナにおけるユダヤ人とアラブ人の衝突も目に見えて減少し、一九二九年八月にエルサレム旧市街の「西の壁（嘆きの壁）」で起こった衝突に起因する騒動を別にすれば、アラブとユダヤの対立は完全に沈静化したかに見えた。

また、先のユダヤ人入植者の受け入れ凍結が解除された後、ユダヤ人の移民は限定的に受け入れを認められるようになったが、その数は一九二〇年以前に比べると激減しており、一九二八年にはパレスチナから国外へと脱出するユダヤ人の数が、同地を目指すユダヤ人移民数を上まわる状況となった。この頃の移住者数は年平均で五〇〇〇人以下に過ぎず、同地を去るユダヤ人の数も多かったため、アラブ人勢力は比較的冷静に受け入れていた。

イギリスによる委任統治の開始から一〇年が経過し、パレスチナの政情はようやく安定へと向かいつつあるかに思われた。しかし、一九三〇年代に入ると、パレスチナを巡る情勢は激変し、アラブ人とユダヤ人は再び流血の衝突を各地で繰り広げることになる。

その原因を作り出したのは、オーストリア出身の、弁舌に長《た》けた一人の男だった。ドイツ第三帝国（ナチス・ドイツ）の独裁者アドルフ・ヒトラーである。

ヒトラーのユダヤ人迫害政策

一九三三年一月、ヒトラー率いる国家社会主義ドイツ労働者党（NSDAP：通称ナチス）がドイツで政権を握り、これ以後第二次大戦終結の一九四五年まで一二年間続く、ドイツ第三帝国の時代が始まった。この当時、ドイツ国内には約五三万人のユダヤ人が居住していたが、独裁者ヒトラーは政権奪取と同時に、徹底した反ユダヤ思想に基づく迫害政策をドイツ全土で推進していった。

同年四月、ユダヤ教徒の医師や弁護士、商店をボイコットするようにとの大々的なキャンペーンが公式に開始されたのをきっかけに、ユダヤ人の公職からの追放や就業制限、教育機関からの締め出しなどの要求が次々と叫ばれ始めた。二年後の一九三五年九月一五日には、似非《えせ》科学的な分類法で「ユダヤ人種」を選別し、ドイツ人との結婚などを禁止するという「ニュルンベルク法」が制定され、ユダヤ人のドイツ市民権は剝奪《はくだつ》された。

一九三八年一一月七日、フランスのパリに駐在するドイツ大使館員が、一人のユダヤ人青年に銃撃されて死亡すると、ドイツの宣伝相ゲッベルスは、この事件を利用して大々的な反ユダヤ運動を扇動した。そして、ドイツ各地の党活動家や反ユダヤ思想を持つ一部の民間人は次々とユダヤ人の経営する商店やシナゴーグ（ユダヤ教の礼拝教会堂）を襲撃し、その建物や財産を暴力的な方法で破壊した。

粉々に割られたガラス片が水晶のように輝いていたことから「クリスタル・ナハト（水晶の夜）」とも呼ばれるこの事件がきっかけとなり、ドイツ国外へと脱出するユダヤ人の数は急増した。ドイツ政府は一九四一年一〇月にユダヤ人の国外移住を禁止する法律を制定するが、ヒトラーが政権の座に就いた一九三三年からこの移住禁止令までの八年間にドイツから脱出したユダヤ人の数は、約三〇万人にのぼると見られている。

ドイツからのユダヤ人脱出が本格化すると、必然的に主な移住先の一つであるパレスチナのユダヤ人人口は増加の一途をたどっていった。一九三三年当時、約二三万人だったパレスチナのユダヤ人人口は、三年後の一九三六年には約四〇万人に増大していたが、これは当時パレスチナで生活していたアラブ系住民の三分の一に相当する数字だった。

パレスチナのアラブ人たちは当初、ユダヤ教徒の移民に対して寛大な姿勢で対処していた。だが、彼らがヨーロッパのユダヤ系富豪の後押しを受けながらパレスチナの土地を次々と買い上げ始めると、耕すべき農地が減少したアラブ人の間では、祖国を乗っ取られるのではないかとの危機感が高まり、各地でユダヤ人に対する暴行や殺人などの暴力事件が発生した。一九三六年五月七日、アラブ人組織のリーダーたちはエルサレムに集まり、これ以上のユダヤ人をパレスチナに入植させてはならないとの決定を下した。

パレスチナの委任統治者であるイギリスは、五月一一日にアラブ人過激派に対する警告を発し、暴力行為に対する弾圧を強める姿勢を見せたが、この警告は先の「フセイン＝マクマホン書簡」における裏切りでイギリスへの不信を強めていたアラブ人たちの反英感情を、より強める結果に終わっただけだった。二日後の五月一三日、エルサレムの大ムフティ兼最高ムスリム評議会議長ハジ・アミン・アル・フセイニは、パレスチナの港湾都市ハイファで次のような声明を発した。

「ユダヤ人たちは、我々の祖国を乗っ取ろうとしているのだ。決して妥協してはならない！」

九月二二日、アラブ人組織の代表者は「反ユダヤ闘争を反英闘争へと拡大する」との方針を掲げ、イギリス政府に対するシオニストの影響が排除されるまでこの闘争を続けると断言した。結局、ユダヤ人移民に対するアラブ人たちの大規模な武力闘争はその後三年にわたってパレスチナ全土で繰り広げられ、イギリスは事態の収拾に向けたより現実的な政策を提示する必要に迫られることとなった。

一九三九年五月にイギリス政府が発表した文書「マクドナルド白書」は、アラブ側の要望を色濃く反映したもので、「一〇年以内にアラブ人主導のパレスチナ国家を創設し、イギリスとの特別条約によって同盟関係を結ぶ」「パレスチナへのユダヤ人移住を五年間で七万五〇〇〇人に制限し、それ以上の移民受け入れについてはアラブ側の承諾を必要とする」等の宥和的な文面が織り込まれていた。イギリスがアラブ人に対して態度を軟化させた背景には、目前に迫っていたナチス・ドイツとの戦争を遂行する上で、中東の産油国に反英感情を植え付けておくのは得策でないとの判断が優先したとの事情もあった。

いずれにせよ、第二次世界大戦の前夜、イギリスの態度はまたしても豹変した。この「マクドナルド白書」の発表は、必然的にパレスチナのユダヤ人たちを、自衛のための武力闘争へと追い込んでゆくことになる。

第二次世界大戦とパレスチナ問題

ベングリオンの登場

パレスチナのユダヤ人たちにとって、イギリスは既に信頼できる統治者ではなくなっていた。対ドイツ戦を重視する上で、中東のアラブ人を懐柔して味方につけようとする姿勢は、中東紛争の発端となった第一次大戦中の場当たり的な三枚舌外交を彷彿《ほうふつ》とさせた。それゆえ、ユダヤ人の独立国家創設を目指すシオニストたちは、政治的働きかけの矛先を、ユダヤ移民が高い社会的地位を獲得しているアメリカへとシフトさせ始めた。

バルフォア宣言の陰の立役者ワイツマンと、国際的なシオニズム運動指導者ダビッド・ベングリオンは、一九四〇年以降毎年のようにルーズヴェルト大統領と会談し、パレスチナでのユダヤ人国家創設に向けた支援を要請した。アメリカ国内の世論はおおむねユダヤ人に同情的で、とりわけ在米ユダヤ人の半数が住むニューヨークでは、シオニズムへの対応がそのまま選挙結果に結びついていたため、議会はおのずとシオニズム支持の方向へと傾倒していった。

後に初代イスラエル首相となるダビッド・ベングリオンは、一八八六年一〇月、帝政ロシア領ポーランドのポロンスクという村で生まれたユダヤ人で、早熟の彼は、成人する前からシオニズム運動に身を投じて、各種の啓蒙《けいもう》活動を精力的に行っていた。一九〇六年、二〇歳で一労働移民として念願の「シオンの丘」パレスチナの地に足を踏み入れた彼は、労働運動の若き指導者としてパレスチナのユダヤ人社会で頭角を現し、一九三五年にはエルサレムのシオニスト執行部の議長に選出された。

一九三九年九月、ドイツ軍のポーランド侵攻とそれに対する英仏両国の対独宣戦布告によって、第二次世界大戦が勃発すると、パレスチナのユダヤ人は微妙な位置に立たされることとなった。「マクドナルド白書」によってアラブ側に寝返ったイギリスは、決して許すことのできない「裏切り者」だったが、だからといってユダヤ人迫害政策を続けるヒトラーの味方をするわけにもいかなかったからである。しかしベングリオンは、そのような迷いを断ち切るかのように、断固とした口調で声明を発した。

「我々は、白書など存在しないかのように、ヒトラーとの戦争ではイギリス側に立って戦い、また、ヒトラーとの戦争が存在しないかのように、白書に対して戦うであろう」

ユダヤ人の敵は「イギリス軍」ではなく「マクドナルド白書」である、というこの声明がもたらした効果は大きかった。パレスチナのユダヤ人たちは、イギリス人に対する反感を一時凍結し、民族全体に対するより大きな脅威であるヒトラーとの戦いに身を投じる決心を固め、中東でイギリス軍が展開する反枢軸の作戦に自ら参加していった。兵役に志願した男女の数は一三万人にのぼり、ベングリオンをはじめとする指導部は、彼らに割り当

ダビッド・ベングリオン。1935年にエルサレムのシオニスト執行部議長に選出され、後にその活動が評価されて、初代イスラエル首相となった。(写真＝共同通信)

てる武器の備蓄があまりに少なすぎることに頭を抱えたほどであった。

このようなベングリオンの活動は、アメリカのユダヤ人社会でも高く評価され、一九四〇年と四二年にアメリカを訪問した彼は、ユダヤ人の資産家たちに手厚い歓迎を受けた。一九四二年五月一一日、ニューヨークのビルトモア・ホテルでアメリカ国内のシオニスト組織が結集した総会が行われ、後に「ビルトモア綱領」の名で呼ばれることになる次のような声明を発表した。

「パレスチナの門戸がユダヤ移民に開放されること。パレスチナへの移民を管理する権限と、所有者不在の土地管理などの国家建設に必要な権限を、ユダヤ機関に付与すること。パレスチナは、ユダヤ共和国として創設され、新しい民主主義的な世界秩序の中へと組み込まれること。我々は、これらの点を強く要求する」

ベングリオンは、アメリカ滞在中に裕福なシオニズム支援者との会談を重ね、第二次大戦の終結までに数十万ドルの資金援助を獲得することに成功する。彼はこの資金で各種の工作機械を購入し、船便でパレスチナへと送り出した。到着した機械類は、イギリス官憲の目を盗んでシオニストの秘密武器工場へと運び込まれ、そこで銃火器や弾薬の製造機械に改造されて、大量の武器をユダヤ人兵士に供給することになるのである。

ユダヤ人武装組織の誕生

一方、イギリス国内でもワイツマンの活動が実を結びはじめていた。一九四四年九月、彼の提案により、パレスチナ在住ユダヤ人三六五〇名から成るユダヤ人旅団の創設がイギリス国防省によって認可され、同旅団はただちにイタリア半島で戦う連合軍部隊の一員として前線に投入された。ちなみに、この旅団が掲げていた、白地に青二本線とダビデの星をあしらった旅団旗は、後にイスラエルの国旗として正式に採用されることになる。

同じ頃、パレスチナでは、イギリスとの関係が深い「ハガナー（防衛者）」と呼ばれる地下組織が中心となって、ユダヤ人勢力の軍隊編成が本格的に開始されていた。

ハガナーの原型となる組織が創設されたのは一九〇九年のことで、当初は入植したユダヤ人の村落や集団農場（キブツ）を警護する個別の民兵集団にすぎなかったが、その後一九二〇年六月一二日に「ハガナー」の名称を冠する統一組織として正式に結成された。一九三六年にエルサレム各地で起こったアラブ人の暴動を機に、ハガナー内部に特別野戦隊（SNS）と呼ばれる自警団が誕生し、イギリス軍の情報将校オード・ウインゲート大尉（後にビルマ戦線で日本軍と戦うウインゲート旅団長と同一人物）の指導の下で、夜襲やゲリラ戦の技術を身に付けていった。

第二次大戦が勃発した一九三九年九月、兵員二〇〇〇名を擁するハガナーは、テルアビブに総司令部を設立し、一九四一年にはウインゲートの訓練を受けた特別野戦隊を中核とする軍事組織「パルマッハ（プルゴット・マハッツ＝突撃隊の略）」の六個中隊が、ハガナーの常備軍として編成された。後にイスラエル首相となるイツハク・ラビン、中東戦争で参謀総長を務めることになるハイム・バーレブ、ダビッド・エラザールらも、このパルマッハの出身者である。翌四二年には、パルマッハの構成員は三〇〇〇名に増加した。

パルマッハは、基本的に親イギリスの武装勢力として第二次大戦に関わり、フランス降伏後はヴィシー政権軍をシリアから駆逐するイギリス軍の作戦に協力して、各種の補助的な任務に参加した。後に国防相となるモシェ・ダヤンが、偵察中にフランス兵に狙撃されて片目を失ったのは、この作戦中のことである。

だが、ユダヤ人の中には、親英的なハガナーの総司令部に指揮されることを拒み、独自の民兵組織を編成して反イギリスの武力闘争を開始したグループもいた。後に悪名を轟かせることになる「イルグン」や「シュテルン」などのテロ組織がそれである。パレスチナ国内のユダヤ人社会では、先のマクドナルド白書の発表以降、委任統治者であるイギリスに対する憎悪が高まり、イギリスが「ユダヤ人の迫害者」ヒトラーとの戦争を続けている間にも、ユダヤ人過激派による反英テロ活動は止むことがなかった。

正式名「イルグン・ツバイ・レウミ（IZL＝民族軍事組織）」と称するイルグンは、一九三七年四月に右派の改訂党系武装集団「ハガナーB」を起源として結成された極右のテロ組織で、初代の総司令官はダビッド・ラジエルという人物だった。

一方、創設者アブラハム・シュテルンの名にちなんで呼ばれる「シュテルン」は、正式名称を「ロハメイ・ヘルート・イスラエル（イスラエル自由戦士団＝別名レヒ）」といい、一九四〇年八月にイルグン内部の過激派メンバーによって設立された。組織の規模は小さかったが、その行動はイルグンにも増して過激で、軍資金調達のために銀行強盗を働いたりしたため「シュテルン・ギャング」の異名を奉られることになる（シュテルン自身は一九四二年二月に英官憲によって射殺された）。

一九四四年一一月六日、イギリスの植民地相ウォルター・モインが、エジプトのカイロで自動車から降りたところを、二人のテロリストに射殺されるという事件が発生した。モインは、一九四一年一二月にルーマニアからのユダヤ人難民船シュトルーマ号のパレスチナへの入港を拒絶していたが、この船は迷走の末にルーマニアへと戻る途中で翌四二年二月に黒海で沈没し、七六〇人以上のユダヤ人が死亡する大惨事となった。

この事件によって、モインは「ユダヤ人難民を見殺しにした」として、パレスチナのユダヤ人社会では憎悪の対象となっており、犯人は間もなくシュテルンに所属するユダヤ人活動家と判明した。だが、それを知ったイギリス首相チャーチルは、彼が当時構想中だったパレスチナのユダヤ国家創設案を閣議に提出することを中止した。レヒの実力行使は、イギリスの対パレスチナ政策を根底から覆す結果をもたらしたのである。

チャーチルは、自らが植民地相を務めていた時代から一貫してシオニズム運動の賛同者であり続けたが、親友であるモインを惨殺されてからは、二度と政治的シオニズムに賛意を示すことはなかった。そして、この事件をきっかけに、イギリス政府の関心はパレスチナ問題の収拾から徐々に遠ざかっていくことになる。

大戦の終結と新たな戦いの始まり

一九四五年四月、アメリカのルーズヴェルト大統領が病死すると、彼以上にシオニストに対して好意的なトルーマンが新大統領に就任した。この年の八月三一日、トルーマンはイギリスの新首相アトリーに書簡を送り、ナチスの迫害によって生まれた一〇万人のユダヤ人難民をパレスチナに移民として受け入れるよう要請する。この書簡をきっかけとして、両国は六人ずつの代表団を出し合ってパレスチナ問題に関する調査委員会を発足させ、一九四六年五月一日に次のような内容の調査報告書を発表した。

◆パレスチナをアラブ人州・ユダヤ人州に分割する政策は採用せず、暫定的に国連による信託統治を行う

◆ナチスによる迫害の犠牲となった一〇万人のユダヤ人難民については、パレスチナへの入国を認め、移住許可証を与える

◆パレスチナ地域の土地譲渡制限を撤廃し、ユダヤ人（個人ないし組織）が自由にパレスチナ国内の土地を購入できるようにする

米英両国の調査団が苦心してまとめあげた調査報告書だったが、この報告書がパレスチナ問題の解決へと結びつくことはなかった。両国の議会は、中途半端な折衷案を並べただけの報告書を承認も却下もしなかったからである。とりわけ、報告書発表の五日前に、武器奪取を狙ったレヒの過激派による襲撃で六人の兵士を殺されていたイギリスは、ユダヤ

人テロ組織の武器解除が先決だとして、一〇万人の難民受け入れに強い抵抗を示した。

このようなイギリスの態度に深く失望したパレスチナのユダヤ人たちは、問題の解決を英国政府に求める望みを捨て去り、自らの手で祖国を獲得すべく、国民的なレベルでの反英武力闘争を開始することになる。五月四日、イルグンの活動家がイギリス管理下にあるアッコ監獄を襲撃して壁を爆破し、捕らえられていた同志たちの救出に成功すると、パレスチナだけでなくアメリカのシオニズム支持勢力からも賞賛の声が上がった。

過激派テロ組織であるはずのイルグンやレヒの人気が一般市民の間で高まるにつれ、ベングリオンら穏健派の指導者に率いられたハガナーも、イギリスに対する実力行使を行わざるを得なくなっていった。ベングリオンはハガナーの秘密司令部をパリに設置し、一九四五年一〇月以降、パレスチナ各地でパルマッハによる破壊工作やユダヤ人難民収容所の襲撃が頻発した。

イギリスは、精鋭部隊である第六空挺師団をテルアビブに派遣して治安の維持を図ろうとしたが、戦果を競うようにテロ活動を繰り広げるパルマッハとイルグン、レヒの暴挙を食い止めることはできなかった。業《ごう》を煮やしたイギリスは一九四六年六月二九日、ユダヤ教の安息日を選んで、パレスチナのユダヤ人組織の家宅捜索と幹部の一斉逮捕に踏み切った。「ブロードサイド作戦」と呼ばれるこの奇襲により、パレスチナ全土で約三〇〇〇人のユダヤ人が拘束された。

この強硬策に対するユダヤ側の反応は素早かった。七月二二日の正午過ぎ、エルサレム随一の歴史を誇るキング・ダビデ・ホテルが、三代目司令官メナヘム・ベギン（後のイスラエル首相）率いるイルグンによって爆破されたのである。旧市街の城壁を見下ろす高台に建つ、新市街のランドマーク的存在であるこの最高級ホテルには、イギリス政庁や軍司令部、情報機関司令部などが置かれていたが、牛乳缶に仕込まれた大量の爆薬によって、一階から六階に至る建物の一角がナイフで切り取られたかのように完全に吹き飛ばされた。その結果、同胞であるユダヤ人一七人を含む九一人が死亡、一〇〇人以上が負傷する大惨事となった。

パレスチナの紛争は、ユダヤ対アラブの図式を超えて、統治者であるイギリスをも巻き込んだ三つ巴《どもえ》の戦いへと突入していった。だが、イギリス政府はもはや、パレスチナの紛争を統治者として収拾する意欲も自信も失っていたのである。

イギリスの委任統治権放棄

国連のパレスチナ分割決議

第二次大戦の戦勝国に名を連ねていたとはいえ、イギリス経済は地球規模での戦争遂行によって破綻の寸前にまで追い込まれていた。そのため、大英帝国が第一次大戦以降に繰り広げた三枚舌外交こそがパレスチナ紛争の元凶であったにもかかわらず、イギリス外相アーネスト・ベビンは一九四七年二月一九日、長年放置してきたパレスチナの統治問題を投げ出して、一九四五年に発足したばかりの国際連合（国連）に一任すると一方的に宣言した。

一九四七年五月、ニューヨーク州レイクサクセスで開かれた国連の特別会で、イギリスの要請は正式に受理され、「パレスチナ問題特別委員会」の設立が決議された。委員会は、問題の解決に向けて計一二回にわたる現地調査を行ったものの、最終的にパレスチナを分割すべきか否かについては結論を出すことができずにいた。ところが、第二次大戦終結と共に世界の二大国として覇権を争っていたアメリカとソ連が共に分割案を支持する意向を見せたことから、委員会の審議は徐々に分割案採択の方向へと進み始める。

対ドイツ戦に勝利したソ連の独裁者スターリンは、国内に存在するユダヤ系住民の処遇についての案を模索中だった。もし、彼らを大量にパレスチナへと入植させることができれば、厄介なユダヤ人を国外へ追いやるのと同時に、中東に対するモスクワの影響力を強めることができよう。

大国の思惑に翻弄《ほんろう》され続けたパレスチナの歴史を踏襲するかのように、国連でのパレスチナ問題解決への動きは、米ソ二大国の意向に沿う方向へと進められた。そして一九四七年一一月二九日、パレスチナの分割を規定する重大な国連決議第一八一号が採択されたのである。

この決議によれば、パレスチナの地はアラブ領・ユダヤ領・国連統治領の三区域に分割され、三大宗教の聖地であるエルサレムは、どの区域にも属さない国連管理都市に指定された。だが、この決議に対してアラブ人たちは猛反発した。国連が決定したパレスチナの分割案は、ユダヤ人にきわめて有利な土地配分となっていたからである。

イギリスによる信託統治時代の一九四六年にまとめられた統計によると、パレスチナの総面積は約二万六〇〇〇平方キロで、このうちユダヤ人所有地は全体の一〇パーセント足らずに過ぎなかった。

ところが、国連がユダヤ人居住地と制定した地域の面積は、パレスチナ全土の過半数を占める約一万四〇〇〇平方キロに及んでおり、しかもその中には東地中海沿岸の肥沃な農耕地が数多く含まれていた。

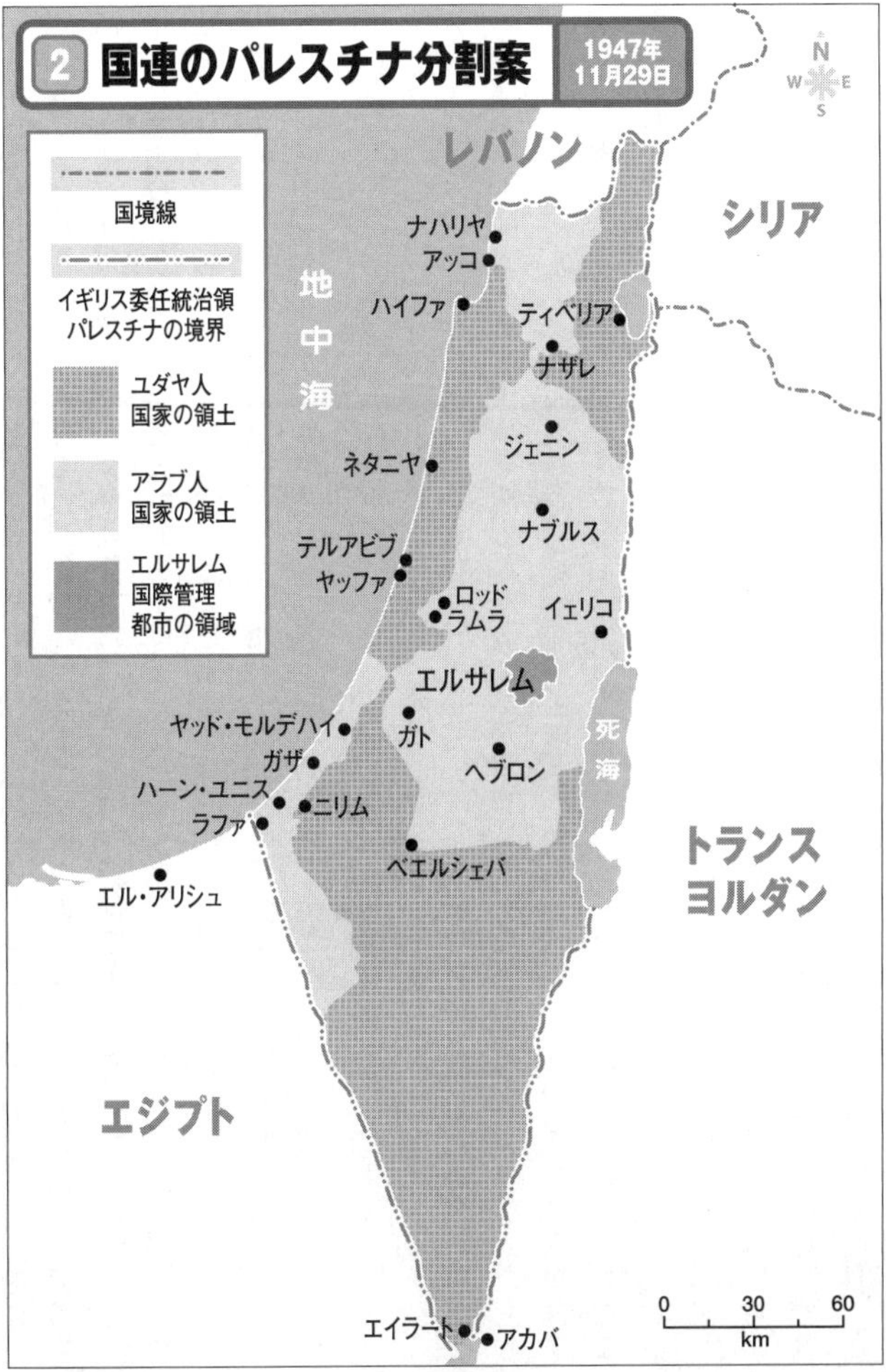

2 国連のパレスチナ分割案
1947年
11月29日
国境線
イギリス委任統治領
パレスチナの境界
ユダヤ人
国家の領土
アラブ人
国家の領土
エルサレム
国際管理
都市の領域
N
W
E
S
レバノン
シリア
地中海
ナハリヤ
アッコ
ハイファ
ティベリア
ナザレ
ジェニン
ネタニヤ
ナブルス
テルアビブ
ヤッファ
ロッド
ラムラ
イェリコ
エルサレム
ヤッド・モルデハイ
ガト
死海
ガザ
ヘブロン
ハーン・ユニス
ニリム
ラファ
ベエルシェバ
トランス
ヨルダン
エル・アリシュ
エジプト
エイラート
アカバ
0
30
60
km

暴力的な手法でイギリス駐留軍との戦いを繰り広げていたユダヤ人勢力とは対照的に、パレスチナに住むアラブ人たちは、先の「マクドナルド白書」以来第二次大戦の全期間を通じて、イギリス駐留軍やユダヤ人勢力に対する暴力行為はほとんど行っていなかった。イギリス当局によって国外追放処分を受けていたハジ・アミン・アル・フセイニが、イタリアのローマからファシスト陣営に対する協力を呼びかけた際にも、パレスチナのアラブ人の間では目立った反応は見られなかった。一九四一年八月には、エルサレム市長の職を辞していたナシャシビが、エルサレムの名士を集めてガーデンパーティを催したが、その席上にはアラブ人に混じってイギリス人やユダヤ人も分け隔てなく招待されていた。

だが、第二次大戦の戦勝国によって創設された国際機関「国連」が、当事者であるパレスチナのアラブ人住民に何の相談もなく、パレスチナ領土のユダヤ人勢力に対する事実上の割譲を一方的に認める決議を採択したことは、パレスチナで生活を営むアラブ人たちの生活を統治者であるイギリス当局が保障する意志がないこと、そして、アラブ人が再び「力」によって自らの生活圏をユダヤ人移民から護らねばならない時代へと逆戻りしたことを意味していた。

先住民であるアラブ人にとっては、パレスチナで最も豊かな領土を少数派であるユダヤ人の移民の手に譲り渡さねばならない理由はどこにもなかった。それまでイギリスに対して協力的だったアラブの指導者たちは、国連決議第一八一号の採択を機に、一転して態度を硬化させた。そして彼らは、一一月二九日をアラブ人にとっての「服喪《ふくも》と圧制《あっせい》の日」と制定し、パレスチナ各地で一斉に反ユダヤの武力闘争を大々的に再開したのである。

アラブ対ユダヤ全面対決の時代へ

採択翌日の一一月三〇日、ユダヤ人乗客多数を乗せたバスがロッドの町近くでアラブ人武装集団に襲撃され、乗客七人が死亡した。一二月一日、アラブ人勢力の指導部はエルサレムのアラブ人居住区全域に対し、三日間のゼネストと、ユダヤ商店のボイコットを呼びかける布告が発令された。ポーランド、スウェーデン、チェコスロバキアなど、国連の分割決議案に賛成票を投じた国の在パレスチナ領事館は、間もなくアラブ人の暴徒による投石の目標となった。

一二月二日、エルサレムのアラブ人がユダヤ人商店街に対する焼き討ちを行うのとほぼ時を同じくして、シオン広場に近いプリンセス・メアリー通りのアラブ人商店街がユダヤ人勢力による襲撃を受けた。この日以降、パレスチナではアラブとユダヤ両勢力によるテロや放火が、日常的な光景となる。イギリス当局は、エルサレムのアラブ人居住区に夜間外出禁止令を発令したが、事態の沈静化を狙ったこの決定は逆にアラブ人の感情を逆撫《さかな》でし、エルサレムの暴力事件は火に油が注がれたかのように拡大していった。

エルサレム旧市街に住むユダヤ人たちは、身の危険を感じてより安全な場所へと避難したが、パレスチナ領内でユダヤ人が安心して過ごせる場所はごくわずかしかなかった。とりわけ、エルサレムからテルアビブに通じる街道沿いは、アラブ人とユダヤ人の双方による相手側のバスやトラックへの襲撃が絶え間なく続けられ、毎日どちらかの陣営に死傷者が発生していた。

一二月一一日、アラブ人武装勢力はエルサレム旧市街のユダヤ人居住区に対して襲撃を行い、またエルサレム南方のベツレヘムでは、ヘブロンからエルサレムへと武器や食料を輸送するユダヤ側のトラックに対する待ち伏せ攻撃を行った。国連の決議採択に続く一二日間で死亡した犠牲者の数は、アラブ側が三二人、ユダヤ側は七九人にのぼった。だが、この日を境に、ユダヤ人勢力はそれまでの守勢を捨てて、アラブ人に対する全面的な報復作戦を開始する。

一二月一二日、エルサレム旧市街のダマスカス門近くでユダヤ側が設置した爆弾が炸裂し、アラブ人五人が死亡、四七人が負傷した。翌一三日には、地中海沿岸の港湾都市テルアビブとハイファでユダヤ人武装勢力によるテロ攻撃が実行され、女性や子供を含む六〇人以上のアラブ人が命を落とした。

犠牲者を弔《とむら》う報復行動が新たな報復を誘発し、パレスチナ全土でアラブ人とユダヤ人の凄惨なテロ攻撃の応酬が繰り広げられた。無差別テロの犠牲となった双方の死傷者の中には、まだ一五歳に満たない子供も数多く含まれていた。元エジプト国防相サル・ハルブ・パシャは、イスラム教総本山の一つであるカイロのアル・アズハル寺院で、約二〇〇〇人の聴衆を前にして、右手にピストル、左手にコーランを持ち、涙ながらに訴えた。

「もはや、我々に残されたものは、この銃とコーランだけとなったのだ！」

一二月一七日、アラブ連盟は声明を発表し、三三〇〇万人のアラブ諸国民は、国連によるパレスチナ分割案の施行を断じて許さないであろうとの決議を発表、ユダヤ人に対する「聖戦（ジハード）」の遂行をアラブ人民に訴えた。もはや、対話による問題解決の望みは、日一日と失われつつあった。

パレスチナ撤退を急ぐイギリス

一二月一一日、イギリスのアトリー首相はパレスチナからの英軍撤退の日程を発表する。その最終期限は、国連決議で定められた一九四八年八月一日ではなく、二カ月半早い五月一五日へと大幅に繰り上げられた。この決定の背景には、イギリス国内の世論による強い後押しがあった。国連決議第一八一号の採択をきっかけとして始まったパレスチナでのアラブとユダヤによる衝突は、現地に駐留するイギリス兵や警官にも被害を及ぼし、一二月の前半だけで九人のイギリス人が死亡していた。このような状況を知ったイギリス国民は、自国の利益と関係の薄い中東の異国でイギリス人の血を流し続けることに対する反発を強め始めていたのである。

一方、現地で治安維持活動に従事するイギリス兵たちもまた、無事に本国へと生きて帰ることを望み、紛争への関与を極力避けるようになり始めた。警官や兵士は、アラブ人やユダヤ人が武器を携帯していることに気付いても見て見ぬふりをして通り過ぎ、衝突が発生した場所では騒動が下火になるまで遠巻きに傍観するようになっていった。

エルサレムの中心部で活動を続けていたイギリス側の統治組織の建物周辺は、高い金網塀と幾重にも張り巡らされた鉄条網、バリケードに護られて要塞化されており、ユダヤ側はこの一帯をイギリス外相ベビンの名と、第二次大戦中の有名な市街戦の舞台となったスターリングラードに因《ちな》んで「ベビングラード」と呼んでいたが、このような施設ですら安全とは言えなかった。イギリス人を目の敵《かたき》にするイルグンの活動家は、爆薬を仕込んだ樽《たる》を投射機によって発射し、金網塀の上から建物を爆破しようと試みたからである。

出口の見えない民族紛争が続くパレスチナの地に踏み込んだ片足を、できるだけ早く抜き去りたいというイギリス政府の願いは、複雑な事情を知らないイギリス国民からは歓迎されたが、それは同時に、自らが火種を蒔《ま》いたアラブ・ユダヤ間の民族紛争がパレスチナ全土へと大きく燃え広がりゆくのを見つめながら、それを放置して逃げ出すことに他ならなかった。一方、国連の決議採択では実質的な主役を演じたアメリカとソ連もまた、紛争解決のために自国の軍隊を投入しようという動きを見せることはなかった。

こうして、大国主導の場当たり的な国連決議をきっかけに燃え上がった民族対立の炎は、かつては隣人として共に生活を営んだアラブ・ユダヤ両民族を、完全な戦争状態へと追いやることとなったのである。

第三章

第一次中東戦争

――ユダヤ人国家イスラエルの建国――

ユダヤ・アラブ両陣営の軍備状況

ユダヤ人勢力の軍備強化

一九四八年に入ると、アラブ・ユダヤ両陣営の闘争は益々エスカレートし、パレスチナをめぐる争いは事実上の「内戦状態」へと突入した。道路を走るバスや市場、屋台の店先など、老人や子供の姿も混じる雑踏で突然爆弾が炸裂し、大勢の市民がその犠牲となる。こうしたテロから逃れるため、数多くのアラブ人がパレスチナからヨルダンやシリアなどの隣国へと脱出した。後々まで中東最大の懸案事項のひとつとなった「パレスチナ難民」の発生である。

こうした難民の受け入れ先となったアラブ諸国では、パレスチナ・アラブ人難民への同情と義憤の感情が巻き起こり、パレスチナへの本格的な軍事介入を求める声が上がり始める。そして四八年一月、まずシリアとトランスヨルダンからの義勇兵が、銃を携えてパレスチナの地へと足を踏み入れた。

一方、パレスチナ分割の国連決議によって、ユダヤ人国家設立への第一歩を踏み出したユダヤ人たちは、前途への希望にひたる余裕もないまま、本格的な軍事衝突に備えた態勢強化を急いでいた。パレスチナ在住の一七〜二三歳のユダヤ人青年に召集がかけられるのと同時に、第二次大戦に従軍した経験を持つ海外在住のユダヤ系青年に対しても、祖国獲得に向けた戦いへの参加が呼びかけられた。その結果、ユダヤ側勢力はハガナーを中心に各種の武装組織を合わせて約七万五〇〇〇人の兵士を動員することに成功する。

ユダヤ勢力最大の武装組織ハガナーは、アラブ人との本格的な戦争を目前に控えて、近代的な軍隊への脱皮を図ろうとしていた。いまや最も有力なパレスチナ・ユダヤ人社会の政治的指導者となったベングリオンの指令に基づき、ハガナーの全軍を六つの軍管区に振り分け、それぞれの軍管区で「旅団」規模の部隊が編成された。一九四八年二月の段階で、ゴラニ、カルメリ、ギバティ、アレクサンドロニ、エチオニ、キリアテの六個旅団が編成され、後にパルマッハの大隊を中核とするネゲブ、イフタフ、ハレルの三個旅団が追加された。

しかし、編成上の立派な「旅団」名称とは裏腹に、その装備はきわめて貧弱なものだった。反英闘争を開始したハガナーは、いまや委任統治国イギリスにとっての非合法組織であり、パレスチナ在住のユダヤ人はイギリス官憲によって銃器の携帯を厳禁されていた。そのため、ハガナーは大規模な武器の備蓄や移送を行うことができず、一万挺《ちょう》程度のライフルと三五〇〇挺ほどのサブマシンガンしか保有していなかった。支援火器と言えるのは七六・二ミリ迫撃砲二六門と五〇ミリ迫撃砲六七二門のみで、重機関銃や野砲などは一門すら持たなかった。

ハガナーはこれ以後、チェコスロバキアをはじめとする海外の兵器市場での武器調達に力を入れ、かつてのユダヤ民族迫害国ドイツ製の銃火器を含む第二次大戦の余剰兵器を少しずつ獲得してゆくことになる。終戦から二年ほどしか経過していないこともあり、ヨーロッパの兵器市場には大戦の余剰兵器が豊富に出回っていた。とりわけチェコスロバキアは兵器の輸出にも寛容で、ユダヤ側の密使は旧ドイツ軍のMP40短機関銃やMG34軽機関銃、モーゼル小銃、イギリス製ブレン軽機関銃、PIAT対戦車擲弾《てきだん》発射器などの小火器ならば、比較的容易に入手できた。

このような武器調達において大きな役割を果たしたのは、一九三三年から四一年までの間にナチス・ドイツから合法的に持ち出された、一億マルク以上のユダヤ系資産だった。ユダヤ人を嫌悪していたヒトラーは、脱出するユダヤ人がドイツ製工業製品を購入し、それらの製品を資産として国外へと持ち出すことを特別に許可していた。パレスチナに到着したユダヤ人たちは、それらの製品を売却して再び豊富な現金を手に入れたが、アラブ人の襲撃によって生活を脅《おびや》かされるようになると、彼らはその金をハガナーの武器購入費用としてユダヤ人組織に供出した。

こうして、反ユダヤ主義者ヒトラーによって認められた資本の流出が、結果的にユダヤ人国家イスラエルの独立を助けることとなったのである。

アラブ諸国の軍備状況

パレスチナ紛争でのアラブ側主陣営として、重要な役割を果たすことになる戦略的同盟「アラブ連盟」が、周辺アラブ諸国によって結成されたのは、第二次大戦末期の一九四五年三月二二日のことだった。カイロでの連盟調印式に参加したエジプト、トランスヨルダン、レバノン、シリア、サウジアラビア、イラクの六カ国は、それから三年が経過した一九四八年二月九日に再びカイロで会議を開き、パレスチナでのユダヤ人国家創設を絶対に阻止するとの決議を採択した。そして、各国はそれぞれ義勇兵をパレスチナに送ることで共闘を誓い合ったのである。

その頃、パレスチナのアラブ人勢力の一部は、イギリスによってパレスチナの地から追放されたフセイニの許《もと》へと再び結集し始めていた。フセイニは、大戦終結と共にヨーロッパからレバノンへと戻っており、そこを拠点にパレスチナのアラブ人義勇兵を組織して「アラブ救世軍」を編成し、アブドゥル・カデルとハッサン・サラメフという二人の甥に指揮を執らせた。アラブ救世軍は兵力的には約二〇〇〇人ほどだったが、指揮官は二人共第二次大戦中にドイツ軍から軍事訓練を受けた経験があり、特にアブドゥル・カデルは英雄的な指揮官として、兵士たちの信望も厚かった。

一方、北部のガリラヤ地方では、反英闘争の指導者としてアラブ人部隊を率いた経験を持つファウジ・アル・カウクジが、アラブ連盟の後押しを受けて「アラブ解放軍」を指揮し、ユダヤ人に対する武力闘争を開始していた。アラブ解放軍の兵士の多くは、パレスチナ出身ではないシリア人であり、どちらかといえば義勇兵的な性格が強かった。

そして、アラブ陣営の中でも最強を誇ったのが、英国人ジョン・ベイゴット・グラブ中将（別名グラブ・パシャ）の率いる「アラブ軍団（アラブ・リージョン）」だった。イギリスによって建国された首長国トランスヨルダンを本拠地とするこの部隊は、グラブ中将をはじめとするイギリス人将校団によって鍛え上げられたベドウィンの精鋭部隊で、その兵力は一万を超え、歩兵三個旅団と戦車数個大隊、そして砲兵部隊をも備えたアラブ諸国随一の近代組織だった。

このように、アラブ側陣営は、潜在的な兵員数と武器・装備の点でユダヤ側を大きく上回っており、実際アラブ側指導者の間では、本格的な戦争が始まったならユダヤ人部隊などひとたまりもないだろうとの楽観論が広まっていた。だが、戦闘部隊の能力は、兵員数や銃器の数だけで決まるわけではなかった。

アラブ側の武装組織にとっての最大の弱点は、実戦経験を持つ部隊指揮官が、ユダヤ側組織に比べて圧倒的に少ないことだった。「マクドナルド白書」の発表に先立つ反イギリスの武装闘争の時期に、パレスチナのアラブ人指導者のうち一〇〇〇人以上が戦闘の犠牲となって死亡しており、さらに幹部クラスの人材多数がフセイニと同様に国外追放処分を受けて、パレスチナへの帰還を禁じられていた。また、周辺アラブ諸国の指揮官たちも、アラブ軍団やアブドゥル・カデルら一部の例外を別にすれば、ほとんど近代戦を経験しておらず、戦車や航空機などの最新兵器が戦場で果たす役割についての認識もきわめて不充分なものだった。

それに対し、ユダヤ側では、第二次大戦期にユダヤ旅団や自由ポーランド軍、イギリス軍、アメリカ軍、ソ連赤軍などで精鋭ドイツ軍を相手に豊富な実戦経験を積んだユダヤ系の軍人たちが、続々と「シオンの地」パレスチナへと上陸して「同胞のための」戦いに身を投じる覚悟を固めていた。この、アラブとユダヤ双方の指揮官レベルでの人的資源の優劣という問題は、アラブとユダヤの民族紛争がゲリラ的な衝突から組織的な軍隊同士の戦闘へと移行するにつれて、益々顕在化していくことになる。

また、一九二〇年代から続いてきたフセイニ派とナシャシビ派による確執も、アラブ側組織の結束を乱す一因となっていた。聖地エルサレムの支配権をめぐる両者の反目は、一九四〇年代に入っても依然としてパレスチナのアラブ人の間に深い傷を残していたが、両派の活動家は相手陣営との共闘を拒絶し、実りのない内紛を繰り返していた。

こうして、パレスチナを取り巻くアラブ人勢力は、本格的な戦争勃発への準備を進めながら祖国建設への地歩を着々と重ねるユダヤ側とは対照的に、反ユダヤの統一戦線を形成することもなく、各勢力が個別に、旧態依然とした方法論による武力闘争を続けていたのである。

ユダヤ人のパレスチナ占領計画

一九四八年三月、パレスチナのユダヤ人居住区を統治する臨時政府「ユダヤ国民評議会」がテルアビブで誕生し、その「正規軍」ハガナーが各地で組織的な軍事行動を開始した。対するアラブ側は、各国からの義勇兵を含む各武装組織が、パレスチナのアラブ人居住区への進駐を開始し、本格的な攻勢の準備にとりかかった。

アブドゥル・カデル率いるアラブ救世軍は、聖都エルサレムのユダヤ人地区を包囲して、そこに向かっていたユダヤ側輸送部隊をことごとく撃退することに成功した。これ以降、アラブ側の武装組織は各地を走る道路で待ち伏せを行い、弾薬や食料を積載したユダヤ側の輸送トラックを襲撃する戦術を多用してゆく。

アラブ側が本格的なゲリラ戦術を開始したことによって、パレスチナのユダヤ人たちは次第に劣勢に立たされていった。追いつめられたハガナーの首脳部は、起死回生の策として「ダレット（D）」計画を立案する。これは、イギリス軍撤退によって生じる一時的な軍事的真空状態を利用して、パレスチナ領内のアラブ人社会を完全に破壊し、アラブ系住民を強引に領域外へと追放して、パレスチナ全土を制圧するのと同時にユダヤ人国家創設の既成事実を作り上げてしまおうというものだった。

この作戦の第一段階として、ユダヤ側は一九四八年四月に「ナハション作戦」を開始した。目標は、テルアビブからエルサレムに通じる最も重要な回廊を切り開き、アラブ人地区の領土を分断するのと同時に、エルサレムの長期持久態勢を確立すること。

ハガナーがパレスチナ紛争で初めて行う大規模作戦となった「ナハション作戦」は、最終的には失敗に終わるものの、カステルの丘をめぐる攻防戦でアラブ側のカリスマ的な指導者アブドゥル・カデルを戦死させるなど、アラブ側にも計り知れないほどの損失をもたらした。

そして、四月九日から翌一〇日にかけての夜、イスラエル建国史上最大の汚点といわれる「デイル・ヤーシン事件」が発生する。エルサレムの包囲打開と、輸送車両に対するアラブ側襲撃を阻止するとの名目で、イルグンとシュテルンの合同部隊が、エルサレム近郊にあるアラブ人の村デイル・ヤーシンに住む老若男女約一〇〇人を殺害したのである。

イルグンの司令官ベギンは、この村にはアラブ側の軍事拠点があったと弁明したが、ハガナーのエルサレム方面司令官シャルティエルは「デイル・ヤーシンに軍事的価値はなかった」と発表し、ベングリオンはトランスヨルダンのアブドゥッラー王に宛てて謝罪の書簡を送付している。

しかし、この事件以降「デイル・ヤーシン」の名は、アラブ系住民にとって恐怖と迫害の代名詞となり、概算で一〇万人とも言われるアラブ人難民が、身の危険を感じてパレスチナ全土から周辺諸国へと脱出した。アラブ側は報復として、エルサレム郊外のユダヤ系病院「ハダッサー病院」へと向かう医療関係者の車列を襲撃し、医師や看護師など七七人のユダヤ人を殺害したが、国外へと脱出する難民の流れを止めることはできなかった。

イルグンとシュテルンが協同して行ったこの恐怖戦術は、国際的には大きな非難を浴びたものの、ユダヤ側の目指す「パレスチナのアラブ人社会の破壊と住民の追放」というダレット計画の目標達成において、大きな役割を果たしたのである。

第一次中東戦争の勃発

イスラエル建国宣言

一九四八年五月一四日。二六年間にわたるイギリスのパレスチナ信託統治時代が終了するこの日の夕刻、テルアビブの博物館で開催されたユダヤ国民評議会は、『ユダヤ人国家』の著者ヘルツルの大きな肖像写真が掲げられた部屋で、国連のパレスチナ分割案に基づくユダヤ人地区を拠点とする「イスラエル国」の樹立を内外に宣言した。

「われわれ国民評議会は、パレスチナのユダヤ人および全世界のシオニストを代表して、今ここにおごそかな独立の式典をあげる。これは、ユダヤ民族の天与の歴史的権利に基づき、国際連合の決議によるものである。われわれは、かくてユダヤ国家の建設を宣言し、その国名を『イスラエル』と命名する」

初代首相ベングリオンが独立宣言を発表してから三時間後、アメリカのトルーマン大統領はイスラエルの独立を承認する旨の声明を発表した。四日後の五月一八日、今度はソ連がイスラエルの独立を承認し、スターリンの勢力下にある東欧諸国がそれに追従《ついしょう》する。ダレット作戦の成功により、パレスチナの大都市をほぼ手中に収めたユダヤ側勢力は、ディアスポラから一九〇〇年を経て、ようやくパレスチナの地に安住の地を得たかに見えた。しかし、その前途には、六〇年を経てもなお消えることのない、戦火と憎しみの炎が燃え上がり始めていたのである。

一方的なイスラエルの独立を認めない周辺アラブ五カ国（エジプト、シリア、トランスヨルダン、イラク、レバノン）は、五月一四日のうちに同国に対して宣戦を布告。ユダヤ教の安息日に当たる翌一五日には、国境を越えてアラブ軍部隊が三方から侵攻を開始し、パレスチナの内戦は、独立国家イスラエルと周辺アラブ諸国による「第一次中東戦争」へとその規模を拡大していった。アラブ連盟の事務総長アサム・ハカシは、この戦争を次のように定義した。

「我々の攻撃は、モンゴル人や十字軍による蛮行と並び称されるような、徹底的な虐殺と根絶の戦いとなることだろう」

グラブ中将に率いられたアラブ軍団の精鋭部隊（二個旅団）は、ヨルダン川に架かるアレンビー橋を越えてパレスチナに進出し、五月一七日にはエルサレムを眼下に見下ろすオリーブ山の頂を占領した。同じ日、アラブ軍団の第四大隊がラトルンの警察砦を占領し、テルアビブからエルサレムへと通じる回廊は再びアラブ側によって遮断されてしまう。

五月一八日、アラブ軍団の第1独立中隊はオリーブ山を駆け下り、ゲッセマネの園と聖母マリアの墓をかすめて旧市街へと突入した。エルサレムを包囲したアラブ軍団は、一万発以上の砲弾を市街に叩き込み、ユダヤ人の多い西エルサレム（新市街）を集中的に攻撃する。

しかし、狭い街路を進んでいた装甲車が、ユダヤ人守備隊の持つイギリス製対戦車擲弾発射機PIATと火炎瓶によって炎上させられると、アラブ軍団はその攻撃目標を新市街から旧市街へとシフトせざるを得なくなった。

ハガナーとイルグンの守備隊約三〇〇人が守るエルサレム旧市街に対する総攻撃が開始されたのは、五月二〇日のことだった。狭い通路の入り組んだ市街で激しい白兵戦《はくへい》が続き、補給を断たれたユダヤ側は兵員の損耗《そんもう》と弾薬の枯渇《こかつ》に苦しみながらも抵抗を続けた。だが、ユダヤ教のラビたちは、これ以上の犠牲は避けるべきだとして降伏を進言、五月二八日にエルサレム旧市街のユダヤ人守備隊は、銃を捨ててアラブ側に投降した。

要衝ラトルンの攻防戦

一方、交通の要衝ラトルンでは、孤立したエルサレム新市街へと通じる回廊を打通すべく、イスラエル軍による奪回作戦が繰り返し実施されていた。ラトルンの警察砦は、テルアビブとエルサレムを結ぶ重要な街道を見下ろす高台に位置する、箱型の小さな建物だったが、周辺への見晴らしは理想的で、歩兵が接近して攻撃するのはきわめて難しかった。このような拠点への攻撃には、戦車や重砲の支援が不可欠だったが、イスラエル軍はこの時点では一門の重砲も保有しておらず、戦車もイギリス軍から盗み取った中古品がごく少数あるだけだった。

ハガナーが戦車という近代兵器を初めて手に入れたのは、独立宣言から二日前の五月一二日のことだった。地中海の港ハイファで、シャーマン戦車に乗って味方の撤退を護衛していたイギリス軍の戦車兵たちは、三人の美しいユダヤ娘に誘われて、近くのレストランへと入った。数時間後、酔っぱらった戦車兵たちが我に返った時には、ユダヤ娘もシャーマン戦車も姿を消していた。こうして、一輌また一輌と盗み出された戦車は、最後のイギリス軍がパレスチナの地を後にする六月三〇日までの間、テルアビブ近郊のアバローズというキブツ（集団農場）の干し草の山に隠されていたため、イスラエル軍はこの戦車をラトルン攻撃に使用することはできなかった。

五月二三日に実施された最初の奪回作戦が失敗に終わった後、シュロモ・シャミル大佐に率いられた第7機械化旅団が投入され、五月三〇日の日没後に再び攻撃が実施された。アメリカ製のハーフトラック（半装軌の装甲兵員輸送車）を装備して新たに編成された第7旅団は、夜闇と発煙筒の煙幕に守られて、警察砦のある丘へと登ってゆく。難攻不落の砦への接近にようやく成功したかに見えたが、随伴していた歩兵たちはキプロスの難民キャンプから到着したばかりの新兵がほとんどであり、軍事訓練も充分には行われていなかった。案の定、そのような新兵の一人が不用意に火焔放射器を敵陣に向けて放った瞬間、その炎の明かりによってハーフトラックの姿がくっきりと浮かび上がってしまった。

エルマジャリ中佐に率いられたアラブ軍団の守備隊は、すぐさま対戦車砲による射撃をハーフトラックに集中させた。この反撃によって大きな損害を被った第7旅団は、砦の門の直前まで進みながらも攻撃の中止を余儀なくされ、再び丘の麓へと撤退していった。

この報せを聞いたベングリオンは、ラトルン奪回をエルサレム方面における作戦の最優先事項と位置づけ、アメリカ陸軍の退役大佐ダビッド・マーカスを前線指揮官として現地に派遣した。

戦場の地形を調査したマーカス大佐は、ラトルン攻撃の案とは別に、エルサレムへと通じる迂回路の開設をベングリオンに提案した。六月四日に到着した一台のブルドーザーをフル稼働させて、ラトルン南方の峡谷を通る迂回路（通称「ビルマ・ルート」）を切り開いてはどうかと考えたのである。たった一台のブルドーザーが起伏に富んだ荒れ地を無造作に進んだ後、土木作業員が地面に空いた大小の穴を塞ぎ、車輌が通れるよう平坦に整えた。六月七日、ビルマ・ルートはほぼ開通し、六月一〇日にはアメリカ人記者の便乗する輸送隊が、テルアビブからエルサレムへと入った。

マーカス大佐は不運にも、六月一一日に味方であるハガナーの歩哨《ほしょう》に誤射されて命を落とすことになる。だが、聖都エルサレムの新市街を守るユダヤ人守備隊は、待望の補給物資が到着したことにより、長期持久戦に向けた態勢を整えることができたのである。

エジプト軍の進撃と第一次休戦

五月一五日にエジプト軍が国境を越えてパレスチナに進軍すると、エジプト国王ファルークは特別記念切手を発行させて、来たるべき大勝利の報を待ち望んだ。アハメド・アリ・エルマワウィ少将に率いられた派遣軍は、歩兵五個大隊から成る第3師団を中心に、英国製のクルセイダー戦車やマチルダ戦車を装備する戦車隊と機関銃一個中隊、砲兵一個連隊を擁する約一万人の大兵力だった。

エジプト軍の正面で防備に当たっていたイスラエル軍部隊は、パルマッハのネゲブ旅団（ナフム・サリグ大佐）とギバティ旅団（シモン・アビダン大佐）の二個旅団だったが、両方併せても三八〇〇人ほどの兵員しか保有しておらず、しかも重火器の装備はまったくなかった。エジプト軍は、薄い防衛戦を難なく突破してガザ、マジダル、ベエルシェバへと進軍を続け、そのたびに大々的な戦果の発表が行われた。

しかし、ヤッド・モルデハイというキブツに対する攻撃を五月一九日に開始したエジプト軍は、そこで頑強な守備隊の抵抗に遭遇する。五日後の五月二四日、ヤッド・モルデハイはようやく陥落したが、この五日間の浪費はエジプト軍が予想した以上の意味を持っていた。イスラエル側は、この貴重な時間を活用してテルアビブの防備を固めるのと共に、続々と陸揚げされる近代兵器の組立時間を稼ぐことができたのである。

五月二九日、イスラエル軍パイロットの操縦するS199型戦闘機（チェコスロバキア製メッサーシュミットBf109G型）四機が上空からエジプト地上軍に襲いかかった。この空襲自体は、爆弾の不発などが原因で戦果を上げることができず、対空砲火によって一機が撃墜された（そして帰投途中に別の一機が故障で墜落した）ものの、頭上からの奇襲攻撃がエジプト兵に与えた心理的動揺は大きかった。正式な国家を形成して間もないユダヤ人勢力が、既に軍用機を保有しているなどとは夢にも思わなかったからである。

エジプト軍を驚かせたこの戦闘機は、ベングリオンの密使エフード・アブリエルがチェコスロバキアで買い求めた数々の近代兵器のうちのひとつだった。第一次中東戦争の勃発当時、ユダヤ側の武装勢力が保有していた飛行機は、アメリカ製のC47輸送機三機と羽布張りの複葉旅客機ドラゴンラピード二機、それに小型のスポーツ機などに過ぎなかった。しかし、英国製のスピットファイアⅨ型戦闘機一五機を保有するエジプトをはじめとするアラブ諸国との戦争を戦い抜くためには、本格的な軍用機の入手が不可欠だった。

そんな中、手頃な軍用機はないかと各地を探していたアブリエルは、鈍重で故障が多かったためパイロットに不評だったチェコ空軍のS199に目をつけ、一機一〇万ドルで計一一機の購入契約を結ぶことに成功する。いったん分解されたこの戦闘機は、第一陣として五機分が輸送機でイスラエルへと空輸され、そこで急遽組み立てられて、第101飛行隊が編成された。

最終的にイスラエルがチェコから調達したS199は計二五機に達したが、アブリエルをはじめとする密使たちはこれ以外にも第二次大戦の中古機をあちこちで入手して、戦いの真っ只中にある祖国へと送り出した。チェコ市場で購入したスピットファイアⅨ型戦闘機五〇機をはじめ、モスキート軽爆撃機九機、マスタングP51D戦闘機四機、B17G重爆撃機三機など、性能の高い米英両国の軍用機が、次々とイスラエル側の航空隊に編入されていった。また、イギリス本土からは映画撮影に使うと偽って借り出されたボーファイター戦闘爆撃機五機が、そのままヨーロッパを越えてコルシカ島を経由し、東地中海の「シオンの地」目指して飛行を続けていた。

空襲による被害が皆無だったとはいえ、続々とパレスチナ上空に姿を現すユダヤ側の新らしい航空機の存在は、エジプト兵の戦意を大きく揺るがせた。そして、イスラエル軍の潜在的な軍事力に不安を抱いたエジプト軍は、それ以上の北上を諦《あきら》め、塹壕《ざんごう》を構築して防御態勢への移行を余儀なくされたのである。

一方、北部のガリラヤ湖周辺では、五月一八日にフランス製ルノー戦車を擁するシリア軍第1旅団（フスニ・エル・ザイム准将）の攻撃が開始された。有効な対戦車兵器を持たないイスラエル軍は当初苦戦を強い《し》られたが、五月二〇日に増援として到着した四門の六五ミリ砲が砲撃を開始すると、シリア軍の戦車兵はパニックに陥って退却を開始した。

イスラエル軍は、重火器の陸揚げと組み立てが進むにつれて各地で小規模な反撃を敢行し、一部ではアラブ軍侵攻兵力の撃退にも成功する。しかし、アラブ軍団がラトルンとエルサレム旧市街を保持し続けているのをはじめ、パレスチナの全般的状況は依然としてアラブ軍優位のまま推移していた。イスラエルのユダヤ人たちは、消耗戦の先に待つ悲惨な結末を想い描き、祖国再興は幻だったかと嘆いたが、そこに救いの手が差し伸べられた。

国連安保理事会が再びパレスチナ問題を議題として取り上げ、五月二二日にパレスチナ全域での軍事行動の即時停止を呼びかける決議を行った後、五月二九日には四週間の休戦と、国連によるパレスチナ休戦監察機構の設置を決める国連決議第五〇号を可決したのである。こうした国連の仲介により、六月一一日から七月八日までの四週間にわたる第一次の休戦が、アラブ・イスラエルの両軍によって合意された。

イスラエルは、この休戦期間を最大限に活用して、戦局の挽回をはかることになる。

ユダヤ国家イスラエルの成立

イスラエル国防軍の誕生

ベングリオンは、アラブとの戦争をより効果的に遂行するため、国内武装勢力の指揮系統を一本化することを決心した。臨時政府が五月二八日に発令した政令第四号によって、イスラエル国防軍（ＩＤＦ＝ヘブライ語の略称は「ツァハル」）が正式に創設されたが、この決定はイルグンやシュテルンの兵士をもその指揮下に編入することを意味していた。だが、このような決定は、紛争開始以来一貫して独自路線を歩み続けてきた極右武装組織イルグンにとっては容易には受け入れられないものだった。六月一一日、フランスの港を出港したイルグンの輸送船「アルタレナ号」が同月二一日にパレスチナに到着すると、ベングリオンを長とするイスラエル政府とイルグンとの緊張は一触即発の状態にまで高まった。この輸送船は、イルグンが約一三万ドルで購入したアメリカ製の上陸用舟艇《しゅうてい》で、船にはヨーロッパからの義勇兵九四〇人と小銃五〇〇〇挺、弾薬四〇〇万発、ブレン軽機関銃三〇〇挺、装甲車五輌、野砲五〇門、砲弾五〇〇〇発などの武器弾薬を満載していた。

ベングリオンは、ただちに積載武器をＩＤＦへと引き渡すよう要請したが、イルグンの司令官ベギンはこの要請を拒絶する。これにより、テルアビブ近郊でＩＤＦ正規軍とイルグンによる銃撃戦が繰り広げられた。沖合で投錨《とうびょう》していた「アルタレナ号」は、全ての武器弾薬を陸揚げしないままＩＤＦ正規軍の沿岸からの砲撃を受けて沈没したが、六月二八日にはイルグンの抵抗も止み、過激派テロ組織のシュテルンを除くイスラエルの武装組織は全てＩＤＦの統一指揮下に置かれることとなった。

苦い代償と引き替えに全軍の統一に成功したイスラエル側とは対照的に、アラブ側指導部では、路線の違いによる反目が表面化し始めていた。名目上、アラブ連合軍総司令官の地位に就いていたトランスヨルダン国王アブドゥッラーは、この休戦期間を利用して各国を歴訪し、協力関係の強化を訴えた。しかし、パレスチナ地域のヨルダンへの併合を目指すアブドゥッラーの意図を見抜いたエジプトのファルーク国王は、エジプト軍の前線を視察したいとの彼の要請を一言のもとに撥《は》ねつけた。

ファルークをはじめとする周辺アラブ諸国の指導者の間には、対イスラエル戦争を遂行し続けることは、ヨルダンの勢力拡大を助ける結果になるのではないかとの警戒感が広まりつつあった。結局、アラブ側陣営は休戦期間に有効な強化策を打ち出すことができず、息を吹き返したイスラエル軍の猛攻に晒《さら》される結果となる。

七月九日の夜、休戦解除と共にイスラエル軍初の本格的作戦「ダニー作戦」が開始された。テルアビブへの最大の脅威となっているロッドとラムラの奪取を目指すこの作戦は、南部軍司令官イーガル・アロン准将の指揮下で実施され、ハレル、イフタフ、キリアテ、第8機甲の各旅団を中心とする部隊がアラブ側陣地に南北から襲いかかった。

第8機甲旅団は、休戦期間の間に手に入れた中古のフランス製ホチキスH35軽戦車一〇輌とイギリス製クロムウェル中戦車二輌を保有する第82戦車大隊を擁していたが、整備も満足に行われていないこれらの中古戦車は行軍途中で次々と故障して、攻撃部隊から脱落してしまう。この大隊は、元ソ連赤軍の戦車部隊指揮官ビータス少佐に率いられていたが、彼はパレスチナに移住してから日が浅く、英語もヘブライ語も話せなかったため、英語やヘブライ語しか理解できない戦車兵への命令伝達には常に通訳が必要だった。

しかし、戦車部隊の脱落にもかかわらず、隻眼《せきがん》の指揮官モシェ・ダヤン中佐に率いられた第89機械化コマンド大隊が前線に到着すると、戦況はイスラエル側へと大きく傾いた。パルマッハの指揮官として第二次大戦中イギリス軍と共に戦った彼は、ブリキ缶と呼ばれる装甲トラック（薄い金属板で荷台を覆っただけの車輌）を率いてロッドの町へと強行突入し、四方八方へと銃を乱射しながら通りを走り回った。これに驚いたアラブ軍守備隊は、パニックに陥って間もなく町から脱出した。

ロッドとラムラは、一時間足らずの戦闘でイスラエル軍の手に落ち、首都テルアビブへの軍事的脅威はひとまず取り除かれたのである。

第二次休戦合意とシナイ半島の攻防

七月一五日、国連安保理事会は再び決議を行い、パレスチナ紛争当事国に対する無期限の軍事行動停止とエルサレムの非軍事化を指示する決議第五四号を採択した。アラブ連盟とイスラエル双方の代表はこの決議を受諾し、七月一八日の午前八時を以て第二次の休戦合意が発効した。しかし、前線での小規模な衝突が依然として各地で続いたことから、この合意はなし崩し的に消滅してしまうことになる。

七月二七日、イスラエル軍は建国以来初めての大規模な軍事パレードを、テルアビブで催行した。青と白に染め抜かれた大小のイスラエル国旗がはためく中、イスラエル軍の装備する戦車や大砲、装甲車などが街路を進み、上空では青いダビデの星が描かれた戦闘機がスタジアムの上空を飛び交っていた。スタジアムの客席では、イスラエル臨時政府の要人に加えて外国政府の代表や国連関係者も列席しており、ベングリオンが参謀長を従えて入場すると、観衆の熱狂は最高潮に達した。

一方、前線で戦いを続けるイスラエル軍は、アラブ側の足並みの乱れに乗じて可能な限りの領土を確保しようと躍起になっており、ガリラヤ湖周辺とネゲブ砂漠でも攻勢に転じていた。九月一七日、パレスチナの和平に尽力してきたスウェーデン赤十字の総裁フォルク・ベルナドッテ伯が、エルサレムでシュテルンの残党によって暗殺されると、国際世論は再びイスラエルへの制裁を求める方向へと動き出す。しかし、イスラエル軍は国連による度重なる停戦履行勧告を無視して作戦を継続し、一〇月一六日にはネゲブ砂漠でエジプト軍に対する総攻撃を開始した。

「ヨアブ作戦」と命名されたこの作戦で、アロン准将はギバティ、ネゲブ、イフタフの三個旅団と第8機甲旅団の二個大隊を投入してエジプト軍の拠点を各個撃破していった。アラブ軍団のグラブ中将は、包囲された仲間のエジプト軍を救援する作戦を行ってはどうか、とヨルダンのアブドゥッラー国王に進言したが、四カ月前にエジプト軍前線の視察を拒否されて面子《メンツ》をつぶされたアブドゥッラーは、この提案をにべもなく却下した。

アラブ陣営首脳部の不協和音など知る由《よし》もないファルージャの包囲環では、サイド・タハ・ベイ准将に率いられたエジプト軍の旅団が抵抗を続けていたが、イスラエルは続いて「ホレブ作戦」と呼ばれるエジプト軍駆逐作戦を実施し、そのまま国境を越えてエジプト領内へとなだれ込んだ。

こうして、イスラエルは緒戦の失地を完全に回復したばかりか、精鋭のアラブ軍団に占領されたヨルダン川西岸地区とエジプト国境に接するガザ地区を除くパレスチナのほぼ全域を手中に収めることに成功した。だが、この戦果は思わぬ波紋を呼び起こすことになる。一九四九年一月一日、イスラエル駐在のアメリカ大使が、ベングリオンに英国からの最後通牒《つうちょう》を伝えたのである。

「もしイスラエル軍がエジプト領内から退出しないなら、イギリスは一九三六年のイギリス＝エジプト条約に基づいて、エジプト軍を支援する」

ベングリオンは、一月二日までに全部隊をエジプト領から撤退させるよう、アロン准将に命令を下した。

アロン准将は、エジプトのシナイ半島に展開中の部隊をパレスチナ領内の残敵掃討に差し向けたが、もはやアラブ側の劣勢は明らかだった。混乱して疲弊《ひへい》したアラブ各国の首脳部では、当初の熱狂的な反ユダヤの憎悪も失われ、各地での劣勢を伝えられるにつれて次第に交戦意欲を失いつつあった。一方のイスラエル側も、独立国家として生存する上での最低限の領土を確保できたことから、戦争終結への道を受け入れる用意を整えていた。長い戦いの時代が過ぎ、和平への希望が見え始めたのである。

第一次中東戦争の終結

一九四九年一月一二日、まずエジプトとイスラエルの停戦交渉が、地中海東部のロードス島で開始された。二月二三日に締結された正式な停戦条約では、休戦時の最前線が停戦ラインと定められたため、ガザの回廊部はそのままエジプト側支配地域として残された。続いてレバノンとイスラエルの間にも三月二三日に停戦協定が成立。ヨルダン川西岸（ウエストバンク）を保持するトランスヨルダンとシリアも、それぞれ四月三日と七月二〇日にイスラエルとの停戦協定を結んだ（イラクは停戦協定を結ばないまま兵力を撤収）。

最大の懸案事項であるエルサレムの支配権については、旧市街を含む東エルサレムがヨルダン支配下のヨルダン川西岸地域に含まれるものと規定された。イスラエルは、新市街の広がる西エルサレムを手中に収めることとなり、またヨルダンとの停戦条約の第八条には、ユダヤ人が旧市街へと自由に出入りすることが保証されると謳《うた》われていた。

しかし実際にヨルダンによる統治が開始されると、ユダヤ教徒にとって最も神聖な場所である旧市街の「西の壁」で祈りを捧げるためにユダヤ人が旧市街へと入ることは、ヨルダン兵によって一切禁止された。このことは、建国後のイスラエル社会にヨルダンに対する強い憎悪の念を植え付け、後にエルサレム旧市街の奪回を願う世論を醸成《じょうせい》する要因になる。

パレスチナ全土を血の海と化したユダヤ人とアラブ人による大戦争は、関係各国代表が交渉のテーブルに着いたことにより、ひとまず終結した。しかし、この停戦条約の締結は、パレスチナをめぐる問題点の解決を意味するものではなかった。むしろ、この条約によって暫定的に定められた数々の処置が、未解決の問題を後の時代に先送りする結果となり、それらの問題は時が経つにつれて雪ダルマ式に膨《ふく》れあがり、遂には解決不能と思えるほどに複雑化することになるのである。

新生国家イスラエルとパレスチナのアラブ人、そして周辺アラブ諸国との間に存在する第一の問題は、独立国イスラエルの国境が、事実上制定されていないということだった。

ベングリオンは、一九四八年五月一四日に読み上げる独立宣言書の文案をまとめる協議において、その領土を「国連決議に規定された内側」と定義することを頑《かたく》なに拒絶した。その理由については、独立宣言を機に勃発するであろうアラブとの戦争で獲得するはずの土地を、イスラエル固有の領土として改めて定義するつもりだったのだとする説が有力である。実際、第一次中東戦争の停戦条約によってイスラエルが獲得した領土は、先の国連決議第一八一号で定められたユダヤ人地域の面積を遥かに上まわるものだった。

そして、イスラエルが一独立国家としてアラブ諸国との間で停戦条約を調印したという事実は、彼らが第一次中東戦争の勝者として目的を達成したことを意味していた。四つの停戦条約によって定められた境界の内側が、事実上のイスラエル領土となったのである。

しかし、アラブ人側から見れば、停戦条約で定められた分割線は、第一次中東戦争の停戦時におけるアラブ陣営とユダヤ陣営の「停戦ライン」に過ぎず、そのような暫定的な線をイスラエル国の恒久的な「国境」と認めねばならない理由はどこにもなかった。

そんなアラブ側勢力が直面した第二の問題は、パレスチナ問題をめぐるトランスヨルダンと他のアラブ諸国との間に存在する、根本的な認識の違いだった。

第一次中東戦争では、対イスラエルの軍事作戦上、最大の貢献を果たしたヨルダンだったが、戦争が終結の兆《きざ》しを見せつつあった一九四八年一二月一日、パレスチナの親ヨルダン派のアラブ人指導者たちは死海に近いイェリコで「パレスチナ・アラブ評議会」を開き、トランスヨルダンの国王アブドゥッラーを「全パレスチナの王」と認定し、既にアラブ軍団によって支配されていたヨルダン川西岸の全域をただちにヨルダンに併合するよう求めた。これを受けて、トランスヨルダン議会は一二月一三日にイェリコでの評議会の決議を全面的に承認する決議を可決し、ヨルダン川西岸はアブドゥッラーの思惑通り、ヨルダン領に併合されることが決まった。

一九四九年六月一日、アブドゥッラーはヨルダン川西岸と東エルサレムを併合した上での新たな国名「ヨルダン・ハシミテ王国」を高らかに宣言した。しかし、この決定は、自

3 第一次中東戦争
1948年5月14日〜1949年7月20日
国境線
イギリス委任統治領パレスチナの境界
国連分割案の境界
アラブ各国軍の進撃路
イスラエル軍の進撃路
レバノン
シリア
クネイトラ
ナハリヤ
アッコ
ハイファ
ティベリア
ナザレ
ガリラヤ湖
ジェニン
ネタニヤ
ナブルス
テルアビブ
ヤッファ
ロッド
イェリコ
アンマン
ラトルン
エルサレム
ヤッド・モルデハイ
ガト
死海
ガザ
ヘブロン
ハーン・ユニス
ニリム
ラファ
ベエルシェバ
エル・アリシュ
レヴィヴィム
地中海
エジプト
トランスヨルダン
(1949年6月1日以降ヨルダン川西岸地区と東エルサレムを併合した上で国名を「ヨルダン・ハシミテ王国」に変更)
ネゲブ 砂漠
停戦成立時のイスラエル領土
ヨルダン川西岸地区(ヨルダンに併合)
ガザ地区(エジプトに併合)
エイラート
アカバ
0 30 60
km

らの故郷パレスチナがヨルダンへと併合されることを望まないパレスチナ人勢力はもちろん、彼らを独立した存在として後押ししてきた周辺アラブ諸国からも猛反発を受けた。一九五一年七月、自国領となったエルサレム旧市街の聖地アル・アクサ・モスクを詣《もう》でようとしたアブドゥッラー王は、民族主義者のパレスチナ青年に銃撃されて死亡するが、これ以降ヨルダン政府とパレスチナのアラブ人勢力の関係は悪化の一途をたどることになる。

そして、第一次中東戦争によって生み出された第三の問題は、イスラエルの一方的な建国によって祖国を失った大量のパレスチナ難民の処遇だった。アラブ人難民の国外脱出は、一九四八年四月のデイル・ヤーシンにおける大虐殺をきっかけとして急増したが、その総数は七〇万人とも一〇〇〇万人ともいわれている。

本来なら、パレスチナ問題の主役である彼らは、結局のところ周辺アラブ諸国からも軽視され、パレスチナの将来を左右する重要な国際会議に招かれる機会も与えられなかった。彼らは、東欧諸国でポグロムに遭遇したユダヤ人たちと同様、家も財産も失って命からがら粗末な難民キャンプへと逃げ延び、そこで新たなる「流浪の民」として、辛酸《しんさん》を嘗《な》める生活を強いられていたのである。

停戦条約の規定によると、条約の調印から六カ月以内に、平和条約の締結が行われるはずだった。しかし、イスラエル側が「独立戦争」と呼び、アラブ側が「ナクバ（破局）」と呼ぶことになる第一次中東戦争の終結は、パレスチナをめぐる争いに終止符を打つものではなかった。

むしろ、それから六〇年以上にわたってユダヤ教・キリスト教・イスラム教の三大宗教の聖地であるエルサレムの大地を血に染め続けることになる、長い闘争の歴史の始まりにすぎなかったのである。

第四章

第二次中東戦争

——大国の思惑とアラブ民族主義の台頭——

エジプト革命とナセル時代の始まり

エジプトの輝ける星・ナセルの登場

第二次世界大戦終結から三年後の一九四八年にパレスチナで勃発した第一次中東戦争は、情け容赦のない民族間闘争の末に、新興ユダヤ人国家イスラエルの実質的勝利によって幕を閉じた。その強引とも言える建国の過程は、難民として周辺アラブ諸国へと脱出したパレスチナ・アラブ人のみならず、西アジアから北アフリカへと続く中近東諸国に多大な政治的影響を及ぼした。

中東の旧統治国であるイギリスやフランス、そして第二次大戦の戦勝によって二大超大国へとのし上がったアメリカとソ連が、パレスチナ問題の収拾を管轄する国連総会で見せたユダヤ国家イスラエルへの寛大な態度は、アラブ人に決定的な欧米への不信感を植え付けるのに充分すぎるほどの効果を及ぼした。

彼らにとって、旧宗主国であるイギリスやフランスは、住民にはその価値を知らせないまま、彼らの庭に埋まっていた富を勝手に持ち去る泥棒のような存在だったが、パレスチナにおけるイスラエルの建国が国際的な認知を得たという事実は、庭先だけでなく彼らの住む母屋の中にまで外部の手が伸び始めたことを意味していた。

こうして、イスラエルを取り巻くアラブ諸国の間には、かつての植民地支配に対する西欧文化圏への怨念を背景とした、強烈なナショナリズムのうねりが巻き起こっていった。とりわけ、世界有数の戦略的要衝であるスエズ運河を擁するエジプトでは、第二次大戦末期頃に結成された「自由将校団」と呼ばれる若き軍人たちが、自国の国際的地位向上を目指した実力行使の準備を水面下で着々と進めていた。

そして、この愛国心に燃える秘密結社の指導者として、混迷するアラブ世界の中で頭角を現したのが、エジプト陸軍の中佐ガマール・アブドゥル・ナセルだった。

一九一八年一月一五日、上エジプトの郵便局員の息子として生まれたナセルは、幼い頃から早熟で反抗的な少年であったといわれている。一二歳の時、アレキサンドリアの街頭で意味もよくわからぬまま反英デモに加わった彼は、警官隊に逮捕されて監獄へとぶち込まれた。その際、一緒に捕まった仲間が「青年エジプト党」という右翼政党の党員であることを知った少年ガマールは、釈放後すぐに同党に入党し、機関紙の原稿運びなどの雑用をしながら政治知識を身につけていった。

一九三七年、一九歳となったナセルは陸軍士官学校へと入学する。翌三八年に同校を卒業した後は、スーダンの駐留部隊に配属されたが、彼はここでフランス革命やドイツ統一などの歴史書を貪《むさぼ》るように読み耽《ふけ》ったという。間もなく、第二次大戦が勃発して北アフリカが戦場になると、ナセルはエジプト兵を率いてイギリス軍を支援し、一九四二年のエルアラメインの戦いでは歩兵大隊長としてドイツ軍との戦いに身を投じている。

だが、一九四八年五月にパレスチナで発生したユダヤ人勢力との戦争で起こった数々の事件は、軍人ナセルの心にエジプトの現体制への深い失望を刻み込むことになる。

第一次中東戦争の末期、パレスチナ南部のファルージャという村でエジプト軍の一個旅団がイスラエル軍によって包囲され、イスラエル軍の軍使は守備隊に降伏を呼びかけた。しかし、軍使と会談したエジプト軍部隊の指揮官ナセルは頑として敵の降伏要求を拒んだ。結局、ファルージャの攻防戦で肩を負傷した彼は、停戦協定の成立によって祖国への帰還の途についたが、第一次中東戦争への従軍経験は、若き将校ナセルにエジプトの現体制の腐敗ぶりと、エジプト王国軍が内包する体質的な欠陥を痛感させた。

芝居がかった派手な出兵セレモニーとは対照的に、パレスチナに進軍したエジプト軍を待っていたのは輸送体制の不備と慢性的な補給物資の不足、そして前線の状況を把握していない後方司令部から送られてくる的外れな作戦命令だった。

イスラエルと同様、当時のエジプトもまた必要な武器類を国外の闇市場で調達していたが、エジプトが掴《つか》まされた兵器には欠陥品が多かった。投げる前に炸裂するイタリア製手《しゅ》榴弾《りゅうだん》、暴発によって味方砲兵をなぎ倒すスペイン製野砲。前線の兵士たちの間では、国王や政府高官がこれら欠陥兵器の購入で私腹を肥やしているとの噂が公然と広まっていった。そして、野砲の暴発によって瀕死《ひんし》の重傷を負ったエジプト軍の砲兵将校は、死の間際にナセルに対して次のような言葉を語ったという。

「我々の戦場は、エジプトの内部にある……」

ナセルは、その言葉に込められた意味を、充分に理解していた。

エジプト王室の腐敗

長らくイギリスの植民地であったエジプトが名目的な独立を勝ち取ったのは、第一次大戦後間もない一九二二年で、ちょうどトランスヨルダンの独立から一年前のことだった。しかし、独立国として国際連盟への加盟を許されたエジプトだったが、実際には国家運営の主導権は駐カイロのイギリス大使によって牛耳《ぎゆうじ》られており、イギリス軍はエジプトが独立した後も同国の領内で我が物顔に駐留を続けた。そのため、エジプト国内では国粋主義的な青年エジプト党や「ムスリム同胞団」などの反英的な政治団体が次第にその勢力を強めていった。

一九四二年二月四日、駐カイロの英大使キラーンは国王ファルークと面会し、ワフド党の親英的指導者ナハス・パシャを首相に任命するよう、強い調子で申し渡した。ファルークがこれを拒絶すると、キラーンはイギリス軍の戦車部隊をアブディン宮殿の正面へと前進させ、大砲の砲口を王宮の建物へと向けさせた。抵抗の無益さを悟ったファルークは、キラーンへの恭順《きようじゆん》の態度を示し、間もなくエジプトの新首相ナハス・パシャが誕生する。

しかし、この事件は、王室に対する大きな失望と屈辱感をエジプト国民に味わわせ、国内でのファルーク国王の人気は急激に低下していった。

ファルーク王に対する民衆の不満が高まり始めた理由は、他にもあった。当時のエジプトでは、総人口のわずか〇・五パーセントの人間が、国民所得の五〇パーセントを懐に入れるという経済的な不平等が厳然と存在しており、国王ファルークを取り巻く王室幹部や政府高官には汚職の噂が絶えなかった。実際、第二次大戦末期から第一次中東戦争に至る数年間、エジプトの国政はキラーン大使の夫人とナハス・パシャの妻、そしてファルークの母ナズリという三人の女性によって実質的に支配されていたのである。

第一次中東戦争が終了すると、遅まきながらファルークとワフド党も、対英協力がエジプトにもたらす不利益を認識し、一九五一年一〇月にはイギリスとの同盟条約を破棄、イギリス軍にエジプト領内からの撤退を要求した。しかし、抜本的な改革を望むエジプト国民の支持は、汚職の影を引きずったままの国王や現政権ではなく、汚職や腐敗とは無縁の新たなる勢力へと向けられることになる。

一九五二年七月二三日の未明、ナセル中佐に率いられた自由将校団のメンバー約三〇〇人が、カイロで無血クーデターを成功させた。自由将校団のメンバーの多くは、腐敗の元凶であるファルークを絞首刑にすべきだと主張したが、リーダーであるナセルはそのような主張を却下した。

「私は、これまでに読んだすべての歴史書から同じ教訓を得ている。それは、流血は新たな流血を招く、ということだ」

三日後の七月二六日、第一次中東戦争のエジプト軍司令官の一人であるムハンマド・ネギブ中将が、革命司令部の総司令官として国王ファルークに退位を要求した。ファルークは渋々ながらこれを承知し、豪華な王室ヨットに美女たちを乗せてエジプトを後にした。

中東のアラブ諸国のみならず、後にアフリカ全土の旧植民地諸国へと民族自決の哲学を広めることになる「エジプト革命」の始まりである。

イギリスからの離反とソ連への接近

ネギブ政権の実質的指導者であるナセル中佐にとって、祖国エジプトが抱える問題はあまりにも多かった。彼はまず、土地所有の不平等を解消するための土地改革法を制定し、地主や貴族による不当な搾取《さくしゅ》から農民を解放する。続いて翌五三年六月には王政を正式に廃止して「エジプト共和国」の成立を宣言、ネギブ首相が臨時大統領を兼任する一方で、ナセル自身も副首相兼内相として政界の表舞台に登場した。

アレクサンダー大王のエジプト征服（BC三三二年）で失われて以来、実に二三〇〇年ぶりに実現されたエジプト人自身による統治だったが、ナセルとネギブの協調体制も長くは続かなかった。既得権に固執する旧支配層との関係を深めていたネギブは、急進的なナセルの改革案に危機感を抱き、右翼勢力である「ムスリム同胞団」を使ってナセルの暗殺を試みる。一九五四年一〇月二六日、アレクサンドリアの広場で大群衆を前に演説するナセルに向けて、数発の銃弾が放たれた。弾はナセルの身体をかすめて頭上の電球を破裂させたが、彼は動じることなく毅然とした態度で演説を続けた。

「わが身に何が起ころうとも、革命は前進し続ける。もし私が殺されたなら、諸君の一人一人がナセルとなればよいのだ！」

この事件によってネギブは失脚し、「不死身の英雄」としてエジプト国民の熱狂的な支持を受けたナセルはエジプト共和国の第二代大統領に就任する。そして、エジプトの国力と国際的地位をさらに向上させるべく、強力な指導力を発揮していった。

エジプト大統領としてのナセルがとりわけ重視したのは、旧宗主国イギリスの影響力からの脱却だった。地中海とインド洋を結ぶ海運交通の要衝スエズ運河地帯には、当時約八万人のイギリス兵が駐留していたが、彼らが居座り続ける限り、エジプトは真の主権国家たりえない。そう考えたナセルは、まず大統領就任に先立つ一九五四年一〇月一九日に、イギリス政府との間で英軍撤兵についての協定を締結し、一九五六年六月二〇日までに全イギリス兵をスエズ運河地帯から撤兵させることで合意にこぎつけた。

イギリス政府は、この協定への調印をさほど大きなダメージとは考えていなかった。運河そのものは依然として英仏両国が大株主であるスエズ運河株式会社の所有物であったし、運河の自由航行を保障する一八八八年一〇月の国際協定は引き続き有効であるとの確認がなされていたからである。

しかし、イギリス軍がスエズに駐屯し続ければ、エジプト軍の対外進出にブレーキをかけられると考えたイスラエルは、イギリスとエジプトの撤兵交渉を妨害すべく、カイロのアメリカ関連施設に放火するなどの破壊工作を開始する。

エジプト国民の熱狂的な支持を受けてエジプト共和国の第2代大統領に就任した、ガマール・アブドゥル・ナセル。(写真=朝日新聞)

一九五五年二月二八日、ガザ地区のエジプト軍司令部に対して、イスラエル軍による大規模な攻撃が仕掛けられた。地中海沿岸の細長い回廊となっているガザ地区では、この年の初め頃から、エジプト軍で訓練を受けたパレスチナ難民のテロ活動家「フェダイーン」と、それに対する報復を主任務とする第101特殊コマンド（指揮官は後にイスラエル首相となるアリエル・シャロン中佐）の間で散発的な銃撃戦が繰り広げられていたが、敵の攻撃でエジプト軍の兵士三八人を失ったナセルは、停戦状態にあるとはいえイスラエル軍の脅威が今なおエジプトにとって切実な問題であることを痛感する。

そこでナセルは、アメリカをはじめとする西側諸国から信頼性の高い最新兵器を購入して、軍の近代化を推し進めようと考えた。ところが、米英仏の三国は中東への武器供与を制限する協定（三国宣言）を盾に、エジプトの武器購入への打診をにべもなく拒絶した。

追いつめられたナセルは、それまでの反共姿勢をかなぐり捨ててソ連に接近し、チェコスロバキア経由での通商協定という名目で、大量のソ連製兵器獲得に成功する。この協定に基づいてソ連からエジプトに供与された兵器は、最新鋭のミグ15ジェット戦闘機二〇〇機をはじめ、T34／85中戦車二〇〇輛、スターリンⅢ型重戦車一〇〇輛、自走砲一〇〇輛、火砲数百門、駆逐艦二隻、潜水艦六隻など膨大な数に上り、中東における軍事バランスを一挙に傾かせるほどの衝撃を欧米諸国に及ぼしたのである。

スエズ運河国有化の断行

アスワンハイダムをめぐる駆け引き

エジプトに進出の拠点を確保したことは、クレムリン（ソ連政府）にとっても大きなメリットだった。スターリン時代には公式にイスラエル支持の政策を採り続けたソ連だったが、国内のユダヤ人が民族運動を開始したことをきっかけに、クレムリンの視線はイスラエルからアラブ諸国へと転じ始めていたからである。しかし、この動きは中東での対ソ防衛網作りに力を注いでいたアメリカの神経を、激しく逆撫《さかな》でするものだった。

アメリカと並んで西側世界の中核を担っていたイギリスもまた、ソ連への接近を強めるエジプトの動向を苦々しい思いで凝視していた。中近東のアラブ諸国は、第一次中東戦争以降それぞれの国内事情に忙殺されて、統一的な対イスラエル戦線を構築できないでいたが、一九五五年頃からはナセルが中心となって各国首脳同士の交流が活発化しており、翌五六年四月にはエジプト・サウジアラビア・イエメンの三国が軍事協定を調印、五月にはエジプトとシリア、ヨルダン、レバノン各国との間で相互軍事条約が締結された。

もし、ソ連からの軍事的支援を受けたナセルが、アラブの盟主として周辺アラブ諸国に働きかけたなら、中東のアラブ諸国が次々とソ連に近づいていくことは容易に予想できた。だが、英米両国とも、そのような事態の進展を座視しているつもりはなかった。

一九五六年七月一九日、アメリカのダレス国務長官はエジプト政府に対し、アスワンハイダム建設に対する資金援助を当面の間見送ると通告。翌日、イギリス政府と世界銀行も同様の声明をエジプトに伝えた。

アスワンハイダムとは、ナイル川の水力発電所を利用した灌漑《かんがい》によって砂漠国エジプトに大規模な農地を作り出そうという国家的プロジェクトの根幹をなす巨大ダムである。その貯水量は一三〇〇億立方メートルに達し、建設費用は総計で約一〇億ドル必要と推定されたが、うち四億ドルを米英両国と世界銀行からの借款《しゃっかん》に頼ることになっていた。その建設資金の融資を欧米諸国が撤回したことは、ソ連との関係を強めつつあるエジプトに対する政治的圧力にほかならない。しかし、そのような圧力に対して、ナセルは思い切った行動に出た。

一九五六年七月二六日、アレクサンドリアで開催された革命四周年記念式典に出席したナセルは、大観衆を前に重大な発表を行った。

「ただ今をもって我々の兄弟、エジプトの息子たちが、スエズ運河を接収・経営することとなった。運河の経営で得られる年間一億ドルの収益は、アスワンハイダムの建設費に充てられる。この決定は、我々の民族の尊厳と誇りを守るためになされたのである」

ナセルの演説が終わった瞬間、エジプトの民衆は狂喜した。同日の夕刻、エジプト政府は英仏両国が大株主を務める国際スエズ運河株式会社を接収して、全資産を凍結する法案を可決。周辺アラブ諸国の首脳は、こぞってナセルに祝電を送った。

しかし、この情報を聞いたイギリスとフランス両国の政府は激怒した。中東の産油国から西欧諸国へと石油を運搬するタンカーの七割が通過する大動脈を、第三世界の英雄であるナセルの手に握られてしまったのである。

スエズ運河と英仏両国の利権

エジプトの東北部に運河を築いて地中海と紅海をつなぎ、海運事業の効率化をはかるという構想は、古くは紀元前六〇〇年頃の記録にも登場するといわれ、紀元前五二一年にはペルシャの王ダレイオス一世の統治下で最初の運河が完成した。その後、幾度かの荒廃と再建を繰り返した後、八世紀頃にはこの地域の商業活動はローマ帝国の滅亡によって完全に停止してしまい、必要のなくなった運河は砂に埋もれて忘れ去られてしまった。

一七九八年、司令官ボナパルト将軍（後の皇帝ナポレオン一世）に率いられたフランス軍がエジプトへの遠征を試みた際、運河の再建を想定して三回にわたる測量調査を行わせたが、彼らは紅海の水位が地中海よりも九メートルも高いために連結は不可能との誤った結論を導き出し、運河建設の構想は放棄された。

しかし、この時の軽率な誤りは、七〇年後にナポレオンの同国人によって改められることになる。一八五四年、フランスが中心となってスエズ運河再建の計画が立案され、一八五八年にはフランスとエジプト双方の代表者を株主とする「国際スエズ運河株式会社」が設立された。当時の合意書によれば、この株式会社は以後九九年間にわたって運河の経営を管理し、その後に全ての所有権をエジプト側へと委譲することになっていた。

フランス人技師フェルディナン・レセップスの指導の下、一八五九年四月二五日に開始された運河の建設工事は、一〇年の歳月を費やした後、一八六九年一一月一七日に完成し、水深八メートル、水面幅五八メートル、全長一六〇キロの長大な運河によって、地中海と紅海の水面を一つに結ぶという大事業は成し遂げられた。

しかし、エジプトを植民地として支配していたイギリスは、一八七五年にエジプト側が保有していた株式の全てを強引に買い上げてしまう。一三年後の一八八八年、コンスタンチノープル条約の締結によって、スエズ運河は全世界の船舶に対して使用を許されたが、運河の通行料は全てイギリスとフランスに流れ込み、エジプトは運河の開通から何の利益も得ることができなかった。

イギリスは一九三六年以降、スエズ運河の両岸に自国の軍隊を配備していたが、この運河を航行する船舶の数は、第二次大戦を境に激増しており、一九五五年当時で全世界の貨物海上輸送量七億トンのうち約一億トンがこの運河を通過していた。そして、その八割は紅海から地中海へと向かう西欧向けの船舶であり、中東からヨーロッパ諸国へと供給される石油の七割は、この運河を通るタンカーによって輸送されていた。

イギリス政府は、翌年に迫った国際スエズ運河株式会社の契約満期を控えて、運河そのものを国際的機関の管理下に置くという方向での政治工作を開始したところだった。だが、その矢先に発表されたナセルの国有化宣言は、スエズ運河をめぐる英仏両国の目論見《もくろみ》を完全に打ち砕くものだったのである。

もはや外交交渉で問題を解決できる可能性は皆無に等しかった。英仏両国首脳は、ただちに軍事的手段によって運河の支配権を奪回すべく作戦を立案する。しかし、スエズ運河のイギリス軍はつい一カ月前に撤退を完了しており、攻撃作戦は侵攻の拠点となる場所の選定から始めなくてはならない。

そんな時、エジプトに対する英仏の軍事行動に全面的な協力を申し出た国があった。イギリスのパレスチナ駐留部隊に対して情け容赦のないテロを繰り返した後、七年前に武力で独立を勝ち取ったユダヤ人国家イスラエルである。

イスラエルの介入計画

イスラエルは、ソ連との軍事的な協力関係を深めつつあるエジプトに対抗するため、数年前からフランス製の武器を大量に購入して、軍備の強化を図っていた。一九五五年九月、ナセルはチラン海峡の封鎖を発表したが、この海峡はイスラエルのアカバ湾に面する唯一の港エイラートから紅海へと通じる出口に位置しており、この封鎖はスエズ運河を通過することができないイスラエル船がインド洋方面への航路を失うことを意味していた。

スエズ運河の支配権を取り戻したいイギリスとフランス、そしてチラン海峡の航行権を保持したいイスラエル。エジプトの強権発動を叩きつぶすことが自国の利益を守ることにつながるという点において、英仏両国とイスラエルの利害は一致した。一九五六年一〇月二四日、英仏両国とイスラエルの代表者は最終的な侵攻作戦の打ち合わせを行い、次のような作戦計画の「段取り」が練り上げられた。

まず、一〇月二九日にイスラエル軍が国境を越えて、エジプト領内に侵入する。次に、英仏両国がイスラエルとエジプトに対して即時停戦を要求する声明を発表し、同時にスエズ運河の安全保障という名目で英仏軍を運河地帯に進駐させることを申し入れる。そして、一〇月三〇日の夕刻に英仏政府が期限一二時間の最後通牒《つうちょう》をエジプト・イスラエルの両国に送付し、イスラエル軍がこの声明を受け入れて運河の東方一六キロの地点で停止した後、英仏連合軍が翌三一日にポートサイドへと上陸し、スエズ運河地帯を占領する。

このような手順を踏んでスエズ運河への侵攻作戦を実施すれば、イギリスもフランスも国際社会から「侵略国」の烙印《らくいん》を押されることは避けられるはずだった。英仏両国は、さっそく地中海のマルタ島とキプロス島、北アフリカのアルジェリアなどに陸海空三軍の兵力を派遣し、武力介入に向けた準備を開始した。

スエズ運河の奪還を目指す侵攻部隊は、英国陸軍のキートリ大将とフランス海軍のバルジョー中将を正副司令官としてキプロスで編成されたが、陸海空の三軍にはそれぞれイギリス軍人の司令官とフランス軍人の副司令官が任命された。陸上部隊は、イギリス軍の第3歩兵師団と混成機械化師団（西ドイツやキプロスなど海外基地に駐屯していたイギリス軍部隊と予備役兵で編成された臨時部隊)、独立第16空挺旅団、第3海兵コマンド旅団と、フランス軍第7機械化師団、第10空挺旅団の六個部隊から成り、総兵力は約一〇万人に達する大兵力だった。

一方、イスラエルの港には戦車や対戦車ミサイルなど大量のフランス製兵器が、巧妙な偽装の下で陸揚げされた。とりわけ、最新型の砲を装備したフランス製戦車の受領は、戦車兵力の不足に苦しむイスラエル軍にとって、何よりもありがたいプレゼントだった。

第一次中東戦争の終結以降、イスラエル国防軍は形式の比較的新しい戦車の入手に大きな関心を払っており、一九五一年にはイスラエル軍関係者が、ヨーロッパ各地の屑鉄置き場から数百輛分に相当するアメリカ製M4シャーマン戦車の車体部品を「廃品」として購入することに成功した。彼らは、この屑鉄を祖国に船便で送り、翌五二年に別ルートから入手した七五ミリ砲や七六ミリ戦車搭載砲、三〇口径のブローニング重機関銃などと組み合わせて、継《つ》ぎ接《は》ぎだらけの戦車を作り出していった。

一九五三年には、イツハク・パンダ准将を長とする機甲兵団司令部が創設され、本格的な戦車兵の育成教育が開始されたが、イスラエル国防軍のエリートである機甲部隊将校の質が向上するにつれて、寄せ集め戦車の戦場での能力不足は明白なものとなった。イスラエル軍の戦車専門家がフランスを訪問して協議を重ねた末、より強力な威力を持つ長砲身の七五ミリ対戦車砲を購入できることとなり、イスラエル軍はこの砲を改造してシャーマン戦車に取り付け、シャーマンM50と呼ばれるイスラエル軍独自の新型戦車が誕生した。

結局、第二次中東戦争が開始されるまでの間に、イスラエル軍はシャーマンM50中戦車五〇輌と、同じくフランス製長砲身七五ミリ対戦車砲を搭載するAMX13軽戦車約二五〇輌を入手して、機甲旅団の戦闘能力を向上させたが、これによってイスラエル軍は、エジプト軍の装備するソ連製の戦車に対抗できる戦車兵力を手中に収めることができた。そして、フランスの協力によって行われたこれらの戦力強化策は、屑鉄戦車の寄せ集めに過ぎなかった弱体なイスラエル軍戦車部隊を、後に中東最強の軍隊と評されるほどの精鋭部隊へと発展させる上での貴重な第一歩となるのである。

第二次中東戦争の勃発

シナイ半島への進撃

一九五六年一〇月二九日の夕刻、イスラエル軍第202空挺旅団の一個大隊がシナイ半島の要衝ミトラ峠付近に降下を開始し、ほぼ時を同じくしてフランス製AMX13軽戦車を装備した同旅団の空輸戦車部隊が、シナイ半島で停戦ラインを挟んで対峙するエジプト軍陣地への攻撃を開始した。イスラエル側が「シナイ作戦」、エジプト側が「スエズ戦争」と呼ぶ、第二次中東戦争の勃発である。

イスラエル領パレスチナとスエズ運河に挟まれた、総面積約六万平方キロのシナイ半島は、アジアとアフリカを結ぶ架け橋として歴史に幾度もその名を刻んでおり、古代エジプトのトトメス三世からアッシリア帝国のエサル・ハドン王、ギリシャのアレクサンダー大王、そしてフランスのナポレオンまで、幾多の英雄達はこの半島を通過して、支配権の拡張に乗り出していった。しかし、半島の大部分は遊牧民の集落すらない不毛の岩山と砂漠で、半島を東西に横断できるルートは、事実上四つの街道に限られていた。

一つ目は、地中海沿岸でガザからエル・アリシュを経てスエズ運河沿いのアル・カンタラに向かうルート。二つ目は「イスマイリア道」とも呼ばれ、ベエルシェバからウムカテフ、ダイカ峠を通って運河西岸のイスマイリアへと通じるルート。三番目の「ギディ峠道」は、イスマイリア道から二ザナで分岐して南へと進み、ギディ峠を経てスエズ運河の小ビター湖周辺へと抜けるルート。そして、四番目の「ミトラ峠道」は、ナクールを出発して標高一〇〇〇メートル級の山々の間を縫いながらミトラ峠を経て、スエズの街へと通じていた。

翌三〇日、イスラエル軍の攻勢は本格化し、第4および第10歩兵旅団と第7、第37機甲旅団から成る大兵力がシナイ半島中央の街道イスマイリア道を通ってエジプト領内へとなだれ込んだ。半島の北部では、一一月一日に第1と第11の二個歩兵旅団と第27機甲旅団がガザから地中海沿いに進撃し、南部では第9歩兵旅団がアカバ湾沿岸のシャルム・エル・シェイクを目指して南下を続けた。

ミトラ峠に投入された第202空挺旅団は、ガザ地区でパレスチナのアラブ人ゲリラへの報復任務を行っていた第101特殊コマンドを基幹に編成された部隊で、大佐に昇進したアリエル・シャロンが引き続き指揮を執っていた。この旅団の任務は、要衝ミトラ峠を封鎖して、この方面からエジプト軍の増援部隊がイスマイリア道の背後へと進出するのを阻止することだった。シャロン大佐は、独断で峠付近の敵陣に対する攻撃を行わせたために空挺部隊の将兵が大損害を被り、これを知った参謀総長モシェ・ダヤンは激怒したが、峠の封鎖という作戦目標はほぼ完全に達成され、峠から東のミトラ峠道は完全にイスラエル側の支配下へと入った。

ウリ・ベン・アリ大佐に率いられた第7機甲旅団と、ハイム・バーレブ大佐の率いる第27機甲旅団もまた、弱体なエジプト軍の守備隊を次々と撃破して、半島北部の街道を西に向かって進撃していた。

エジプト軍守備隊の中には、第二次大戦で活躍したソ連製T34／85を装備する第4機甲師団（アリ・ガマル・ムハンマド准将）も含まれていたが、フランス製の長砲身七五ミリ砲を搭載したイスラエル軍戦車は、遠距離からこれらの戦車を次々と撃破し、生き残ったエジプト軍戦車はパニックに陥って敗走した。

機甲部隊が街道を進撃している後方では、孤立したエジプト軍陣地に対するイスラエル歩兵部隊による攻撃が続けられていた。一個大隊分の戦車しか持たないイスラエル軍第37機械化旅団（サムエル・ゴリンダ大佐）は、歩兵による攻撃の支援兵力としてウムカテフの攻撃に投入されたが、サミ・ヤッサ大佐に率いられたエジプト軍第6歩兵旅団の抵抗は熾烈《しれつ》をきわめ、ハーフトラック部隊で陣頭指揮に立っていたゴリンダ大佐は敵弾の直撃を受けて戦死した。

ウムカテフに籠《こ》もるヤッサ大佐の部下たちは結局、対イスラエル作戦を統括するエジプト軍司令官アリ・アーミル少将によって拠点の放棄を命じられる一一月二日の夜まで、イスラエル軍の攻撃を凌《しの》ぎ切ることになる。しかし、その補給路は既にイスラエル軍の機甲旅団に断たれており、長期の籠城は絶望的な状況だった。

イギリスとフランスの参戦

シナイ半島を守るエジプト軍は、ソ連から送られた最新兵器を装備していたにもかかわらず、戦術の基礎となるドクトリンは第二次大戦中のイギリスおよびドイツ式の教義を踏襲したものであったため、重装備の多いソ連製兵器を効果的に活用した機動戦を行うことができなかった。その結果、ミトラ峠やダイカ峠、ラファ、ウムカテフなどの戦闘では常に劣勢に立たされ、一部の戦闘では入手したばかりのソ連製戦車を大量に遺棄して西へと敗走することを余儀なくされた。

英仏両国は、計画通り調停者然とした態度で振る舞い、イスラエルとエジプト双方に対し「スエズ運河の両岸一六キロの距離から兵力を撤退させなければ、我々は武力に訴えても運河の安全を確保するだろう」との最後通牒を伝達する。この時点でのイスラエル軍の進出線は、機甲部隊の先遣部隊を除いていまだスエズ運河に遠く及ばないシナイ半島にあり、運河より東側でのエジプト軍の防御を事実上不可能にするような英仏の最後通牒を、ナセルが受諾するはずもなかった。ここまでは英仏首脳の描いたシナリオ通りだった。

一〇月三一日の午後七時、英仏両国の航空機がキプロスとマルタ両島の空軍基地と地中海上の航空母艦を発進し、エジプト各地の空軍基地に絨毯《じゅうたん》爆撃の雨を降らせた。これに対し、ナセルはスエズ運河の閉鎖を命令し、約五〇隻の船舶を運河の水路内に沈めてタンカーの航行を不可能にする。エジプト国民は、自国の財産であるスエズ運河を再びイギリス

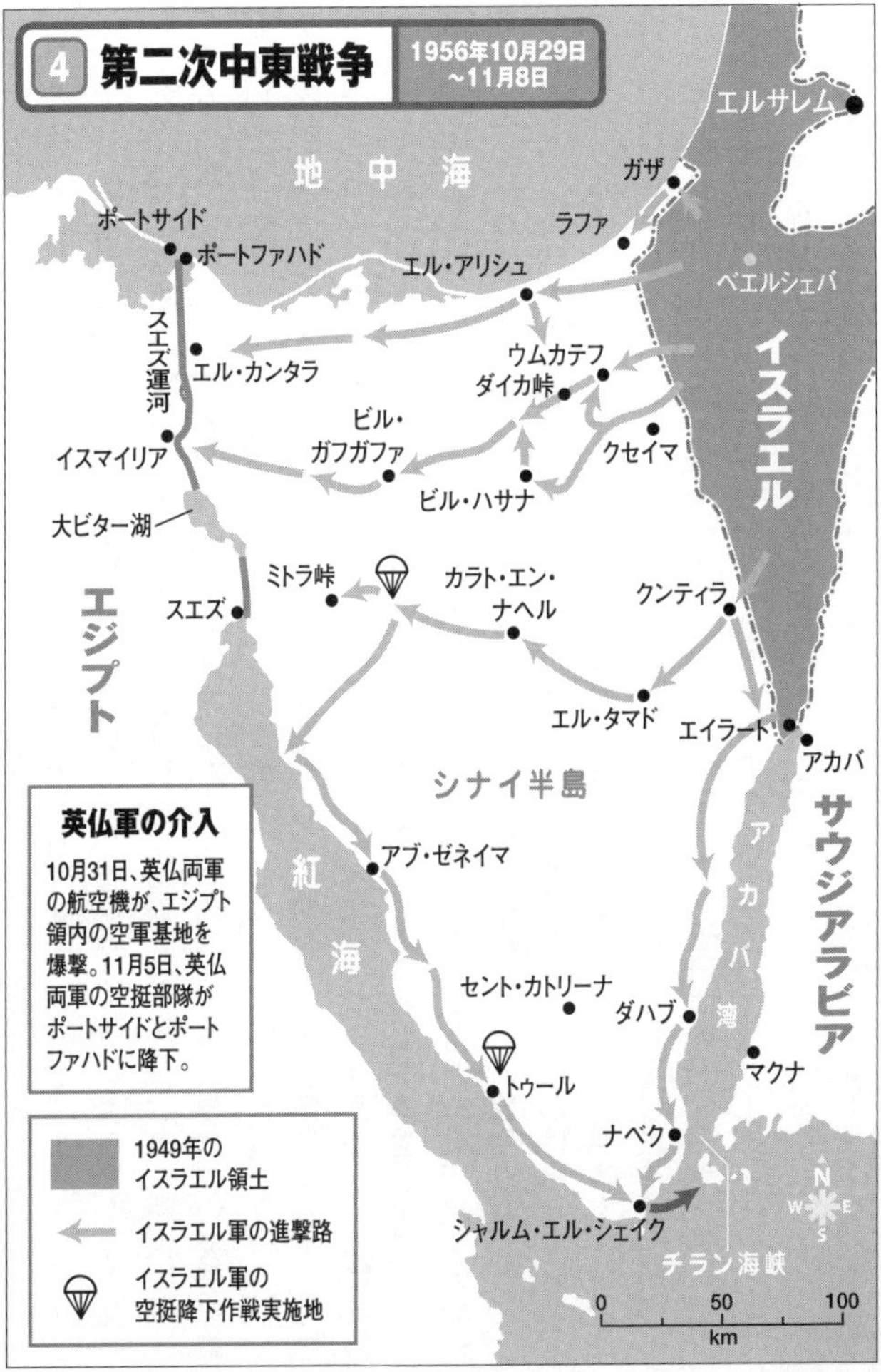
4 第二次中東戦争
1956年10月29日～11月8日
地中海
エルサレム
ガザ
ラファ
ポートサイド
ポートファハド
エル・アリシュ
ベエルシェバ
スエズ運河
エル・カンタラ
ウムカテフ
ダイカ峠
イスラエル
ビル・ガフガファ
クセイマ
イスマイリア
ビル・ハサナ
大ビター湖
ミトラ峠
カラト・エン・ナヘル
クンティラ
エジプト
スエズ
エル・タマド
エイラート
アカバ
シナイ半島
サウジアラビア
英仏軍の介入
10月31日、英仏両軍の航空機が、エジプト領内の空軍基地を爆撃。11月5日、英仏両軍の空挺部隊がポートサイドとポートファハドに降下。
アブ・ゼネイマ
紅海
アカバ湾
セント・カトリーナ
ダハブ
マクナ
トゥール
ナベク
1949年のイスラエル領土
シャルム・エル・シェイク
イスラエル軍の進撃路
チラン海峡
イスラエル軍の空挺降下作戦実施地
N
W
E
S
0
50
100
km

とフランスが強奪しようとする姿を見て、英仏両国との対決姿勢をより一層強固なものとし、エジプト国内における指導者ナセルの立場は絶対的なものとなった。

しかし、英仏両国が軍事行動を開始した初日から、両国政府は思いもよらなかった強い反発に遭遇することになる。その中でもとりわけ彼らを動揺させたのは、西の超大国アメリカ大統領アイゼンハワーが、スエズ運河問題に対する英仏両国とイスラエルの姿勢を厳しい口調で非難したことだった。

ソ連の軍事支援を受けている民族主義者が抱く、スエズ運河という西側世界の生命線を牛耳ろうという野望を武力で粉砕するという状況は、本来ならばアメリカが真っ先に支持を表明しても不思議ではないはずだった。また、アメリカ合衆国の大統領選挙が同年一一月初旬に予定されていることを考えると、国内のユダヤ票を獲得するために、現職大統領のアイゼンハワーは必ずやイスラエルに寛容な態度を見せるだろうとの読みもあった。

しかし、この時アイゼンハワーの関心は、スエズ運河とは別の場所に向けられていた。東ヨーロッパのハンガリーである。一九五六年二月のフルシチョフによる「スターリン批判秘密演説」をきっかけに、ハンガリー国内では反ソ・反共産主義政権の民衆運動が高まりを見せており、イスラエル軍のシナイ半島侵攻開始から一週間前の一〇月二三日には、首都ブダペストからハンガリー全土へと民衆のデモが広がっていった。

「ハンガリー動乱」と呼ばれる政治的動乱の始まりである。

ソ連の影響下からの脱却を目指すハンガリー国民の動きに対し、クレムリンは即座にソ連正規軍の戦車部隊を投入してデモ隊を武力で鎮圧、数千人の死者と二〇万人に及ぶ亡命者を生み出して、強引に親ソ政権を再び樹立することに成功していた。アイゼンハワーは、なんとかしてソ連がハンガリーで行っている暴挙に世界中の関心を集めようと試みたが、同時期に勃発したイスラエルと英仏両国によるスエズ運河への軍事侵攻作戦によって、ハンガリー動乱の持つインパクトは大きく弱められた。英仏が行ったエジプトに対する実力行使は、間接的にソ連の暴挙を助ける結果となっていたのである。

一一月五日の朝、英仏連合軍の空挺部隊がポートサイドとポートファハドに降下し、翌六日には攻撃兵力の主力がナイル河の三角州に続々と上陸を開始したが、スエズ運河を取り巻く国際的な状況はすでに、英仏両国に不利な方向へと大きく傾いていた。

エジプトを支援するソ連の反発は予想できたものの、その他の西欧諸国、とりわけ事後承諾を期待していたアメリカまでもが激しい非難の声を上げたことで、英仏両国政府は苦しい立場に追い込まれた。イギリス国内でもこの軍事行動に反対する世論が高まり、英仏両国政府は遂に、陸上部隊が上陸を開始した一一月六日、四日前に国連で採択された停戦決議案（決議第九九七号）の受諾を宣言し、スエズ運河への侵攻作戦を中止したのである。

シナイ半島の大部分を支配下に置いていたイスラエル軍もまた、一一月八日には国連決議を受け入れてエジプトとの停戦に合意。国連が派遣した緊急軍（ＵＮＥＦ）の小部隊と入れ替わりに、英仏両軍は一二月二二日までに撤兵を完了し、イスラエル軍も翌年三月八日には、チラン海峡の入口に当たるシナイ半島南端の港シャルム・エル・シェイク（アブラハム・ヨッフェ大佐率いる第9歩兵旅団が一一月四日に占領）を含む占領地の全域から兵力を撤収させた。

失われた英仏両国の覇権

第二次中東戦争における参加国の戦死者と負傷者数の概算は、英仏連合軍が戦死三二人、負傷者一二九人。イスラエル軍が戦死者一〇〇人、負傷者七〇〇人。エジプト軍が戦死者三〇〇〇人以上、負傷者七〇〇〇人以上、捕虜四〇〇〇人以上。

エジプトが被った損害は、交戦国三国の合計と比較しても戦死者数で二〇倍以上に達し、せっかくソ連から導入した近代装備もその半数以上が戦場で失われた。しかし、軍事的に見れば完敗だったこの戦争も、スエズ運河という国家的財産を全国民が団結して護り抜いたという意味において、エジプトにとっては大きな政治的勝利であり、この戦いで大統領ナセルの威信はより一層強固なものとなった。

一方、イスラエルがこの戦争で得たものも決して小さくはなかった。新品のジェット戦闘機ミグ15ジェット戦闘機九〇機をはじめ、T34／85中戦車一四五輛、スターリンⅢ型重戦車六〇輛、自走砲約一〇〇輛、火砲約二〇〇門、非装甲の軍用車輛約二〇〇〇輛、小銃約一〇〇〇挺、各種弾薬六〇〇〇～七〇〇〇トン、液体燃料約二〇〇万トンなど、膨大なソ連製軍需物資を手に入れることができただけでなく、これらの兵器とイスラエル軍の装備兵器が実戦で戦えばどうなるかという豊富な戦例データをも収集することができたのである。

この戦争を境に、イスラエル軍上層部における戦車という兵器に対する認識は、大きく変化することになる。それまで、戦車の効用に懐疑的だった参謀総長モシェ・ダヤンですら、シナイ作戦における機甲旅団の鮮やかな進撃を目の当《ま》たりにして考えを一八〇度改め、これ以降は熱心な戦車用兵の支援者として、イスラエル戦車部隊の整備を推進した。

また、チラン海峡の港シャルム・エル・シェイクが国連緊急軍の管理下に入ったことで、エジプトがチラン海峡を封鎖する可能性はほぼ皆無となった。英仏両国の介入が完全な失敗に終わったとはいえ、所定の目標をほぼ達成できたという意味において、この戦争は「イスラエルの勝ち戦」でもあったのである。

しかし、これら二国とは対照的に、イギリスとフランス両国にとっては、この戦争で失ったものはあまりにも大きかった。両国の国際的威信は大きく低下し、とりわけアラブ諸国に対する両国の影響力は、武力による運河奪回作戦の惨めな挫折によって完全に失われた。スエズ運河に沈められた船舶の残骸は、国連の主導下で間もなく排除され、一九五七年三月には再び運河の通行が可能となったが、アラビア語で「カナト・アス・スーワイス」と呼ばれるこの運河の支配権は、完全にエジプトのものとなった。

第二次中東戦争は、地球上を支配する大国が、英仏から米ソへと完全に移行したことを如実に物語る出来事でもあった。これ以降、中東をめぐる情勢は、米ソ二大国の思惑に大きく翻弄《ほんろう》されてゆくことになるのである。

第五章

第三次中東戦争

――イスラエルの領土拡張政策――

エジプトとシリアの合同と再分裂

アラブ統合国家の樹立

スエズ運河の国有化に成功し、かつての宗主国イギリスとの戦争をも切り抜けたナセルは、エジプトのみならず第三世界の新しいリーダーとしての高い名声を獲得した。この戦争でナセルが発揮した政治手腕は、ナショナリズムに燃える周辺アラブ諸国の指導者たちを刺激し、その結果ナセルとの協調を目指す政変がアラブの国々で続発した。ガリラヤ湖の北でイスラエルと国境を接するシリアもまた、そんなアラブ国の一つだった。

旧宗主国フランスの支配から脱却して、一九四六年四月一七日に独立を勝ち取ったシリアでは、まず一九四九年三月に参謀総長のフスニ・エル・ザイム准将（第一次中東戦争でシリア第1旅団を率いた人物）がクーデターを起こして軍事政権を樹立し、以後五一年までに三回の軍事クーデターが発生するなど混乱が続いていたが、一九五四年にシシャクリ中佐率いる軍事政権が反政府デモによって倒され、民族的な革新派と保守派の連立政権が樹立されてからは、反欧米を標榜《ひょうぼう》する政策が国民の支持を受けていた。

シリアの指導部は当初、同じアラブ国家であるイラクとの関係を深めていた。しかし、一九五五年にイギリスを主体とする反ソ連の防共軍事同盟「バグダッド条約（正式名称はMETO＝中東条約機構）」が成立し、イラクがこれに加わる姿勢を見せると、シリアはイラクとの関係を絶ってエジプトに接近した。一九五七年八月、バース（復興社会）党と共産党を主体とする新政権が発足すると、シリアは一挙にソ連との関係を深め、同年一〇月には五〇〇〇万ポンドにのぼる経済技術援助協定をソ連政府との間で締結することに合意した。

アラブ世界の英雄であるナセルとの協調姿勢は、英仏両国への反感が根強いシリア国民からも熱狂的に歓迎された。シリアの首相サブリ・アサリは、五七年八月には早くも自国シリアとエジプトとの合邦《がっぽう》計画を明らかにしていたが、中東の有力国であるシリアとの完全な連合関係は、ナセルにとっても大いに魅力的な計画だった。そして一九五八年二月一日、エジプトとシリアは統合国家の樹立を発表し、新国名『統一アラブ共和国（UAR）』を高らかに宣言したのである。

統合国家成立の当初、エジプトとシリアの将来像はきわめて明るいものであるかに見えた。統一アラブ共和国の成立を境に、ソ連の経済援助が大量に流れ込み、シリアのアスワンハイダムとも呼ばれるユーフラテス川の大規模なダム灌漑《かんがい》工事が間もなく開始された。新国家の初代大統領にはナセルが就任し、シリアのアサリは副大統領の地位を獲得した。同年三月八日には、エジプトの影響下にあったアラビア半島南端のアラブ人王国イエメンが連合国家に加わり、統一アラブ共和国は『アラブ連合（UAS）』へと発展した。

しかし、第三世界の期待を担ったこの連合も、長くは続かなかった。シリアのバース党首脳部は、新共和国の体制下で共産党勢力が排除された暁には、思い通りの政権を樹立できるとの期待を抱いていた。しかし、新共和国のエジプト人高級官僚や軍人たちは、北部地域（シリア）を属領のように見なして新たな政策を次々と制定していった。

シリアが事実上「エジプトに併合された」と考えた軍人や、ナセル流の社会主義的な政策（農地改革や企業の国有化など）に危機感を抱くシリアの実業家たちは、この統合国家が決して自国の利益にならないことを痛感し、実力行使の準備を進めた。一九六一年九月二八日、ダマスカスでザハレディン少将を首謀者とする陸軍将校団がクーデターを敢行し、新政権の首相に就任したクズバリは翌日、シリア共和国の統一アラブ共和国からの脱退を宣言した。

アラブ世界の理想を体現したかに見えた統合国家・アラブ連合だったが、隣接しない国家同士の連合は、南アジアにおけるパキスタンとバングラディシュ（東パキスタン）の場合と同様、上層部の面子《メンツ》を賭けた主導権争いと、民衆レベルでの経済格差による不平等感を生み出した。そして、対イスラエル戦略の要として大きな力を発揮するはずだったこの同盟関係は、わずか三年半で解消の憂き目を見たのである。

イエメン派兵の失敗

いったんは成立したアラブ統一国家の解体というこの事件は、第三世界の英雄ナセルの国際的威信を著しく失墜させた。そして、エジプトは一九七一年八月まで「アラブ連合共和国」の名称を国名に掲げ続けるが、ナセルの名声はこの分裂以降、低下の一途をたどってゆくことになる。一九六一年一二月には、イエメンのイスラム教指導者アハメドがアラブ連合からの脱退を発表し、ナセルの孤独感はより一層深いものとなった。

翌六二年九月二六日、かつての友邦国イエメンで反王政のクーデターが発生し、そのまま内戦へと突入すると、革命政権からの要請を受けたナセルは紅海を越えてエジプト軍を派遣し、内戦への介入を決意する。ナセルは、この戦いを名誉挽回のチャンスだと考え、革命政権に対する全面的な支援を約束した。

しかし、山岳地帯に逃げ込んだ王党派は、ナセルの社会主義政策に批判的な隣国サウジアラビアの武器援助を受けて、ナセルが予想もしなかったほどの頑強な抵抗を続けていた。サルラル准将率いる新政府軍と、アハメドの後継者モハメドの軍勢は、一進一退の攻防を繰り返したが、泥沼化した内戦への介入を続けるうち、エジプト本国の経済は次第に疲弊《ひへい》していき、国内でもイエメン派兵に対する批判の声が上がり始める。カイロから二〇〇〇キロ以上も離れた場所にあるイエメンへの兵力の増派はまた、そのままイスラエルに対するエジプト軍の弱体化を意味していた。

一方、中東アラブ諸国におけるバース党の勢力は、アラブ連合の解体後もますます拡大していた。一九六三年二月八日にはイラクでバース党によるクーデターが成功し、三月八日にはシリアでもルーアイ・アタッシに率いられたバース党の単独政権が樹立された。両国のバース党政権は再び、ナセルに統合国家の樹立を提案する。だが、統一国家解体で苦《く》汁《じゅう》を嘗《な》めさせられたナセルにとって、前回の統合を失敗に追いやったバース党を信用せよというのは出来ない相談だった。

同年四月一七日、エジプト・シリア・イラク三国の代表がカイロに集まり、統合国家再建に向けた話し合いを行ったが、シリア国内ではその三カ月後に反ナセル派のバース党員アミン・エル・ハフィズが政権を奪取し、親エジプト派の党員は間もなく粛清《しゅくせい》された。

この事件により、三国指導部による会談は結局物別れに終わり、これ以降アラブ諸国間での友好的な国家統合が実現することはなかった。

イスラエル軍の機構改革

エジプトの英雄ナセルの権威失墜と、アラブ諸国間における足並みの乱れは、イスラエルにとっては非常に好都合な出来事だった。イスラエル国防軍は、アラブ連合軍による統一的な奇襲攻撃の可能性が少なくなったこの時期を利用して、大規模な機構改革と組織の近代化に取りかかった。

イスラエル軍の機構改革の中でもとりわけ大きな意味を持っていたのは、従来の歩兵を中心とした用兵から、戦車を中核に据えた、より機動的な用兵への戦術・作戦思想の転換だった。第二次中東戦争で歩兵旅団を指揮して活躍した、ダビッド・エラザール大佐やイスラエル・タル大佐らは、戦車専門家による教育プログラムに参加し、最新の戦車用兵を身につけた戦車指揮官が続々とイスラエル軍の内部で誕生していった。また、戦車中隊に配備される戦車台数も、実戦での戦例研究を踏まえた上で、それまでの一四輛編成から、より柔軟な用兵に対応できる一一輛編成へと変更された。

第二次中東戦争における戦車戦の経験によれば、フランスの援助を受けて強化されたイスラエル軍の装備戦車が、敵であるアラブ諸国の保有する戦車と比較しても遜色《そんしょく》ないことを証明していた。しかし、一九六〇年代に入って新たなソ連製の戦車がアラブ諸国に供給されると、そのような自信も根拠のないものとなった。新型のT54およびT55戦車が装備する長砲身の一〇〇ミリ砲は、シャーマンM50が搭載する七五ミリ砲の有効射程外からシャーマンを撃破することができたからである。

こうした事態を憂慮したイスラエル政府は、まずアメリカに新型戦車の供給を要請したが、満足のいく回答は得られなかった。一方、イギリス政府は自国が保有するセンチュリオン戦車の一部をイスラエルに供給することに同意し、イスラエル軍の戦車兵は、大いなる期待を抱いて、このイギリス製戦車の到着を待ち焦がれた。しかし、実際に到着した戦車をテストしてみると、センチュリオンは数々の問題点を内包していることが判明し、イスラエル軍の戦車兵たちをがっかりさせた。

もともとヨーロッパの戦場を想定して設計されたセンチュリオンは、過酷な砂漠の戦場ではその長所をほとんど発揮できなかった。目の細かなラジエータはすぐに砂塵で詰まってエンジンのオーバーヒートを引き起こし、接地面の細いキャタピラは砂丘を走行中に斜面から滑り落ちた。砲の照準精度は低く、車体各所の整備も複雑だったため、戦車兵たちの多くはセンチュリオンではなくシャーマンに搭乗することを希望した。その結果、センチュリオンを装備した第82戦車大隊へと配属された戦車兵は、イスラエル軍最初の機甲部隊という伝統にもかかわらず、左遷されたような気持ちで辞令を受け取ったという。

しかし、一九六四年にエラザールの後任としてイスラエル・タル少将が機甲部隊司令官に就任すると、センチュリオン戦車をめぐる戦車兵の士気低下という問題は大きく改善された。

タル少将は、上級士官を集めては講話を行い、センチュリオン戦車の構造的欠陥についての詳細な分析結果を説明した上で、それを克服するための車体の改造法と搭乗員の訓練法を教示していったのである。やがて、センチュリオン戦車の「クセ」を把握したイスラエル軍戦車兵たちは、この戦車を砂漠の戦場で乗りこなすようになっていった。

同じ頃、フランスとイスラエル両国政府の間では、新たな一〇五ミリ戦車砲の供給についての合意がまとまり、イスラエルは輸入したこの砲をシャーマン戦車の車体に搭載して、シャーマンM51という新たな戦車を作り出した。

第二次大戦当時にアメリカで設計されたシャーマン戦車の車体は、この頃には既に陳腐化しつつあったが、イスラエル軍の兵器工場はその構造上の古さを克服するため、エンジンやサスペンション、キャタピラなどに改造を施し、新型砲の荷重と発射時の衝撃に耐えられるよう工夫した。

こうして誕生した新型のシャーマンM51（別名「Iシャーマン：Iはイスラエルの略」）は、戦車兵に「気まぐれ屋」とあだ名されたセンチュリオンと共に、次なるアラブ諸国との戦いにおいて、大きな威力を発揮することになるのである。

パレスチナ解放運動の高まり

アラファトの登場

第一次中東戦争以降、難民として周辺アラブ諸国に移住することを余儀なくされていたパレスチナ・アラブ人たちにとって、エジプトとシリアの連合解消に象徴されるアラブ各国間における政治的指導者の足並みの乱れは切実な問題だった。また、彼ら自身の処遇も、イスラエルの建国宣言当時の熱狂的な義憤や同情心が薄れるにつれ、受け入れ先であるアラブ各国にとっての「やっかいなよそ者」として軽視されるようになっていた。

もはやこれらの政治家に任せていたのでは祖国の奪回はありえない。そう考えたパレスチナ人、とりわけ若い世代に属するパレスチナ・アラブ人たちの間では、アラブ諸国に依存することのない独自の方法で祖国パレスチナを奪回しようとの運動が次第に大きな潮流を形成し始めた。

一九五九年、エジプトのカイロ大学で学んでいたパレスチナ人学生たちの間で、ひとつの政治結社が設立された。結社の名は「ファタハ（アル・ファタ）」といい、パレスチナ解放運動のアラビア語の頭文字ＨＡＴＡＦをアラブ式に右から読んだこの言葉は同時に

「鍵で開ける」という意味をも含んでいた。自宅の鍵を身に付けて故郷を脱出したパレスチナ人が、再び祖国に帰還できるようにとの願いが込められた命名だったとも言われている。そして、この組織のリーダーとして先頭に立ったのが、当時三〇歳のヤセル・アラファトだった。

アラファトの本名は、モハメッド・アブデル・ラウフ・アラファト・アル＝クドゥワ・アル・フセイニといい、後に世界中の新聞紙面を飾ることになる「ヤセル」という名は「のんき者」という意味のアラビア語のあだ名だった。彼自身の説明によれば、アラファトは一九二九年八月四日、エルサレム旧市街の「西の壁」に隣接する一三軒の石造りの集落のひとつで誕生したという。一方、エジプトに残された彼の出生証明書には、アラファトの誕生日は同年八月二四日で、生誕地はパレスチナのエルサレムではなくエジプトのカイロと記載されている。

父アブデル・ラウフは、チーズや米、小麦などの食品を扱う商人で、パレスチナのガザに住む地主の家に生まれたが、母ザフワ・アブ・サウドはエルサレムの名家の出身で、父と母の関係はモハメッドが生まれる前から悪化していたという。そして、一九二七年からカイロに居を構えていた夫と別居状態にあった母が、実家のあるエルサレムでモハメッドを産み、その後より教育制度の整備されたエジプトで教育を受けさせるために、カイロで出生届を提出したのだともいわれている。そして、四歳の時に母と死別した彼と弟は、最初カイロにある父の家で過ごした後、母方の叔父サリム・アブ・サウドに引き取られ、エルサレムにあるアブ・サウド家の屋敷で少年時代を過ごした。

アブ・サウド家の親類には、エルサレムの大ムフティとして君臨したハジ・アミン・アル・フセイニ（父方のラウフ家の遠い親戚でもあった）の下でイスラム法の裁判などを手掛けていたシェイク・ハッサンというムフティがおり、少年アラファトは叔父のサリムとシェイク・ハッサンの影響を受けながら、パレスチナのアラブ人としての民族的アイデンティティと、西欧諸国に対する反植民地思想に傾倒するようになる。

当時のエルサレムでは、流入を続けるユダヤ人と現地のアラブ人との間で日常的に暴力事件が発生しており、こうした事件は少年アラファトの心にも大きな傷を刻み込んだ。そして、一三歳までエルサレムで過ごした彼は、一九四二年に再びカイロの父の家へと戻り、そこで学業に専念した。

しかし、第二次大戦が終結して、パレスチナで再び騒乱が頻発するようになると、アラファトもまた、祖国パレスチナをユダヤ人から守るための戦いに身を投じることになる。伝説的な指揮官アブドゥル・カデルの下で、武器調達要員に任じられたアラファトは、札束をポケットに入れてカイロやアレクサンドリアに出かけては、銃器や弾薬を購入した。少年のような小柄な体軀と、地元エジプトのアクセントで話すアラファトは、武器の売人からも可愛がられ、ある時にはドイツ軍の戦車の残骸を二五エジプトポンドで購入して、エジプト外務省の前で示威《じい》行動を行ったりしたという。

第一次中東戦争が勃発すると、アラファトは義勇兵部隊に志願して、ガザからエルサレムへと入り、そこで足首に敵の銃弾を受けて負傷した。だが、停戦合意が成立すると、アラファトは仲間のパレスチナ人と共に、エジプト軍によって武装解除されてしまう。味方に裏切られたと感じたアラファトは、後になって、当時のアラブ諸国指導部が下した判断は誤りだったと公の場で批判した。

「アラブ側は、国連の分割決議を受け入れるべきだった。なぜなら、本気で戦争をする準備など全くできていなかったのだから。この裏切り行為を境に、アラブ世界全体が本末転倒の状態になってしまったのだ」

停戦と共にエジプトへと戻ったアラファトは、ファウド国王大学（後にカイロ大学と改称）の工学部に入学し、そこでパレスチナ人学生連盟の会長を務めるなどの政治活動を行う一方で、大学内で実施される軍事教練にも熱心に参加して、闘士としての素養を磨き上げていった。その後、一九五七年にクウェートへ移住した彼は、間もなく建設会社を設立し、実業家として一応の成功を収めたものの、祖国パレスチナをめぐる状況が一向に好転の兆《きざ》しを見せないことに苛立《いらだ》ちを募らせた。そして二年後の一九五九年、アラファトは建設事業で蓄えた豊富な資金を基に、パレスチナ人学生を中心とする戦闘的な団体ファタハを設立したのである。

ヨルダン川の取水権をめぐる争い

その頃、イスラエルとアラブ諸国の間では新たな問題が持ち上がっていた。一九六四年九月、シリアとヨルダンの抗議を無視して、イスラエルとシリアの国境に位置するガリラヤ湖から、イスラエルが取水事業のための土木工事を開始したのである。

ガリラヤ湖の水は、ヨルダン川を南下して死海へと流れ込むが、その途中ではヨルダンの広い範囲をまかなう水源としても使用されており、イスラエルの取水事業が開始されれば、ヨルダン側へと流れる水量が減少する上、水の塩分濃度も上昇してしまう。

計画を知ったアラブ諸国は、レバノンとシリア領内で川に堰《せき》を作ることでガリラヤ湖への流入量を減らし、シリアとヨルダン領内へと水が流れ込むように川筋を変えようとした。

これに対し、イスラエルはアラブ側の土木工事を「事実上の戦争行為」と見なして堰の建設現場に砲撃と爆撃を加え、工事を妨害する。彼らは、入手したばかりのセンチュリオン戦車の実戦テストを兼ねて、シリアとの国境地帯に戦車部隊を投入し、ゴラン高原のシリア軍陣地に対する攻撃を繰り返した。

イスラエルに対する利害が再び一致したアラブ諸国は、一九六四年一月にカイロで第一回アラブ首脳会議を開き、対イスラエルの統一司令部を設置することで合意する。そして、ナセルの支援を受けたパレスチナ人の指導者たちは、この年の五月二八日から六月二日にかけてヨルダン統治下の東エルサレムで第一回パレスチナ民族評議会（ＰＮＣ）を開催、そこで「パレスチナ解放機構（ＰＬＯ）」の結成を宣言したのである。

だが、ナセルがＰＬＯを設立した理由は、イスラエルに対するパレスチナ人の解放闘争を支援するためではなかった。第二次中東戦争で完敗を喫した経験から、彼はイスラエルとの直接対決は可能な限り避けるべきとの結論を導き出していた。そして、反イスラエルの統一目標を掲げることでアラブ諸国の結束を強めつつ、パレスチナ人や強硬派軍人の過激な行動を抑制するガス抜き的な存在として、穏健な法律家のアフメド・エル・シュケイリを総裁とするPLOの設立に踏み切ったのである。

実際、この会議で採択された「軍事決議」の中には、第二次中東戦争前後から結成されていた各ゲリラ組織を統合・再建して、PLOの指揮下に置かれる軍事組織「パレスチナ解放軍（PLA）」を編成し、統一的な司令部を設置するとの条項が含まれていたが、もしこれが実現したなら、パレスチナ人の独立系武装組織はいかなる場合においても、PLOの実質的な後見人であるナセルの承認なしには独自の行動を行えなくなることを意味していた。

ファタハのイスラエル挑発戦術

このような名目重視の組織に、アラファト率いるファタハは従うつもりなどなかった。一九六五年一月二日、ファタハの軍事組織「アッシーファ（嵐）」に所属する三名のパレスチナ人が、夜闇に紛《まぎ》れてイスラエル領内に侵入し、導水路に爆薬を仕掛けた。爆発物はイスラエル軍の警備兵に発見されてただちに雷管《らいかん》が抜かれ、導水路の爆破は回避されたが、アラブの新聞はファタハの発行した「爆破成功」の公報をそのまま一面トップでとりあげ、ファタハの名をアラブ世界に大きく知らしめた。

これ以降、ファタハはイスラエル領内で武装闘争を展開し、一九六五年だけで三五件の破壊活動を行った。主要な訓練および兵站《へいたん》基地をシリアのダマスカスに設立したファタハは、ソ連や東欧諸国、中国などの反西側諸国ら各種の武器を買い入れ、アッシーファの戦闘能力を強化していった。

一九六六年二月二三日、シリアでクーデターが勃発し、軍の将校とバース党の連合政権が樹立されると、新政権はファタハの活動を全面的に支援すると発表し、シリアを拠点としたアッシーファの実力行使は益々活発化していった。

ファタハの活動を通じてアラファトが目指した目的は、きわめて単純なものだった。テロ活動でイスラエルを挑発し、大規模な報復行動を引き起こせば、アラブ諸国は嫌でも対イスラエルの全面戦争に参加せざるを得なくなるだろう。このようなファタハの実力行使は、当然のことながらアラブ諸国の反発を浴びることになり、ナセル率いるエジプトはもとより、レバノンやヨルダンでもファタハに対する取り締まりが強化された。

特にヨルダンでは、イスラエルとの関係悪化に伴って、反イスラエルを反王制に結びつける民衆運動が高まりを見せ始めていた。こうした国内の不穏な動きを抑えるため、ヨルダンはアメリカやサウジアラビアとの関係を深めて親西側の姿勢を強める一方、シリアとの国境を無許可で横断しようとした一群の武装勢力に銃撃を加えるなどの武力行使を行わせたため、同じアラブの隣国であるヨルダンとシリアの関係は徐々に悪化し始めた。

しかし皮肉にも、イスラエル国内の世論は次第にアラファトの思惑に沿った方向へと動き始める。イスラエルの首相レヴィ・エシュコルは「イスラエル領土内での破壊活動を教唆《きょうさ》・援助する国家は、報復を免れない」との警告を発した。一九六六年五月にイスラエルがファタハの武力闘争についての問題を国連安保理事会に提訴すると、アラファトはシリアの全面的な庇護を受けながら、来るべき開戦の日を今や遅しと待ち続けた。

アラファトが犯した唯一の誤算は、イスラエル国防軍の戦闘能力を過小評価していたことだった。この誤算は、間もなくシリアとエジプトに取り返しのつかない大打撃をもたらすことになる。

第三次中東戦争――アラブの悪夢

アラブ諸国の戦争準備

一九六七年の春、ファタハの闘争に刺激を受けたシリアは改めて反イスラエルの姿勢を鮮明に打ち出し、ゴラン高原に展開した砲兵にイスラエル領内への砲撃を開始させた。これに対し、イスラエル軍は四月七日、フランス製の戦闘爆撃機ミステールを投入してシリア軍のミグ戦闘機を撃墜し、シリア軍陣地を爆撃した後、シリアの首都のダマスカス上空で堂々と示威飛行を敢行した。イスラエルとシリアの国境では緊張が高まり、一触即発の休戦ラインを挟んで両軍部隊が続々と集結し始めた。

一方、エジプト軍情報部は、一一個旅団におよぶイスラエル軍兵力がシリアとの国境に集結してシリアへの先制攻撃を準備中であるとの報告をナセルに提出した。この報告は、モスクワを訪問したエジプトの議員が、ソ連の当局者から教えられた極秘情報を基に作成されたが、しかしこの情報は、まったくのでたらめだった。当時のソ連は、中東への影響力拡大の拠点であるエジプトとシリアの連合復活を強く望んでおり、シリアとイスラエルの対立にエジプトを巻き込むために、このような偽情報を流したのだといわれている。

しかし、ナセルは依然として慎重な姿勢を崩さず、ガザ地区を拠点とするゲリラの出撃に目を光らせ続けた。

そんなエジプトの態度に業《ごう》を煮やしたヨルダンは、公然とナセルの弱腰を批判する対外宣伝放送を流し始める。

「エジプトは臆病風に吹かれて、国連緊急部隊の陰に隠れている。一方、イスラエル船は堂々とダビデの星を掲げてチラン海峡を航行している。これでも、エジプトはアラブの盟主を自任するつもりなのだろうか？」

アラブ諸国からの批判が高まるにつれ、遂にナセルも実力行使に踏み切らざるを得ない状況に追い込まれた。

五月一四日、エジプト軍はシナイ半島に大兵力を進駐させるのと同時に、半島に駐留する国連の監視軍に撤兵を要求した。第二次中東戦争の終結当時から、エジプトとイスラエルの兵力引き離しを行ってきた国連監視軍は、五月一六～一八日までにシナイ半島からの撤退を完了した。

そして五月二二日、ナセルはまたしてもチラン海峡の封鎖を発表する。アラブ各国は、エジプトの決断を歓呼の声で迎えた。五月二四日、演説台に立ったナセルは「イスラエルとの全面戦争をも覚悟している」と明言し、エジプト兵の士気は高まった。五月三〇日にはヨルダンのフセイン国王がカイロを訪問し、エジプトとの相互防衛条約に調印する。イスラエルに隣接するエジプトとシリア、ヨルダンの間で軍事同盟が結成され、イラク、クウェート、スーダン、アルジェリアなどのアラブ諸国も、有事の際の派兵を約束した。

周囲を完全に包囲されたイスラエルの国内では、もはや開戦は不可避とする危機感が広まりつつあった。シナイ半島北部の空軍基地エル・アリシュを飛び立ったエジプト軍の航空機は、わずか一二分でイスラエルの首都テルアビブへと到達する。そのような危機感の中で、国防相を兼任するエシュコル首相の弱腰姿勢に対する不信が高まり、世論の後押しによって前参謀総長のモシェ・ダヤンが新国防相として入閣すると、イスラエルの世論は一気に先制攻撃の支持へと傾いた。

六月二日の朝、イスラエル側は国防閣僚委員会と参謀本部の合同会議を開き、来るべき戦争をいかにして戦うかについて討議した。同じ日、イスラエル軍のミラージュ戦闘機が国境周辺の偵察飛行を開始し、以後三日間にわたって、アラブ各国軍の兵力や展開位置などについての情報を収集した。

そして六月四日、イスラエルの閣議は軍事行動の全権を首相と国防相に一任するとの決議を下した。歴戦の猛将ダヤンは、ただちに全軍に対する攻撃準備の命令を発令した。

「六日間戦争」の勃発

一九六七年六月五日の午前七時四五分、イスラエル空軍の大編隊が、超低空飛行でレーダー網をかいくぐりながらエジプト、ヨルダン、シリア、イラク各国領内の空軍基地へと殺到した。滑走路に並んだアラブ空軍機は、完全な奇襲の成功によってなす術《すべ》もなく一機また一機と破壊され、地上で撃破された飛行機の数は三九〇機に達していた。空爆開始から三時間後には、アラブ諸国の空軍は実質的に地上から姿を消していたが、パイロットが自機に乗り込む前に撃破されたため、アラブ空軍の人的な損失はきわめて少なかった。

空軍による奇襲が完璧な成功を収め、砂漠での戦闘で決定的な意味を持つ制空権を確保したイスラエル軍は、続いて機甲師団による大胆な機動戦を展開して、シナイ半島への侵攻を開始した。イスラエル軍の総攻撃が開始された時点で、エジプト国防相兼最高司令官モハメッド・アブド・ハキム・アーミル元帥は、国境付近の前線部隊の視察から帰還する専用機の中におり、戦況を把握する術を持たない元帥は有効な命令を下すこともなく、半島の上空を無為に西へと飛行していた。一方、エジプト軍各部隊の指揮官はアーミルを出迎えるため飛行場に出向いており、指揮官不在の部隊は事態に即応できないまま、イスラエル軍の猛攻を受けて各個撃破されていった。

エジプト軍の内部混乱は、カイロのラジオ放送が戦意高揚のために敵軍の損害を誇大に発表したことによって、より深刻化していった。前線の惨状を知る術のなかった大統領ナセルは、カイロ放送の伝える「敵機約五〇機を撃墜」との情報を聞いて気を良くし、前線を守る部隊に対して徹底抗戦を命じた。ところが、空路ようやく帰還したアーミル元帥は、シナイ半島に布陣する前線部隊を破滅から救うために、独断で撤退命令を発令する。ナセルの命令とアーミルの命令をほぼ同時に受け取ったエジプト軍の指揮官たちは、イスラエル軍の激しい砲撃と空爆にさらされながら、途方に暮れてしまった。

エジプト方面に布陣していたイスラエル軍は、南部軍司令官イシャヨウ・ガビッシュ准将の下、三個機甲師団が中核となって、シナイ半島を一気に西へと進撃していった。最北部に位置するイスラエル・タル准将の師団は、二個機甲旅団と一個空挺旅団、それに若干の支援部隊から成り、地中海沿岸の街道をラファからエル・アリシュへと進撃した。その左隣には、二個機甲旅団を擁するアブラハム・ヨッフェ准将の師団が、ウムカテフからギディ峠へと通じる街道を突き進んだ。そして、猛将アリエル・シャロン准将に率いられた師団は、ヨッフェの師団と連携しながらミトラ峠方面へと進撃し、南翼からの敵の反撃を完全に撃退することに成功した。

これらの機甲師団は、エル・アリシュ前面のジェラディやウムカテフなどの拠点で頑強な抵抗に遭遇したが、イスラエル側は随伴する歩兵旅団の活躍や夜間攻撃の多用などによって、これらの陣地を一個ずつ着実に攻略していった。そして、交通の要衝がイスラエル側の手に落ちると、満を持していた機甲旅団による鮮やかな追撃戦が開始された。

IシャーマンやセンチュリオンなどのⅠ戦車を集中的に運用して効果を発揮したイスラエル軍の機甲師団とは対照的に、エジプト軍は保有するソ連製戦車の大部分を塹壕《ざんごう》に入れて砲台として使用しており、頑強な陣地線が突破されると、なす術もなく孤立して各個撃破されていった。当時のエジプト軍には、四〇〇輛以上のT34／85中戦車と二〇〇輛を超えるT55中戦車、約五〇輛のスターリンⅢ型重戦車など、計九〇〇輛近いソ連製戦車を保有していたが、そのうちの六〇〇～七〇〇輛がイスラエル軍によって撃破または捕獲された。

シナイ半島に布陣していた一〇万のエジプト軍は、間もなく総崩れとなってスエズ運河への敗走を開始した。イスラエル軍の先鋒は六月七日にはスエズ運河の東岸に到達し、広大なシナイ半島はイスラエルの手に落ちたのである。

聖地エルサレムの奪回

一方、エジプトへの侵攻と時を同じくして、ヨルダンとシリアに対する総攻撃の火蓋も切られていた。ヨルダン軍の支配するヨルダン川西岸地区で攻撃を開始したイスラエル軍にとっての最大の目標は、第一次中東戦争でユダヤ人守備隊が失ったエルサレム旧市街の奪取だった。ヘブライ語で「イェルシャライーム」と発音されるエルサレムの旧市街にある「西の壁」には、第一次中東戦争の終結以来一八年間にわたってユダヤ人の立ち入りが禁止されており、この聖地の奪回は、イスラエル側にとってはアラブ軍の撃滅に勝るとも劣らないほど重要な作戦目標だったのである。

開戦初日の夜、エルサレムとテルアビブ間の街道上にある要衝ラトルンを強襲して陥落させたイスラエル軍は、エルサレム突出部の北翼に攻撃を集中して、この地域のヨルダン軍部隊を東方へと退却させた。翌六日の朝までには、かつて報復殺戮の舞台となったハダッサー病院のあるスコーパス山（イスラエル支配下の飛び地）にまで兵力を進出させることに成功し、いよいよ東側面からのエルサレム旧市街奪回作戦の準備が進められた。

しかし、旧市街の守備を担当するヨルダン軍第27歩兵旅団（アタ・アリ准将）は、ムスリムの聖地であるアル・アクサ・モスクの周辺を弾薬集積所として使用しており、もしこれら大量の火薬が誘爆を起こせば、岩のドームも「西の壁」もすべて吹き飛んでしまう恐れがあった。そのため、旧市街を含む東エルサレムの市長アンワル・エル・ハティブは、この弾薬集積所を一刻も早く撤去してくれるよう、アリ准将に抗議していた。

六月七日の朝、モルデハイ・グル大佐に率いられた第55空挺旅団のイスラエル兵たちは、オリーブ山に面した聖ステパノ門（別名ライオン門）に向けて突撃を開始した。幸い、ヨルダン側はこの旧市街を死守するつもりはなく、散発的な抵抗が数カ所で繰り広げられただけで、旧市街はイスラエル側の手に落ちた。アル・アクサ・モスクの弾薬集積所は、イスラエル軍の攻撃が開始される直前に、ヨルダン軍によって撤去されており、神聖な「西の壁」が爆破される恐れはなくなっていた。

午前一〇時頃、ヨッシ中佐率いる第66空挺大隊を先頭に、聖ステパノ門から旧市街へとなだれ込んだイスラエル空挺隊員たちは、さしたる抵抗にも遭わずに、ユダヤ教徒にとって最も神聖な場所である第二神殿時代の「西の壁」――通称「嘆きの壁」の奪取に成功する。イスラエル国防軍のチーフ・ラビ（ユダヤ教指導者）を務めるシュロモ・ゴレン准将が中心となって、おごそかに「聖地解放の儀式」が行われると、「西の壁」の前に集まっていた空挺部隊の兵士たちは、声をあげて泣きはじめた。そして、西岸地区のヨルダン軍は、各地で小規模な抵抗を続けながらも拠点を放棄してヨルダン川の東へと退却し、イスラエル軍は間もなくヨルダン川西岸の全地域を支配下に置いた。

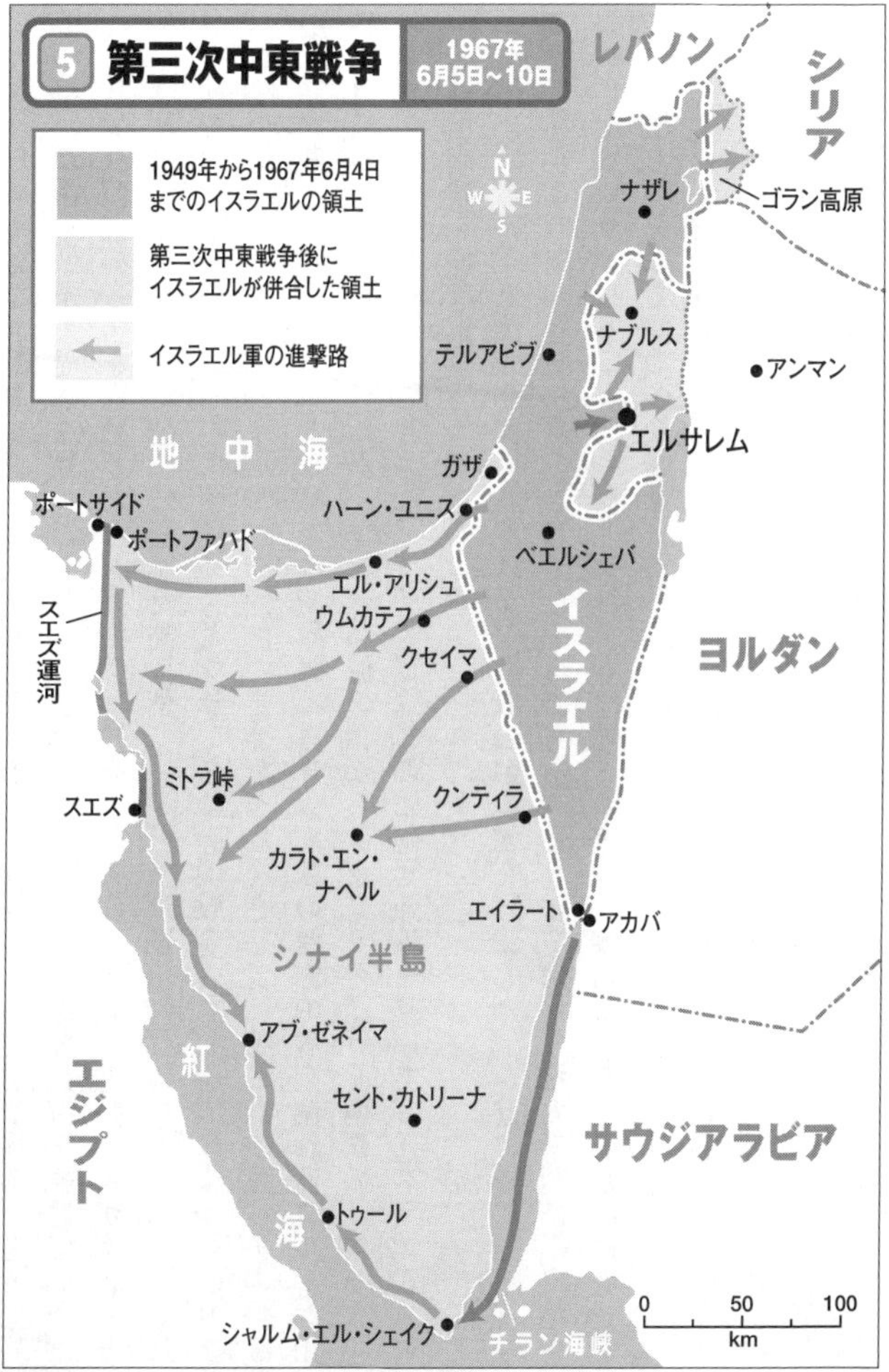
5 第三次中東戦争
1967年 6月5日～10日
1949年から1967年6月4日までのイスラエルの領土
第三次中東戦争後にイスラエルが併合した領土
イスラエル軍の進撃路
レバノン
シリア
ゴラン高原
ナザレ
ナブルス
テルアビブ
アンマン
エルサレム
地中海
ガザ
ハーン・ユニス
ポートサイド
ポートファハド
ベエルシェバ
エル・アリシュ
ウムカテフ
スエズ運河
クセイマ
イスラエル
ヨルダン
ミトラ峠
スエズ
クンティラ
カラト・エン・ナヘル
エイラート
アカバ
シナイ半島
アブ・ゼネイマ
紅海
エジプト
セント・カトリーナ
サウジアラビア
トゥール
シャルム・エル・シェイク
チラン海峡
0 50 100
km

六月八日、エジプトとヨルダンは国連安保理の停戦決議受け入れを発表する。しかし、この第三次中東戦争の発端を作ったシリアは依然としてゴラン高原で抵抗を続けていた。シリア南西部の一帯を占めるゴラン高原は、標高一〇〇〇メートル近い隆起が南北六五キロほどにわたって連なる起伏に富んだ高地帯で、イギリス統治時代にはパレスチナ領に含まれていたが、一九二三年にイギリスとフランスの両国政府の話し合いによってシリアへの併合が認められたという、いわく付きの要衝だった。そして、第一次中東戦争の停戦が成立すると、イスラエルとシリアの境界線はゴラン高原の西側の麓を流れるヨルダン川にほぼ沿った形で規定されたが、ゴラン高原の頂からはガリラヤ湖畔北西部のイスラエル領を遠くまで見下ろせることから、シリア軍はここに砲兵陣地を築いて、イスラエルに対する越境砲撃を繰り返し行ってきた。

ダヤンは当初、天然の要害であるゴラン高原への攻撃を躊躇《ちゅうちょ》した。シリア軍の対応次第では、ソ連軍の介入もあり得ると考えたからである。しかし、六月九日の未明に総攻撃を開始したイスラエル軍は、間もなくシリア軍陣地への突入に成功し、シリア政府は翌一〇日の午後六時を以て停戦の受諾を宣言した。

第三次中東戦争の勝敗は、わずか六日間で決した。アラブ側が「六月戦争」と呼び、イスラエル側は誇らしげに「六日間戦争」と呼ぶこの戦争で、エジプト・シリア・ヨルダンの三国はイスラエル軍の戦死者七三〇人の二〇倍を超える一万五〇〇〇人の戦死者を出し、戦車や自走砲など大量のソ連製装甲車輌が戦利品として再びイスラエル軍の兵器庫へと運び込まれた。

一九六七年一一月二二日、国連の安全保障理事会は「中東紛争解決に関する安保理決議第二四二号」を採択し、第三次中東戦争で獲得した領土からのイスラエル軍の撤退と、中東地域の全ての国があらかじめ承認された境界内で平和に生存する権利の確認という二つの原則を紛争当事者に対して要求した。しかし、この決議はアラブとイスラエルのどちらからも受け入れられないものだった。前者の要求は、イスラエルにとっては、せっかく奪回に成功したエルサレム旧市街の放棄を意味するものであり、またアラブ側諸国にとっては、後者の要求は独立国家イスラエルによるパレスチナ全土の支配を既成事実として承認することを意味していたからである。

約三三〇〇人の戦死・負傷者と引き替えに、シナイ半島とヨルダン川西岸の両地域がイスラエルに併合されたことで、イスラエルの国土面積は四倍以上に膨れ上がり、ヨルダン川の源流三本のうちの一本もイスラエルの支配地域へと入った。そして、エルサレム旧市街の「嘆きの壁」のすぐ脇に建っていた、アラファトの出生地とされるアブ・サウド家所有の石造建物群は、一九六八年にイスラエル軍によって取り壊され、その跡地周辺はブルドーザーで整地されて、ユダヤ教徒の礼拝のための広大な広場が作り出された。

アラブとイスラエルの全面対決による祖国パレスチナの解放という、ファタハ指導者アラファトが抱いた夢は、イスラエルの軍事力という現実によって、木《こ》っ端微塵《ぱみじん》に打ち砕かれたのである。

第六章

第四次中東戦争

——イスラエル不敗神話の崩壊——

パレスチナ人の終わりなき闘争

アラファトのPLO議長就任

第三次中東戦争で劇的な大勝利を収めたイスラエルの国内では、もはやアラブ諸国はパレスチナ問題を武力で解決する道をあきらめ、和平交渉のテーブルにつくことを選ぶのではないかとの期待が高まっていた。

それは、エルサレム旧市街の奪還という悲願を成し遂げた喜びに沸くイスラエル国民の熱狂が生み出した、将来への希望でもあった。しかし、そのような期待も空しく、戦場での大敗によってやむを得ず停戦決議を受諾したアラブ諸国の態度は、イスラエル国民の期待とは逆の方向へと流れていった。

壊滅的な大敗北の余韻《よいん》を引きずったまま和平交渉を開始すれば、アラブ各国における指導者の威信は地に墜ちてしまうであろう。そう考えたアラブの首脳たちは、一九六七年の八月中旬からスーダンのハルツームで会議を開き、九月一日に「三つのノー」と呼ばれる決議を採択する。これは、イスラエルとの交渉において「講和せず、交渉せず、（イスラエル国の）承認もしない」というアラブ諸国の統一意思を改めて定義するものだった。

そして、こうしたアラブ諸国の対外的な結束の陰では、パレスチナ人をめぐる新たな闘争が始まろうとしていた。難民として周辺アラブ諸国に逃れていたパレスチナ人のゲリラ勢力に対する、当該アラブ国の政府による本格的な弾圧が開始されたのである。

アラファト率いるファタハのテロ活動が引き金となって始まった第三次中東戦争において、結果的に敗北という苦汁《くじゅう》を嘗《な》めさせられたアラブ各国の首脳は、それまでの熱狂的な反イスラエル感情の高まりから一転して、戦争の終結と共に国内のパレスチナ人ゲリラの拠点を次々と摘発していった。かつては、同胞として我が身の危険を顧《かえり》みずにパレスチナのアラブ人を救うための戦いに身を投じた周辺アラブ諸国だったが、天敵イスラエルの圧倒的な軍事力を見せつけられた今となっては、もはやパレスチナ問題に深入りしすぎることは、自らの首を絞めることにもつながりかねなかった。

しかし、第三次中東戦争でアラブ諸国が壊滅的な打撃を受けて敗北した後も、アラファト率いるファタハは、天敵イスラエルに対する武力闘争をやめようとはしなかった。停戦翌月の六七年七月には早くも、医師に変装してイスラエルに密入国したアラファトが、ラムラやエルサレムなどに姿を現し、鮮やかな戦勝に酔いしれるユダヤ人たちの気のゆるみに乗じて、ヨルダンやシリアなどから各種の武器をアジトに運び入れた。

そして、高等教育を受けたパレスチナ出身の若者たちは、祖国パレスチナの窮乏を世界に訴えるという目的意識に燃えて続々とファタハに志願し、反ユダヤのテロ活動に意欲を燃やしていった。

このような反イスラエル・テロ組織の勢力拡大は、先の戦争で大やけどを負ったエジプトやヨルダンにとっては、迷惑この上ない話だった。パレスチナからの難民の大量流入によって、パレスチナ人の人口比率が増大したヨルダンでは、今や国民の約半数を占めるに至った彼らに対する配慮から、ゲリラ組織への寛容な対応を強いられていたが、パレスチナ人のゲリラがヨルダン川流域を根城にイスラエルへの挑発行動を繰り返すのを放置しておけば、いずれ第三次中東戦争の場合と同様の、ヨルダン本国に対する激しい報復を引き起こすことは確実だった。

そんな中で、一九六八年三月一八日、遠足から帰る途中のユダヤ人の子供を乗せたバスが、南部の砂漠を走行中パレスチナ・ゲリラの敷設した地雷を踏み、二九人が死傷するという事件が発生する。イスラエル側は、この事件をパレスチナ・ゲリラからの重大な挑戦と捉え、これに対する報復として、三日後の三月二一日に戦車と武装ヘリを投入した大兵力でヨルダン領内へと侵入し、ファタハの訓練拠点のあるカラメの街を攻撃した。携帯用ロケット兵器を除いて、有効な重火器を持たないアッシーファの守備隊は、間もなくイスラエル軍によって壊滅させられるかと思われた。

しかし、イスラエル側の予想に反して、ヨルダンの正規軍がファタハを支援するために投入されたことから、戦局は徐々にアラブ側へと傾いた。そして、一〇時間にわたる激戦を繰り広げた末、イスラエル軍はカラメの攻略をあきらめ、戦車と装甲車各四輌を放棄して、ヨルダン川の西へと退却していった。

敵ゲリラ拠点に対する報復行動で、二九人の死者と六八人の負傷者を出してしまったことは、イスラエル側にとっては大きな誤算だった。一方、イスラエルの建国宣言以来初めて、明白な形でイスラエル軍を退却させることに成功したという事実は、アラブ人勢力、とりわけファタハの威信を大きく回復させる政治的効果をもたらした。

アラブのメディアはこぞってカラメの勝利を大々的に報じ、アメリカのタイム誌までもが新時代の闘士アラファトを表紙に登場させた。戦場に放棄されたイスラエル軍の戦車はヨルダンの首都アンマンに展示され、ヨルダン国王イブン・タラル・フセインはゲリラに対して賞賛の言葉を贈った。

「われわれの全てが間もなくフェダイーン（ゲリラ活動の闘士）となるであろう」

一九六九年二月、カラメの勝利でパレスチナ人の英雄となったファタハの代表者アラファトは、正式にPLO執行部の議長に選出された。間もなく、創設以来の穏健派メンバーは指導部から一掃され、代わってファタハをはじめとする武闘派勢力が実権を掌握したことにより、PLOはこれ以降、世界を震撼させるテロ組織へと急速に変質してゆくことになる。

ヨルダンのパレスチナ・ゲリラ弾圧

アラファトの執行部議長就任に先立つ一九六八年七月、PLOは『パレスチナ民族憲章』と呼ばれる声明文を採択していた。この声明は、カラメの勝利によって高揚したパレスチナ人の民族意識を高らかに謳《うた》い上げたものだったが、その第九条の内容は次のようなものだった。

「武装闘争は、パレスチナ解放の唯一の方法である。従って、それは全体的戦略であり、単なる戦術段階にとどまらない。パレスチナ・アラブ人は、国土の解放とその地への帰還をめざして武装闘争を継続し、かつ武装人民革命に挺身《ていしん》する限りない覚悟と確固たる決意を確認する。また、パレスチナ・アラブ人は、パレスチナにおいて正常な生活を送る権利、さらにパレスチナの国土における民族自決権と主権を行使する権利をも確認する」

この当時、パレスチナ・ゲリラ組織の中で、ファタハに次ぐ勢力を誇っていたのは「サイカ（雷鳴）」と「パレスチナ解放人民戦線（ＰＦＬＰ）」の二つだったが、前者は一九六三年にシリア政府の支援を受けて創設されたテロ組織で、後者は一九六七年一一月に既存のゲリラ組織「パレスチナ解放戦線（ＰＬＦ）」「帰還した英雄（ＨＲ）」「若き復讐者」の三組織が合同して設立した組織だった。そして、カラメの勝利以降、周辺アラブ諸国ではファタハの勢力拡大に刺激を受けて、新たなパレスチナ人のゲリラ組織が次々と設立され始めた。

一九六八年に、エジプト軍諜報《ちょうほう》部の支援を受けた「アラブ・シナイ機構」が創設されたのを皮切りに、翌六九年にはイラクの「アラブ解放戦線（ＡＬＦ）」、ヨルダンの「パレスチナ解放行動委員会（ＡＣＬＰ）」、サウジアラビアの「サウジアラビア・テロリスト機構」などが次々と誕生し、パレスチナ勢力を支援するアラブ人ゲリラの兵力規模は一挙に拡大した。

しかし、パレスチナ解放という大義名分を掲げるこれらのゲリラ組織は、拠点を置くアラブ諸国の領土を活動拠点として「間借り」するだけに留まらなかった。彼らは、パレスチナ人の民衆的な人気を背景に、資金集めのために勝手に通行税を徴収するなど、我が物顔で当該国の主権を脅かすような行動をとり始めたのである。このようなパレスチナ・アラブ人の振る舞いに対し、かつて賞賛の言葉を贈ったはずのヨルダン国王フセインは、次第に彼らを危険な存在と見なすようになり、パレスチナ・ゲリラをヨルダンから追い出す構想を練り始めた。

フセイン国王の神経をとりわけ逆撫《さかな》でしたのは、PFLPの議長ジョージ・ハバッシュが公言した「テルアビブへの道はアンマン（ヨルダンの首都）を経由する」という言葉だった。そして一九七〇年九月一二日、アラブ諸国とイスラエルの和平交渉を妨害する目的で、PFLPが欧米系航空会社の旅客機三機をハイジャックしてヨルダンの空港で炎上させると、遂にフセイン国王は決断を下し、九月一六日の早朝、ヨルダン国内のパレスチナ人ゲリラに対する一斉攻撃に踏み切った。

後に「黒い九月」と呼ばれることになるこの大規模な弾圧は、ヨルダン政府軍とパレスチナ人ゲリラ組織（およびシリアに拠点を置くパレスチナ解放軍）による全面的な内戦へと発展し、パレスチナ・アラブ人の傍若無人《ぼうじゃくぶじん》な行動を苦々しい思いで眺めていたヨルダンの「アラブ軍団」に所属するベドウィンたちは、日頃の鬱憤《うっぷん》を晴らすかのようにパレスチナ人に対する猛攻を各地で繰り広げた。

一方、パレスチナ・アラブ人を支援するために国境を越えてヨルダン領内へと入ったシリア軍は、二五〇輌のソ連製戦車を装備しており、ヨルダン軍の二個機甲旅団との間で激しい戦車戦が展開された。

結局、この内戦で約二万人の兵員を失ったパレスチナ人ゲリラは、生き残りの兵士を集めて国境を越え、隣国レバノンへと脱出していった。しかし、ヨルダンとパレスチナ・ゲリラの戦いは、これで終わったわけではなかった。フセイン国王の強硬策は、結果として、パレスチナ・アラブ人のテロ組織をさらに凶暴化させるきっかけとなったのである。

パレスチナ人によるテロ活動の国際化

一九七一年一一月二八日、カイロを訪問中のヨルダン首相ワシフィ・アル・タルが、シェラトン・ホテルに入ろうとした時、近づいてきた四人の男によって暗殺された。犯人は、PLOの傘下にある国際テロ組織「ブラック・セプテンバー（黒い九月）」に所属するテロリストだった。

ヨルダン内戦で大打撃を受けて以来、PLOはシュケイリ時代の穏健な政治結社という体裁を完全に捨て去り、パレスチナ人による様々な武装組織の集合体へと完全な変貌を遂げていたが、ヨルダンでの悲劇的な弾圧後間もなくしてレバノンのベイルートで結成された新たなテロ組織「ブラック・セプテンバー」は、その中でもとりわけ過激な一派として、パレスチナ・ゲリラの間で頭角を現し始めていた。

「ブラック・セプテンバー」は、その名称が暗に示す通り、イスラエルだけでなく、同じアラブ人であるヨルダン当局者をも、その情け容赦《ようしゃ》のないテロ活動の標的にしていたが、彼らの名声がパレスチナ人たちの間で上昇するにつれ、PFLPをはじめとするゲリラ組織の活動もまた、互いに刺激を受けながら過激化の一途をたどっていった。

PFLPの代表者ジョージ・ハバッシュは、パレスチナのロッドで生まれ、エルサレムで育った生粋《きっすい》のパレスチナ人だったが、彼は少年時代からイギリスの統治者に対する抵抗運動に身を投じたという根っからの活動家だった。その後、難民としてレバノンに移住した彼は、ベイルートにあるアメリカン大学の医学部に入学し、卒業後はそこで「アラブ民族主義運動」という抵抗組織を結成して、反イスラエルの政治闘争を開始していた。

しかし、反イスラエルという目先の目標では一致していたものの、PLOの議長アラファトとPFLPのハバッシュはあらゆる面で対照的な存在であり、彼らの目指す祖国パレスチナ復興の青写真もまた、正反対とも言えるものだった。例えば、敬虔《けいけん》なムスリムとしての禁欲的で質素な生活様式を決して崩さないアラファトに対し、マルクス＝レーニン主義（共産主義）を信奉するハバッシュは、イスラム教を含むあらゆる宗教に対して何の価値も見いだしてはおらず、祖国パレスチナの復興に際しては「（地主階級をはじめとする）アラブ・ブルジョワジーの打倒」が前提であるとの立場に立っていた。

こうした思想体系の違いは、カラメの勝利によって次々と結成されたパレスチナ・アラブ人のゲリラ組織を、分裂と内部抗争の渦へと追いやってゆくことになる。そして、彼らはそのテロ攻撃の矛先を、次第に本来の敵であるイスラエルから、パレスチナ問題とは直接結びつかない欧米諸国へと切り替えていった。

中東という狭い枠の中でイスラエルの関連施設や市民を直接攻撃するよりも、一見無関係に思える欧米諸国の民間人をテロ事件によってパレスチナ問題へと引きずり込んだ方が、当該国のパレスチナ問題への関心は高まるであろうし、そうなれば国連のような国際機関による問題解決に向けた本格的な取り組みも始まるであろうと、彼らは考えたのである。

こうした方法論が、パレスチナ・ゲリラの間に定着するのに時間はかからなかった。とりわけ、欧米の耳目を集めるために航空機をハイジャックし、ヨルダンの弾圧を招くきっかけを作ったPFLPは、欧米の民間人を標的としたテロ活動に熱意を燃やしていた。ハバッシュは、このような無差別テロの戦術を自画自賛して、こう説明した。

「航空機のハイジャックは、戦闘で一〇〇人のイスラエル兵を殺すよりも反響が大きい。これまで何十年にもわたって、国際世論はパレスチナ人に支持も反発もしなかった。我々を無視するだけだった。少なくとも、今では世界は我々のことについて議論しているではないか」

だが、無差別テロ活動の続発によって一時的にパレスチナ問題へと集まった国際社会の関心は、すぐに彼らが期待したのとは逆の効果をもたらし始める。爆弾テロやハイジャックによって貴重な人命を失った当該国の国民は、当然のことながら、パレスチナ難民への

ミュンヘン・オリンピックの選手村でのテロ事件で、2人のアラブ・ゲリラ（写真右端の帽子をかぶっている人物）と交渉するミュンヘン市警の係官。ゲリラ側は、イスラエル代表の選手団11人を人質にとり、イスラエル国内の刑務所に収監されているパレスチナ・アラブ人の囚人234人を解放するよう脅迫した。（写真＝朝日新聞）

同情ではなく、残酷なパレスチナ・アラブ人のテロリストに対する不信と憎悪の感情を抱くようになったのである。

一九七二年五月九日、またしても「ブラック・セプテンバー」に所属する四人のテロリストによってベルギーのサベナ航空機がハイジャックされ、イスラエルのロッド空港に強制着陸させられるという事件が発生した。イスラエル当局は、犯人側と交渉するそぶりを見せて油断させた後、特殊部隊を機内に突入させ、死者六人を除く乗客の救出に成功する。

このハイジャック作戦の失敗で、面子《メンツ》をつぶされたと感じた「ブラック・セプテンバー」は、すぐに新たなテロ活動を実行した。九月五日、彼らはドイツのミュンヘンで開催中だったオリンピックの選手村へとテロリストを送り込み、イスラエル代表の選手団一一人を人質にとって、イスラエル国内の刑務所に収監されているパレスチナ・アラブ人の囚人二三四人を解放するよう脅迫したのである。「ブラック・セプテンバー」のメンバーは、その場で二人の選手を殺害して要求を呑むよう迫ったものの、イスラエル政府がこのような取引に応じるはずもなかった。

結局、残る九人のイスラエル選手も翌日に発生した銃撃戦によって死亡し、平和なスポーツの祭典であるはずのオリンピックのドラマは、「ブラック・セプテンバー」のテロ活動によって流血の惨劇へと書き変えられてしまった。そして、この事件をきっかけに、国際社会におけるパレスチナ・アラブ人の名は「情け容赦のないテロリスト」の代名詞として、憎悪と嫌悪の感情と共に語られてゆくことになるのである。

ソ連の影響力拡大とサダト政権の誕生

シナイ半島の消耗戦

いったんはアラブ諸国の停戦受諾によって収束した第三次中東戦争だったが、シナイ半島を占領したイスラエル軍とスエズ運河の西に布陣するエジプト軍の間では、依然として散発的な武力行使が続いており、第三次中東戦争はそのまま「消耗戦《しょうもう》（ウォー・オブ・アトリション）」と呼ばれる準戦争状態へと移行していった。

エジプトにとっての六月戦争（第三次中東戦争）は、アラブ諸国では最強と謳われた空軍の壊滅と、シナイ半島の損失という二つの出来事だけで終了してしまった戦争だったが、とりわけシナイ半島の全域を敵の手に譲り渡したことは、政治面のみならず経済面でも、ナセル政権に大きな打撃をもたらす結果となった。半島西端のスエズ運河の対岸にイスラエル軍の陣地が構築されたため、せっかく国有化に成功した運河の再開は事実上不可能となり、船舶通行料という貴重な外貨収入を得る道が断たれていたばかりか、シナイ半島南西部の産油地から湧き出る貴重な石油収入も失われてしまったからである。

この敗北に大きな精神的ショックを受けたナセルは、緒戦の大敗北の責任をとって、一九六七年六月九日に大統領職の辞任を宣言した。しかし、エジプト国民のナセルへの信頼は、壊滅的な敗北という事実の前にあっても揺らぐことはなかった。翌一〇日、熱狂的な民衆の支持に応えて、ナセルは辞任の撤回を発表する。しかし、彼に課せられたシナイ半島の奪回という目標は、容易なことでは実現しそうにない難問中の難問だった。

同年八月のハルツーム会議における「三つのノー」決議の採択の後、ナセルはシナイ半島奪回に向けた戦略を練り始める。彼の考えでは、半島の奪還を実現するためには、イスラエルに対して絶え間なく圧力を加え続けることが必要であり、本格的な戦争に発展しない程度の散発的な攻撃をスエズ運河越しに行うことにより、政治的交渉の糸口を創り出すことが当面の目標だった。

一九六七年一〇月二一日、エジプト海軍のコマール級ミサイル艇から発射されたソ連製対艦ミサイル三発がイスラエル海軍の旗艦エイラートを直撃、これを撃沈すると、アラブ諸国の民衆は沸き返り、ナセルの戦略は一歩前進したかに見えた。しかし、エイラートの損失で四七人の乗組員を失ったイスラエル側は、その報復として一〇月二五日にスエズ近郊にあるエジプト最大の精油所を爆撃、炎上させる。精油所の火災は数日間にわたって燃え続け、エジプト側の被った損失もまた甚大なものとなった。

現状のままではイスラエルとの均衡状態を打開できないと感じたナセルは、今まで以上にソ連寄りの姿勢を強めるようになり、一方のソ連も中東への進出拠点としてのエジプトの持つ地勢的価値を認め、一九六七年以降各種の武器援助を増額していった。一九六八年三月に、エジプト領内の港湾施設をソ連海軍の艦艇が使用することを認める期限五年の秘密協定が締結されると、ナイル下流の都市アレクサンドリアにソ連海軍の地中海艦隊（正式な名称は黒海艦隊地中海支隊）の司令部が設置され、エジプトとソ連の軍事協力はより一層緊密化していった。

ソ連式の軍事ドクトリンを叩き込まれたエジプト軍は、スエズ運河沿いに一〇〇〇門以上の火砲を配備し、一九六八年九月八日に大規模な集中砲撃を対岸めがけて浴びせかけた。この攻撃は再びエジプト国民の戦意を大きく煽《あお》り立てたが、イスラエル側も黙ってはいなかった。一〇月三一日の夜、特殊部隊の兵士を乗せたイスラエル軍のヘリコプターがナイル川上流に侵入し、重要な橋を爆破した後、近隣の変電所を破壊して、エジプト側に大きな打撃を与えた。

結局、第三次中東戦争の停戦から一九七〇年八月までの三年間で、イスラエルとエジプトはスエズ運河を挟んで砲爆撃と空爆の応酬を繰り返し、イスラエル側だけで戦死者五九四名、負傷者一九五九名という人的損害を被った（エジプト側の損害はその十数倍と見積もられている）。攻撃に対しては報復攻撃で返すという強硬姿勢を崩さないイスラエル側の態度を見て、ナセルは戦略方針の転換を余儀なくされる。彼は、自軍の損害を抑えるため、スエズ運河越しの砲撃を中断するよう、エジプト軍の前線指揮官に命令した。

一方、イスラエル側では参謀総長のハイム・バーレブ中将がスエズ運河沿いに大要塞陣地帯を構築する計画を立案しており、計三三箇所の要塞拠点を中心とする陣地線――通称バーレブ・ラインの建設が、一九六九年一月に開始された。この陣地線の建設に当たっては、イスラエルの年間国防予算の三分の一に当たる二億三八〇〇万ドルもの資金が投じられ、一九七一年春にはおおむね完成した。

バーレブ・ラインの建設は、イスラエル側がシナイ半島を和平交渉での取引に使う道具ではなく、恒久的な対エジプトの最前線と位置づけていることを物語っていた。言い換えれば、イスラエル側に恒常的な緊張を強いて政治的譲歩を引き出すというナセルの戦略は、イスラエル側での陣地線の構築という対応を招き、最終目標であった政治的交渉の芽を自ら摘んでしまう結果となったのである。

ソ連人パイロットの実戦参加

エジプトとイスラエルがスエズ運河を挟んで小競り合いを続けていた頃、ブレジネフ書記長の君臨する東の超大国ソ連は、エジプトへの軍事的なテコ入れを益々強めていた。

一九七〇年一月、ナセルが秘密裏にモスクワを訪問し、更なる支援の要請を行ったことがきっかけとなって、エジプトに対するソ連の軍事援助の規模は一気に拡大した。翌二月、ソ連軍参謀総長マトヴェイ・ザハーロフ元帥を長とする約一五〇〇名のソ連人軍事顧問団が、新型の地対空ミサイルＳＡ３を含む様々な対空兵器を携えてエジプトに到着する。これは、第二次大戦直前にソ連がスペイン内戦へと非公式に介入した際の人員数を上まわる規模であり、同国がこれほど大規模な軍事顧問団を外国に派遣したことは、これまで一度もなかった。

イスラエルへの軍事援助に加え、ヨルダンやサウジアラビアとも関係を深めて、中東に確固たる影響力を築きつつある天敵アメリカに対抗する上で、エジプトはソ連にとって失うには惜しい中東への足掛かりだった。黒海の港を出発したソ連の貨物船は、戦車や大砲、弾薬を満載して次々とエジプトに到着し、ナイル河畔ではソ連の軍事顧問団が設営した軍事教練キャンプで、エジプト軍将兵に対する実戦訓練が開始された。

膨大な兵器を受領したナセルにとっての唯一の不満は、ソ連側からの武器援助が、エジプト軍の「攻撃力」を強化できるような兵器を巧みに避けて行われていたことだった。

例えば、ミグ17やミグ19など、後続距離の短い迎撃戦闘機はふんだんに提供されたものの、イスラエル領内に対する空爆を実施可能な長距離爆撃機は、第三次中東戦争以前の状態に据え置かれた。ソ連政府の目論見《もくろみ》は、イスラエルとエジプトが均衡状態を保ちつつ、両軍とも相手国への本格的な戦争を仕掛けられない状態を作り出すことにあった。クレムリンが欲していたのは、地中海沿岸でソ連海軍が使用できる安定した海軍基地であって、イスラエルに対するエジプトの勝利でもなければ、新たな戦争の勃発でもなかったのである。

しかし、アメリカがイスラエル軍に供与した新鋭ジェット戦闘爆撃機F４Eファントムがエジプト上空に飛来し、カイロ近郊やナイル・デルタ周辺を我が物顔で飛び回るようになると、ソ連側はイスラエル空軍に対抗するため、ソ連空軍のパイロットをエジプトに派遣することを決定した。

そして、新型のミグ25R偵察機（後に北海道の函館に亡命するミグ25迎撃戦闘機の派生型）をエジプトの基地に配備して、シナイ半島とイスラエル本土沿岸の偵察活動を開始させた。

当時のアメリカは、エジプトとソ連の関係が緊密化しつつあることに懸念を抱いていたが、極東でのベトナム戦争の戦況悪化によって、アメリカ軍の海外展開能力は著しく低下させられていた。

そのため、中東周辺に対するソ連の影響力拡大を防ぐには、イスラエルに最新兵器を供給することが最も効率的だとの結論に達したアメリカ政府は、一九六七年一〇月にA4スカイホーク攻撃機の供与を発表したのを皮切りに、翌六八年一二月にはより高性能なF4Eファントム五〇機を輸出するという契約を、イスラエル政府との間で締結していたのである。

こうして、一九七〇年の終わりまでに、二〇〇人を超えるソ連人パイロットがエジプトに派遣され、扱い慣れたミグ21MF型戦闘機を駆使して、各地でファントムやミラージュなどのイスラエル軍戦闘機との間で空中戦を繰り広げた。同年七月三〇日には、ソ連人パイロットの操るミグ21二〇機と、イスラエル空軍のファントムおよびミラージュ一二機による大規模な格闘戦がスエズ近郊の上空で行われたが、イスラエル側は無傷で全機帰還したのに対し、ソ連側は五機のミグ21を撃墜された。

だが、この空中戦におけるソ連人パイロットの敗北は、エジプト軍の自信回復という意外な効果をもたらすことになる。空中戦の結果を聞いたエジプト空軍のパイロットたちは、先の戦争でエジプトが負けたのは自分たちのせいではなく、兵器面での優劣差にあったとの結論を導き出し、六月戦争の緒戦での大敗北で失っていた自信を取り戻したのである。

そして、一九七一年の九月には、最新鋭の地対空ミサイルであるSA6がエジプトとシリアに供与され、スエズ運河周辺におけるエジプト軍の防空能力は当時の世界で第一級の水準を誇るレベルへと引き上げられた。第三次中東戦争の勝利で盤石な地位を確立したかに見えたイスラエル空軍だったが、その前途には早くも暗雲が垂れ込め始めていたのである。

エジプト大統領サダトの賭け

一九七〇年九月二八日、エジプト大統領ナセルは突然心臓発作で倒れ、そのまま帰らぬ人となった。イスラエルとの消耗戦争によるエジプト国内の損害や、ヨルダン内戦というアラブ世界における内部抗争の仲介など、度重《たびかさ》なる精神的ストレスによる過労死であったともいわれている。そして、副大統領から大統領へと昇格したアンワル・エル・サダトは、ナセルが続けてきたイスラエルに対する強硬姿勢を基本的には継承したものの、ソ連との軍事協力体制という重要な問題については、前任者と正反対の政策を採り始めた。

ソ連に対するサダトの感情は、大統領に就任する以前から決して良いものではなかった。

例えば、ナセルが死去する直前に行ったモスクワ訪問に随行したサダトは、ソ連政府の高官コスイギンがナセルに対して「貴方の後継者は誰か」と質問した時のことを忘れてはいなかった。ナセルが「サダト副大統領です」と答えたのに対し、コスイギンは「では、彼の後継者は誰なのか」と問い返したのである。

一方、ソ連側のサダトに対する感情もまた、決して芳しいものではなかった。第二次大戦中、陸軍将校だったサダトはエジプト軍内部の親ドイツ派将校と共に、「砂漠の狐」ことロンメル将軍の率いるドイツ・アフリカ軍団との連携を図ったことが発覚して逮捕され、大尉の階級を剝奪《はくだつ》されたという経歴を持っていたからである（後に無罪判決を受けて大尉として軍務に復帰）。とはいえ、既に膨大な人員と物資をエジプトとの軍事協力事業につぎ込んでしまっているソ連は、アメリカへの対抗上、簡単にはエジプトから引き下がるわけにはいかなくなっていた。

一九七二年七月一八日、サダト大統領は、ソ連人軍事顧問団を国外追放処分にすると発表する。その背景には、米ソという超大国に成り行きを任せていたのでは、シナイ半島は永久にエジプトの手には戻ってこないという焦《あせ》りの感情があった。そして、サダトはアメリカの対中東政策の事実上の責任者であるヘンリー・キッシンジャー大統領補佐官（一九七三年九月以降は国務長官を兼任）と秘密裡に接触を行い、米ソの二大国を両天秤にかけるそぶりを見せながら、長年続いてきたソ連への依存体質からの脱却と、武力によるシナイ半島奪回作戦の実現に向けた準備を着々と進めていったのである。

長年ナセルの側近役を務めたサダトは、一九七〇年一一月の無血クーデターでシリアの政権を握ったハフェズ・アル・アサド大統領とも顔見知りだったが、アサドもまた第三次中東戦争で失われたシリア軍の名誉回復と、シナイ半島と同じくイスラエル軍の占領下にあるゴラン高原を奪回する機会を窺《うかが》っていたところだった。両大統領は、一九七三年九月一二日にカイロで秘密会議を開いて、来るべき「対イスラエル戦争」での共闘を約束する協定に調印し、エジプト国防相アフメド・イスマイル・アリ大将とシリア国防相ムスタファ・タラス少将を長とする両国軍の高官たちは、ゴラン高原とシナイ半島で同時に実施される両面作戦の計画を練り始めた。

サダトとアサドは、イスラエルとの長期的な戦争を行うことは避けたいという点において意見が一致していた。とりあえず、イスラエルに対して軍事的な大打撃を与えることに成功すれば、米ソをはじめとする大国がエジプト・シリアとイスラエル間の和平交渉の仲介に乗り出してくることは充分に期待できた。それゆえ、イスラエルとの戦争計画は、第一撃と緒戦の電撃的な侵攻作戦に重点を置いたものとして立案された。

この会議では、スエズ運河の潮流や月齢などを勘案した上で、イスラエルへの奇襲攻撃の日程を同年の一〇月六日と決定したが、攻撃開始の時間についてはエジプトとシリアで意見が分かれていた。

シリアは、東から太陽を背に攻撃できる早朝を要望し、一方のエジプトは運河の強行渡河に有利な夜に近い夕方の攻撃開始を望んだ。結局、攻撃開始時刻は、双方の意向を汲んだ折衷案として午後二時と定められた。

イスラエルの諜報機関モサド（「諜報及び特別工作機関」の略）は、シリア国内に潜伏する諜報員を通じて両国の対イスラエル攻撃準備の計画書を入手し、これをテルアビブに通報した。しかし、時の首相ゴルダ・メイア女史はこの情報を信用しなかった。陸軍情報部アマンをはじめとするモサド以外のイスラエル情報機関はすべて、サダトによるソ連人軍事顧問の追放をイスラエルに対する戦争準備の一時放棄と分析していたためである。

一九七三年一〇月六日。ユダヤ教の贖罪《しょくざい》日（ヨム・キプール）に当たるこの日は、国営ラジオ放送や軍情報部の職員をはじめ、ほとんどのイスラエル人が自宅で休息をとっていた。一方、イスラム教徒にとってこの月は断食（ラマダン）月であり、イスラエル側はアラブ諸国がラマダンの期間中に戦争を始めることはあり得ないと判断していた。

しかし、周到に練り上げられたサダトの計画は、そのような先入観をも計算に入れたものだった。彼は一九七二年五月一日にアレクサンドリアで行った演説の中で、こう宣言していた。

「来るべき戦争は、失地回復のみで終わりはしない。二三年に及ぶイスラエルの尊大さは、姿を消すであろう。我々は、百万人の損害を払う用意ができているのだ」

ヨム・キプール戦争――第四次中東戦争の勃発

エジプト軍の総攻撃開始

一九七三年一〇月六日の午後二時、イスラエル全土に空襲警報が発令された。歴戦の勇士モシェ・ダヤン国防相をはじめとするイスラエル軍の高官は、前線からの報告が次々と司令部に届けられ始めても、エジプト・シリア両正面での戦争勃発を確信することができなかった。それでも、航空戦力と機甲戦力の優勢を活かして即座に反撃を行えば、充分に対応できるという楽観的な見通しが、イスラエル軍首脳部には蔓延《まんえん》していた。

実際、第三次中東戦争以後の消耗戦において、F4ファントムやA4スカイホークなど信頼性の高いアメリカ製兵器を装備したイスラエル空軍は、エジプト入りしていたソ連軍パイロットの操縦するミグ21の迎撃ですら悠々と振り払うことができたし、同じくアメリカ製のM48およびM60戦車を使いこなすイスラエル機甲部隊は、砂漠の戦場では故障の多かった同世代のソ連戦車（T54など）の敵ではなかった。これらの経験から考えれば、戦場における優位は簡単にイスラエル側が取り戻せるものと考えられたのである。

しかし、消耗戦の終結以後にソ連がエジプトとシリアへ持ち込んだ新兵器の性能は、イスラエルの予想を上回るものだった。一〇月六日の午後二時五分、スエズ運河沿岸に展開していたエジプト軍の火砲四〇〇〇門が火を吹き、二五〇機のエジプト空軍機がシナイ半島上空に侵入して、バーレブ・ラインの要所と前線指揮所に集中的な砲爆撃を浴びせた。その間に、運河正面に展開するエジプト陸軍の第2軍（ムハンマド・マムーン少将）および第3軍（ムハンマド・ワッセル少将）に所属する歩兵五個師団が、ボートや舟橋を使って運河を強行渡河し、午後八時までには八万人のエジプト兵が運河を越えてシナイ半島へとなだれ込んだ。六二四年に預言者ムハンマドが初めて勝利を収めた戦場の名にちなんで命名された「バドール作戦」の開始である。

スエズ運河の対岸には、高さ約二〇メートルに達するバーレブ・ラインの築堤が隆起していたが、エジプト軍は西ドイツの企業から事前に購入していた消防用ポンプ一〇〇基を最前線に配置していた。突撃艇で運河を渡河したエジプト兵は、対岸に到着するとすぐに強力な放水の水圧によって堤防に通路を開き、後続部隊の東への進撃と補給線の設定を可能にした。こうして開かれた開口部には、間もなく工兵隊によって本格的な架橋道路が造られ、エジプト軍のシナイ奪回作戦は、当初の計画通り順調に進展していった。

ラマダンを迎えたエジプト兵は糧食の携帯を減らし、その代わりに各種のソ連製携帯ミサイルを抱えてイスラエルとの戦いに挑んだが、実戦ではこれらのミサイルが絶大な威力を発揮した。運河正面の防御を担当していたのは、アブラハム・マンドラー少将率いる第252（シナイ）機甲師団だったが、反撃に向かったイスラエル軍の戦車は砂丘に隠れたエジプト兵によるRPG7対戦車擲弾《てきだん》発射器やAT3対戦車ミサイルなどのソ連製対戦車兵器の近接射撃を受けて次々と炎上し、翌七日には師団の保有戦車三〇〇輌の半数以上が砂漠に残骸を晒《さら》していた。

また、スエズ運河周辺でエジプト軍が周到に張り巡らせた対空ミサイル網は、イスラエル空軍による空からの支援をほぼ無力化することに成功していた。高空域をカバーするSA2、SA3、SA6、SA7などの地対空ミサイルと、中低空域で威力を発揮するZSU23—4自走対空砲を組み合わせたエジプト軍の防空コンプレックス（複数の異なる対空兵器を統合運用する「空の陣地帯」）は、戦場上空に飛来するイスラエル軍機を射的の的のように次々と撃ち落としていった。

当時、スエズ運河周辺に配置されていた国連監視員は、イスラエル軍の航空機が五機飛来すると、そのうちの四機は必ず撃墜されていたようだと証言している。こうした損害の報告を受けたイスラエル空軍の司令官ベンハミン・ペレド少将は、開戦初日の午後五時に「別命あるまでは、全航空機はスエズ運河および『パープル・ライン』（ゴラン高原における第三次中東戦争の停戦ライン）から一五キロ以内の空域に入らぬようにせよ」との命令を下すことを余儀なくされた。

味方の防空コンプレックスの活躍によって制空権を確保したエジプト軍は、スエズ運河の東岸で着々と前進を続け、一〇月八日にはエジプト軍の兵站《へいたん》線を担っている橋を奪取しようとしたイスラエル軍の第一九〇戦車旅団がエジプト軍の猛攻によって完全に撃破され、旅団長アサフ・ヤゴーリ大佐はエジプト軍の捕虜となった。翌九日、続々と寄せられる敗北の報せを聞いた国防相ダヤンは、エジプト軍に対する即時反撃の希望を捨て去り、全軍に防衛陣地の構築を命令した。

この時点で、シナイ半島に残るイスラエル軍戦車は九〇輛以下にまで減少しており、開戦から三日間でイスラエル軍が被った損害は戦車四〇〇輛以上、死傷者三〇〇〇人以上に達していた。また、八日に野戦病院へと後送された負傷者は一五〇〇人ほどだったが、うち九〇〇人は「戦場ノイローゼ（砲弾恐怖症）」の症状を呈していたという。

バーレブ・ラインの完成当時、当時の参謀総長バーレブ（七二年一月にダビッド・エラザール中将と交替）は「この陣地線はエジプト軍の墓場となるであろう。彼らは、ここを突破するために一万五〇〇〇～二万人の戦死者を出すに違いない」と豪語していたが、実際にはエジプト軍は二〇〇人ほどの死傷者を失っただけで、この陣地線を突破することに成功した。度重なる対アラブ戦争での勝利に起因する、イスラエル軍上層部の慢心は、シナイ半島の最前線を守るイスラエル兵たちに、計り知れないほど大きな代償を支払わせることとなったのである。

ゴラン高原の死闘

一方、シリアとイスラエルが国境を接するゴラン高原では、シリア軍の第5、第7、第9の三個歩兵師団が、第1および第3戦車師団に支援されながら、一〇月六日の午後に第三次中東戦争の停戦ラインを越えて、イスラエル軍第36機械化師団（第1歩兵旅団と第7、第188機甲旅団）の守る陣地帯への総攻撃を開始していた。

シリア軍の歩兵師団は、戦車各一個旅団を含むソ連軍方式の編成をとっており、各歩兵師団には一三〇輌から二〇〇輌の戦車が割り当てられていた。これに、攻撃支援の戦車師団二個（装備戦車数は各二五〇輌）が加わり、ゴラン高原のシリア軍戦車総数は一〇〇〇輌以上に達していた。一方、ラファエル（ラフィ）・エイタン准将に率いられたイスラエル軍第36機械化師団の保有戦車は、三個旅団を合計しても二〇〇輌にも満たなかった。

シリア軍の総攻撃は、当初イスラエル側が構築した対戦車壕《ごう》に行く手を阻《はば》まれるなどして混乱したが、ソ連製夜間暗視装置を備えたシリア軍戦車は日没後も活発な作戦行動を行い、七日の昼にはイスラエル軍第188機甲旅団長イツハク・ベン・シャオム大佐が乗車を撃破されて戦死した。また、ゴラン北部でシリア軍の猛攻を受けていたアビグドル・ベンガル大佐の第7機甲旅団は、五倍近い敵戦車の攻撃を四日間にわたって持ちこたえたものの、一〇月九日の夕方までには保有戦車のほぼ全てを失い、西方向へと退却した。

ゴラン高原南部で戦線の突破に成功したシリア第1機甲師団長（タウフィク・ジェハニ大佐）は、七日の夜までに二〇キロの前進を行って、ヨルダン川に架かるブノット・ヤコブ橋の手前わずか三キロほどの地点にまで進出していた。この橋は、イスラエル本土とゴラン高原を結ぶ重要な街道が通過する戦略的要衝であり、もしここをシリア軍に奪われたなら、ゴラン高原北部のイスラエル軍は補給を断たれて総崩れとなることは確実だった。

ゴラン高原周辺のイスラエル軍部隊を管轄《かんかつ》する北部軍司令官イツハク・ホフィ少将は、すぐに増援として二個機甲師団（各三個旅団編成）をゴラン高原の戦線へと送り込んだ。モシェ・ペレド少将の第１４６機甲師団は、ガリラヤ湖の東からゴラン高原へと進出し、ダン・ラナー少将に率いられた第２４０機甲師団は、ブノット・ヤコブ橋を渡ってシリア軍第1機甲師団の正面へと到着した。

計六個旅団のイスラエル軍戦車が前線に到着するのと同時に、ブノット・ヤコブ橋東方のフスニヤ周辺では、大規模な戦車戦が丘陵のあちこちで繰り広げられた。シリア軍は、最新鋭のソ連戦車T62を前面に立てて攻撃を続けようとしたが、両翼から包囲された不利な態勢の中で損害は激増し、一〇月一〇日正午頃までには、停戦ラインから西側に進出していたシリア軍戦車のほとんどが撃破されて、起伏の多い荒れ地に残骸を晒していた。

一〇月一〇日の午後一〇時、イスラエル軍の参謀本部で戦略会議が開かれ、ゴラン高原における大規模な反撃の実施についての議論が行われた。国防相ダヤンは、第三次中東戦争の時と同じく、あまりシリア領内に深入りするとソ連軍の本格的な介入を招く恐れがあるとして大規模な反攻作戦には消極的な姿勢を見せたが、参謀総長エラザールは少なくとも「パープル・ライン」から二〇キロほど奥地へと前線を押し進めるべきだと主張した。もし、この線まで進出することに成功すれば、シリアの首都ダマスカスがイスラエル軍の長距離砲の射程内に入ることになり、シリア政府との交渉を優位に進められるはずだというのがその理由だった。

会議の終了後、ダヤンはゴルダ・メイア首相を訪れて、反攻作戦についての決裁を仰いだ。メイア首相は、シリア領内への進撃を決断し、翌一〇月一一日の午前一一時、イスラエル軍によるゴラン高原での大反攻作戦が開始された。いったんは指揮官の九割を失って壊滅状態に陥った第188機甲旅団には、全面的な再編成によって新たな兵員とチーフテン戦車が割り当てられ、同旅団はゴラン高原に展開するイスラエル軍の先陣を切って、ゴラン高原東部のシリア領内へと突入していった。

イスラエル軍の反攻は、シリア軍およびヨルダン、クウェート、サウジアラビア、イラクの各国から送り込まれた派遣軍による激しい抵抗に遭遇したが、戦線は徐々にシリアの首都ダマスカスに向けて移動していった。アサド大統領は、間もなく「ダマスカスが陥落《かんらく》してもシリアは戦うことをやめはしない」という声明を発表したが、イスラエル空軍は既にシリア軍防空部隊の弱点を発見して戦場の制空権を奪い返すことに成功しており、戦局は明らかにイスラエル軍の優勢へと傾いていた。

イスラエル側にとっては、仮にダマスカスという都市を占領できたとしても、そこから得られるものはほとんどなく、逆に周辺アラブ諸国のより一層の敵意と、大国ソ連による本格的な軍事介入というマイナス面の方がはるかに大きかった。実際、ブレジネフはソ連国内の基地に駐屯する精鋭の空挺《くうてい》部隊にダマスカスへの出撃準備を命じており、東地中海に配備していたソ連海軍の各艦艇にも、イスラエルに対する臨戦態勢をとらせていた。

最終的に、イスラエル側はパープル・ラインから二二キロほど東に進出したところで前進を停止し、そこで防御陣地の構築に移行していった。奇襲による開戦直後の数日間で、イスラエル軍守備隊に大打撃を与えてゴラン高原を奪回し、そこで素早く停戦に持ち込む、というのがシリア大統領アサドの思惑だったが、イスラエル軍が予想外の早さで態勢を立て直したことから、ゴラン高原の奪回というアサドの夢は、わずか六日間で潰《つい》え去ってしまったのである。

イスラエル軍の大反攻

イスラエル軍がゴラン高原での大反攻を成功させていた頃、シナイ半島の戦線でも、エジプト軍に対する大規模な反撃作戦の準備が進められていた。

第143機甲師団を率いてシナイの前線に到着したイスラエル軍のアリエル（アリク）・シャロン少将は、もともと同地域を管轄する南部軍の司令官を務めていたが、彼は第四次中東戦争が勃発する以前から、スエズ運河を西に渡河侵攻して、敵の首都カイロに打撃を与えるという計画を温めていた。そして、いったんは軍籍から離れた後、戦争勃発と共に師団長へと返り咲いたシャロンは、開戦四日目には早くもスエズ対岸への逆渡河作戦を首脳部に提案していたが、時期尚早との理由で採用を見送られていた。

しかし、エジプト軍がスエズ運河東岸で堅固な陣地線を固めてしまっている現在、スエズ西岸への渡河侵攻作戦は、戦局打開に大きな効果を発揮するものと予想できた。こうして、シャロンの提案に基づくスエズ運河逆渡河作戦「ストロングハート作戦」は、ダヤン国防相とエラザール参謀総長によって認可され、詳細な作戦計画の立案が開始された。

シャロン少将が提案した「ストロングハート作戦」の内容は、次のようなものだった。まず、スエズ運河中流の大ビター湖付近に展開するエジプト軍部隊を撃破した後、追撃戦へと移行して戦線を突破し、スエズ運河まで進出する。次に、シャロンの第143機甲師団とアブラハム・アダン少将の第162機甲師団を運河の西岸へと渡河させ、敵の背後に進出させる。そして、この二個師団の西岸での行動によって後方支援を断たれたスエズ運河東岸のエジプト軍部隊を、南部軍の残る二個師団で各個撃破する。

この大胆な作戦計画を知った南部軍司令官ゴネンは、もしシャロンとアダンの二個師団が大損害を受けてしまったなら、シナイ戦線の防衛計画は破綻するとして反対したが、参謀次長という肩書きで軍務に復帰していたバーレブ中将がシャロンの案を是認したことで、作戦の実施を巡る論争には決着が付けられ、渡河作戦の実施が改めて確認された。

一〇月一四日、大量のT62戦車を装備するエジプト軍戦車部隊が、大ビター湖北部のイスマイリア正面で東に向けた攻勢を再開した。この攻撃は、苦境に立たされたシリアの大統領アサドからの要請に基づいて、イスラエル軍の予備兵力をシナイ戦線に誘引する目的で急遽《きゅうきょ》実施されたもので、両軍合わせて二〇〇〇輌近い戦車が砂漠で激突する大戦車戦が繰り広げられた。だが、アメリカからの緊急軍事援助によって同国製のTOW対戦車ミサイルを受領していたイスラエル軍の対戦車部隊は、巧妙な対戦車戦術を編み出してエジプト軍戦車部隊の攻勢を防ぎ切り、エジプト軍はこの戦いで戦車二六四輌を喪失して西の方角へと敗走した。

この戦いが転換点となって、シナイ半島の戦況はエジプトからイスラエル側へと大きく傾いていった。一〇月一五日の夕刻、反攻作戦を開始したシャロン少将の師団は、激戦を繰り広げた末に「中国農場」と呼ばれる台地状の要地を占領することに成功する。この「中国農場」とは、日本人技師の協力によってエジプトで建設されていた潅漑《かんがい》農業の施設だったが、第三次中東戦争でここを占領したイスラエル軍は、拾った書類に書かれている漢字を見て中国語と勘違いし、以来このような名称で呼ばれていた。

「中国農場」の敵防衛陣地を撃破したシャロンの師団は、それ以後大きな抵抗に遭うこともなくスエズ運河へと到達し、翌一六日の午前一時三五分頃に運河の対岸へと第一歩を記した後、午前八時頃までには二個旅団から成る橋頭堡《きょうとうほ》が西岸に確保された。勢いに乗るイスラエル軍は、一七日の夜にはアダン少将の機甲師団にもスエズ運河を渡河させて大ビターレ湖の西側を大きく南下させ、スエズ正面でシナイ半島に展開していたエジプト第3軍の背後を遮断した。

このような戦局を見て、最も大きな危機感を抱いたのはクレムリンのソ連政府だった。このまま数日間も戦争を継続すれば、シリアとエジプトは第三次中東戦争に続いて壊滅的な大敗北を喫するであろうことは火を見るよりも明らかだった。ソ連政府とサダトとの関係は、軍事顧問団の追放以来冷却化してはいたものの、エジプトへの武器弾薬の供給は続いており、エジプト領内の基地も依然としてソ連海軍が使用できることになっていた。だ

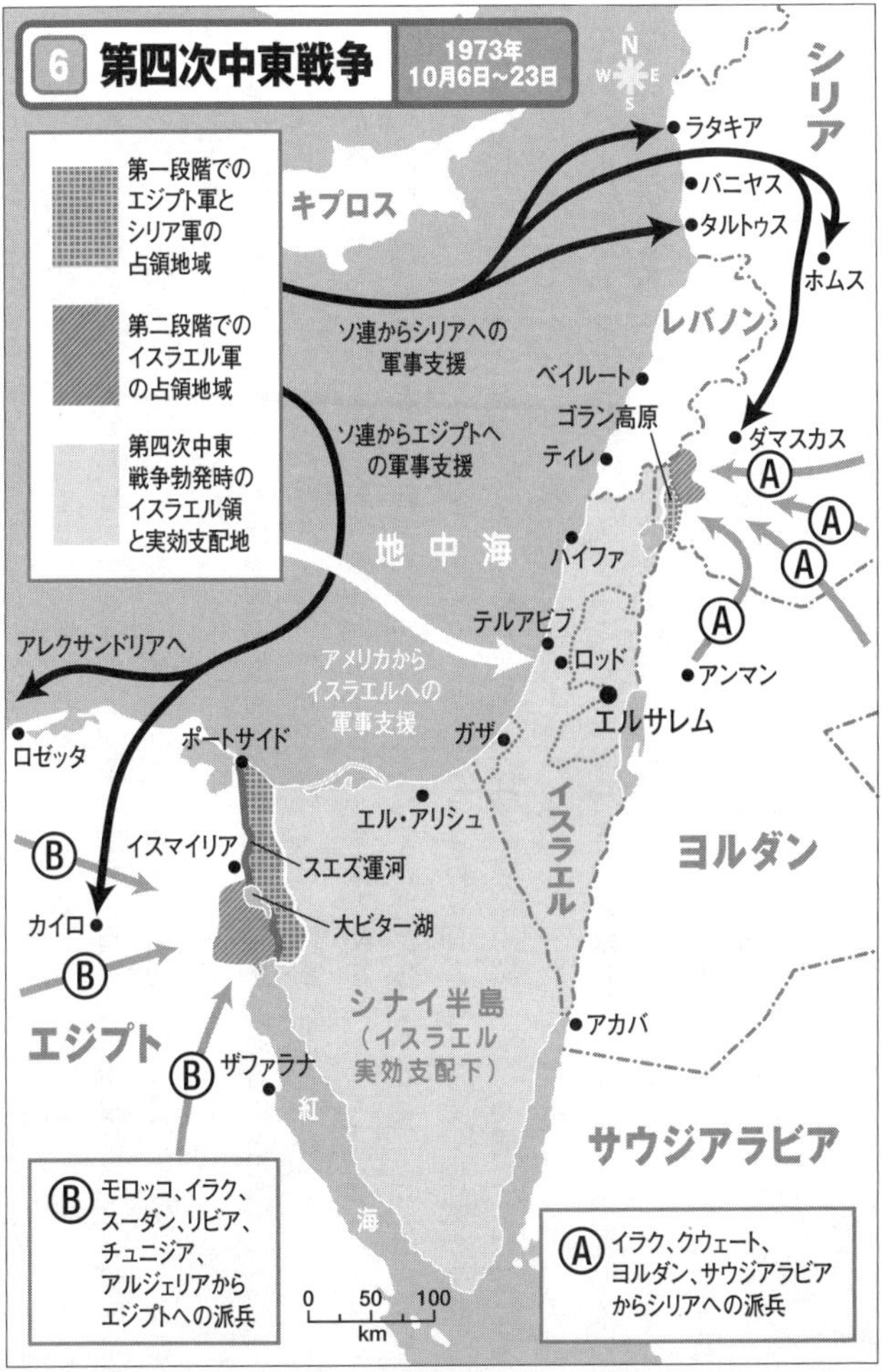

6 第四次中東戦争
1973年 10月6日～23日
N S W E
第一段階でのエジプト軍とシリア軍の占領地域
第二段階でのイスラエル軍の占領地域
第四次中東戦争勃発時のイスラエル領と実効支配地
キプロス
シリア
ラタキア
バニヤス
タルトゥス
ホムス
レバノン
ソ連からシリアへの軍事支援
ベイルート
ゴラン高原
ソ連からエジプトへの軍事支援
ティレ
ダマスカス
地中海
ハイファ
テルアビブ
ロッド
アンマン
アレクサンドリアへ
アメリカからイスラエルへの軍事支援
エルサレム
ロゼッタ
ポートサイド
ガザ
エル・アリシュ
イスラエル
ヨルダン
イスマイリア
スエズ運河
カイロ
大ビター湖
シナイ半島（イスラエル実効支配下）
アカバ
エジプト
ザファラナ
紅海
サウジアラビア
Ⓑ モロッコ、イラク、スーダン、リビア、チュニジア、アルジェリアからエジプトへの派兵
0 50 100 km
Ⓐ イラク、クウェート、ヨルダン、サウジアラビアからシリアへの派兵

が、もしエジプトとシリアのソ連軍基地が政変によって失われたなら、中東および地中海におけるソ連の影響力は、大きく失墜させられることになる。

そう考えたブレジネフ書記長は、キッシンジャー米国務長官をモスクワに招き、停戦の原則についての話し合いを開始する一方、サダトとアサドに早期の停戦受諾を受け入れるよう説得した。

緒戦の優位が完全に失われ、もはや戦局挽回《ばんかい》のチャンスも皆無であることを悟ったサダトは、クレムリンからの助言を聞き入れ、停戦を受け入れる準備にとりかかった。とりあえず、開戦後の二日間で五五〇輌の戦車と五〇機以上の航空機を撃破したことで「イスラエル軍不敗神話の打倒」という戦争の目標は達成されていたからである。

一方のイスラエルもまた、アメリカからの強い働きかけに押される形で、停戦の受諾へと動き出した。前線の戦況が好転し始めた矢先の停戦受諾は、イスラエル側にとっては大いに不満の残る結末ではあったが、もし停戦を受け入れなかった場合には、米ソの二大国がエジプト・シリア側に立って介入することも予想できた。既に戦争で国力を消耗しているイスラエルには、そのような事態を受け入れる余力は残されていなかった。

こうして、一〇月二二日に開かれた国連の安全保障理事会において、関係諸国に対する停戦決議（決議第三三八号）が採択され、キッシンジャー米国務長官を主役とする仲介工作によって、第四次中東戦争はようやく終結へと向かったのである。

第七章

中東戦争と石油危機

——米ソ冷戦時代のアラブとイスラエル——

米ソ二大国の思惑とオイル・ショック

キッシンジャーの仲介工作

一九七三年一〇月六日から二三日までの計一八日間にわたり、ゴラン高原とシナイ半島の広い正面で激しい戦いが繰り広げられた第四次中東戦争は、単にアラブとイスラエルによる領土争いというだけでなく、第二次大戦の終結以来初めて、米ソの二大国を軸とする冷戦構造の枠組みの中で、国際紛争の解決が模索《もさく》された出来事でもあった。

この戦争には、イスラエルに対する攻撃で主役を演じたエジプトとシリアの二国に加え、アルジェリア、イラク、クウェート、サウジアラビア、スーダン、チュニジア、モロッコ、ヨルダン、リビアの各国がアラブ側に立って兵力を送り込んだが、戦局が目まぐるしく変転した第四次中東戦争を終結へと導く上で、最も大きな役割を果たしたのは、これらの直接的な戦争参加国ではなく、アラブ・イスラエル双方にとっての事実上の武器供給源でもあったアメリカとソ連の二大国だった。その中でも、とりわけ重要な役回りを演じたのが、アメリカ合衆国の国務長官ヘンリー・キッシンジャーである。

第四次中東戦争へのキッシンジャーの直接的な関わりは、開戦翌日の一〇月七日には早くも始まっていた。この日、エジプト側の戦争終結条件についてサダト大統領が口述した次のような内容のメッセージが、サダトの顧問ハフェズ・イスマイルを通じてキッシンジャーのもとへと送られてきたのである。

「1・全てのイスラエル軍部隊は、停戦発効後に国連の監視下で第三次中東戦争の開戦以前の線まで撤退すること　2・シナイ半島南端のシャルム・エル・シェイクに一定期間国連軍が駐留し、チラン海峡の自由航行を保障する　3・イスラエル軍の完全撤退後、イスラエルとの間で続いてきた中東戦争を完全に終了させる　4・ガザ地区を一定期間国連の監視下に置き、住民に自決権行使の機会を与える　5・戦争終結から一定期間内に、パレスチナ・アラブ人を含む全ての関係者、国連安全保障理事会の全メンバーが参加した平和会議を、国連の主催下で開催する」

このような内容の要求を、イスラエル側が受け入れるとは考えにくかったが、キッシンジャーはこのメッセージの内容よりも、サダトがアメリカに対して積極的な形での仲介工作を強く欲しているという事実に着目した。彼は翌八日、イスマイルに対し、アメリカは中東問題の解決に本格的な外交的介入を行うことを約束し、具体的な介入についての方策を練るのと同時に、東の大国ソ連に対しても同様の働きかけを行うことが必要だとの結論に達した。

一方、エジプトとシリアに大量の武器と弾薬を供給しながら、対イスラエル戦争の行方を見守っていたソ連は、アラブ諸国軍のシナイ半島とゴラン高原への進撃ぶりに満足しておらず、本気で攻撃すればもっと前進できるはずだとして、エジプトとシリア両軍の指導部に詰め寄った。

しかし、サダトとアサドの戦争目的はイスラエル軍敗北の既成事実を作った上で停戦協定を結ぶことであり、イスラエル軍に対する無制限な攻撃続行ではなかった。こうした思惑の違いが表面化するにつれて、サダト大統領は次第にソ連との関係を面倒に感じるようになり、必然的にアメリカへの傾倒を強めていったのである。

一〇月一六日、サダトはエジプト議会で演説を行い、キッシンジャーに宛てて送付したメッセージとほぼ同じ内容の声明を発表した。これに対し、アメリカ大統領ニクソンとキッシンジャーは翌一七日、国連総会出席のために渡米していたサウジアラビア、クウェート、モロッコ、アルジェリアの外相と会談し、キッシンジャーが交渉役として中東問題の解決に向けて動き始めることを正式に通知した。

キッシンジャーは、アラブ諸国に対する働きかけを開始するのと同時に、東の大国ソ連に対しても、停戦の実現に向けて共同歩調をとるようメッセージを送った。この呼びかけを受けたソ連のブレジネフ書記長は一〇月一九日、協議のためキッシンジャー国務長官をただちにモスクワへ派遣してほしいとニクソンに要請する。

一〇月二〇日、モスクワを訪問したキッシンジャーは、ブレジネフと協議を重ね、国連の安保理事会に提案する停戦決議の内容について話し合った。この頃までには既に、ソ連側も戦局がアラブ側に不利な方向へと傾いていることを承知しており、翌二一日にはキッシンジャーの作成した米国案をほぼ受け入れる形での合意が成立した。

一〇月二二日、国連安保理事会で提起された米ソ共同決議案は、決議第三三八号として正式に採択された。これによって、第四次中東戦争は終結へと向かったが、この決議は同時に、誰もが予想もしなかった、全世界規模の恐るべき事態を招くことになる。

米ソ全面核戦争の瀬戸際

国連決議第三三八号の採択から二日が経過した一〇月二四日の午後九時過ぎ頃、キッシンジャーは駐米ソ連大使ドブルイニンからの電話を受けた。ドブルイニンは、ブレジネフからニクソン大統領に宛てた次のような内容の書簡を、受話器に向かって読み上げた。

「エジプトのサダト大統領は、国連安保理事会に対して、米ソ両軍の中東派遣を公式に要請している。我々は、この要請に応えるべきである。もし、アメリカが中東への派兵を拒否するのであれば、ソ連は単独でも軍隊の派遣を行うつもりである」

このメッセージがキッシンジャーの耳に入った時点で、アメリカ政府は既に、ソ連軍が中東への軍事介入の準備を進めているという情報を各方面から入手していた。ソ連側は、ゴラン高原の戦局がイスラエル側へと傾いた時点で、空挺《くうてい》部隊の派遣を検討していたが、国連決議が採択された頃までにはその規模は七個師団に達していた。また、エジプトとシリアに対するソ連からの武器空輸は、一〇月二三日に停止していたが、これはソ連正規軍の空輸に備えたためであるとの未確認情報も届けられた。

アメリカのニクソン大統領はこの時、既にウォーターゲート事件に関する疑惑を厳しく追及され始めており、ドブルイニンからの電話は、ニクソンの大統領としての指導力が揺らぎ始めていた矢先の出来事だった。つまり、アメリカ政府内の動揺と弱体化を見抜いたソ連側は、第四次中東戦争の停戦維持に名を借りた派兵を、かねてからの念願であった中東への直接進出を実現するための大きなチャンスと見たのである。

だが、キッシンジャーにとっては、このような申し出は決して受け入れるわけにはいかないものだった。もし、中東へのソ連軍の派遣を認めてしまったなら、アラブ諸国は完全なソ連の支配下に入ることとなり、アメリカと関係の深いイスラエルは、遠からずソ連軍の強大な武力によって壊滅させられるであろう。そうなると、中東でのアメリカの拠点は失われ、世界戦略上での勢力バランスは一気にソ連側優位へと傾いてしまうことになる。

キッシンジャーは、ただちに安全保障問題の政府高官を集めて、対策会議を開いた。午後一〇時四〇分から四時間あまりにわたって開かれたこの会議は、議長であるキッシンジャーのほか、シュレジンジャー国防長官やコルビーCIA長官、ムーラー統合参謀本部議長、ヘイグ大統領主席補佐官らが出席したが、睡眠中のニクソンにはソ連大使から電話があったことすら知らされなかった。

そして、討議の結果、全世界に駐留するアメリカ軍部隊の警戒態勢を「デフコンⅢ」と呼ばれる準戦時レベルに上昇させることが決定され、世界各地に配備された戦略爆撃機はいつでもソ連に対する核攻撃を開始できる態勢に入った。

アメリカ本土の大陸間弾道弾（ICBM）サイロは、一九六二年のキューバ危機以来の警戒態勢に入り、精鋭の第82空挺師団は二五日午前六時までに出撃態勢を整えた。東地中海の沖合には、かねてから待機中だった空母インディペンデンスに加えて、ルーズヴェルトとジョン・F・ケネディの二隻の空母が急遽《きゅうきょ》送り込まれ、グアム島に配備されていたB52戦略爆撃機六〇機が、事態に即応できるようアメリカ本土の基地へと呼び戻された。

そして、東ドイツに駐留するソ連軍が戦闘準備を開始したとの情報がホワイトハウスに寄せられると、米ソ両国をめぐる情勢は文字通り一触即発の状態となった。ソ連側は既に、核弾頭を積んだ貨物船をエジプトに向けて出発させたことが確認されており、もし米ソ両軍の間でいったん戦端が開かれたなら、中東のみならず全世界が核攻撃の戦場となるであろうことは容易に推測できた。

翌朝、キッシンジャーから情勢についての説明を受けたニクソンは、既にキッシンジャーによって彼の名前で起草されていたブレジネフへのメッセージに署名して、午前五時三〇分頃にソ連側へと伝達させた。

「米ソ両軍の中東への派遣は全く必要ないものと確信している。また、アメリカはソ連が中東地域において、一方的な軍事的行動をとることを決して認めないであろう」

キッシンジャーはまた、もし核弾頭がエジプトへと運び込まれた場合、イスラエルは総力を挙げてこれを破壊するための攻撃を開始するであろうし、アメリカはこれに反対しないという非公式のメッセージを外交ルートで伝えさせた。

ウォーターゲート疑惑の追及で憔悴《しょうすい》したニクソンに代わり、実質的な国家指導者として諸々の決定を行ったキッシンジャーの毅然とした対応は、ソ連側の態度を大きく揺り動かした。

もはや、アメリカに対する優位は失われたと判断したブレジネフは、同日午後、ソ連軍を中東へと派遣する意志のないことをアメリカ側に伝えると共に、中東の停戦監視は国連緊急軍によって行われるというプランを支持することを明らかにした。

これによって、地球規模での全面戦争は回避され、第四次中東戦争の停戦をめぐる問題は、再び中東の地域的問題へと収束していったのである。

OPECの石油戦略発動

米ソ両国の最高指導部の和解によって全面核戦争の危機は回避されたが、そのような動きとほぼ時を同じくして、中東の産油国では、世界経済に大きな衝撃を与えることになる重要な政策の変更が行われようとしていた。いわゆる「石油戦略」の発動である。

第四次中東戦争の開戦三日目に当たる一〇月八日、ＯＰＥＣ（石油輸出国機構）と石油会社それぞれの代表者がオーストリアのウィーンに集まり、原油価格についての交渉が行われた。ＯＰＥＣとは、一九六〇年にイラク、イラン、クウェート、サウジアラビア、ベネズエラの五大産油国が合同で設立した国際協議会（一九七三年当時は一二カ国が加盟）で、原油価格の安定と産油国の利益の保障、産油国間の石油政策の協調などをその活動目的としていた。

しかし、設立から第四次中東戦争までの間に、ＯＰＥＣという組織が果たした役割は、きわめて小さなものだった。この時代には、世界的に見て原油の供給過剰状態にあり、イランやサウジアラビアなどは石油収入欲しさに、自国で採掘を行っている外国の石油会社に対して、更なる産出量の増産を迫っていたほどだった。産油国と石油会社の力関係においては、圧倒的に石油会社の方が優勢だったのである。

ところが、第四次中東戦争を機に、この図式は大きく逆転することになる。ウィーン会議の席上、ＯＰＥＣの代表者は、原油価格の三五～五〇パーセントの引き上げを石油会社に要求したのである。このような強硬姿勢の背景には、中東で再び勃発した戦争において、同胞のアラブ国を側面から支援しようというサウジアラビアの思惑が働いていた。サウジアラビアの国王ファイサルは、一〇月八日に首都リヤドを訪れたエジプトの特使に対し、次のような約束を行っている。

「あなた方は、我々のすべてに大変な誇りを与えてくれた。これまで、我々は頭を上げられなかったが、今はそれができる。あなた方はおのれの義務を果たし、そのために苦痛を強いられている。あなた方の町は破壊されてしまった。他のアラブ諸国は、せめて財政面であなた方を助け、また持てる装備は何なりと提供しなければ」

ウィーン会議に出席した石油会社の代表は、ＯＰＥＣ側の提示を拒絶し、話し合いは結局物別れに終わった。しかし、ＯＰＥＣはあきらめなかった。一六日にクウェートで再開された会議も決裂に終わると、産油国は石油会社の同意を得ることもなく、一方的な原油価格の七割引き上げを決定した（この値上げは後に四倍増にまで引き上げられる）。

これに続いて、エジプト、シリア、サウジアラビアなどアラブ一〇カ国が一九六八年に設立したOAPEC（アラブ石油輸出国機構）は翌一七日、原油生産の五パーセント削減を決定すると共に、第三次中東戦争以前の境界線までイスラエル軍が撤退しない限り、以後毎月五パーセントずつ削減を行うとの方針を発表する。

キッシンジャーはサウジアラビアに対し、アメリカのイスラエルへの武器援助はソ連の中東への影響力増大に対抗するためのものであり、反アラブを意図した政策ではないと弁明した。だが、一〇月一九日にニクソン大統領が米議会に対し、二二億ドルもの対イスラエル軍事援助を認めるよう要求すると、サウジアラビアをはじめとする国々のアメリカに対する反発は決定的なものとなった。

一〇月二〇日、サウジアラビアがアメリカに対する全面的な石油の輸出禁止（エンバーゴ）を発表すると、数日のうちにイラクを除くアラブ産油国のすべてがアメリカとオランダに対する石油禁輸措置を決定した。オランダは、もともとイスラエルとは友好関係にあったが、アメリカのイスラエルに対する軍事援助に際しては国内にある空軍基地の使用を許可したことから、アラブ諸国からは「敵」であると見なされたのである。一一月四日には、OAPECの減産規模が二五パーセントにまで拡大し、欧米諸国に対するアラブの対決姿勢はより明確なものとなった。

このような決定を聞いて、最も大きな衝撃を受けたのは西ヨーロッパ諸国と日本だった。EC諸国のエネルギー供給に占める輸入原油の割合は、一九七三年当時には約六割を占めており、日本に至っては全体の九割に達していたからである。これらの国々では、アラブ諸国による「石油戦略」発動によって大きな経済的混乱が生じ、その影響は日本でのトイレットペーパーの買い占め騒動に象徴される様々な社会現象にまで波及していった。

自国の経済を守る上で、EC諸国および日本の各国政府には、選択の余地はなかった。彼らは次々とイスラエルとの友好関係を見直し、親アラブの中東政策を採用することを公式に発表した。そして、OAPEC加盟国はそうした国々を「友好国」と分類して、限定的な原油産出量の増産を行ったのである。

しかし、皮肉なことに、アラブがイスラエルに次ぐ敵と見なして戦いを挑んだアメリカは、この「石油戦略」による打撃をほとんど被ることがなかった。一九七二年当時、アメリカのエネルギー供給に占める輸入原油の割合は、わずか五パーセントにすぎず、しかもアラブ諸国からの輸入量はそのうちの一八パーセントに過ぎなかったからである。それどころか、国際的な原油価格の高騰は逆に、アメリカに本拠を置く巨大石油企業（メジャー）に莫大な利益をもたらし、これによって国際為替市場におけるアメリカドルの力は急激に強化された。

結果的に、アラブ諸国の発動した「石油戦略」は、彼らが期待したほどの政治的効果をもたらすことはできなかった。OAPECは一九七四年三月一八日には対米禁輸措置の解除を発表し、七月一〇日にはオランダに対する禁輸も解除された。不用意な「石油戦略」の発動はアメリカの国力増強に寄与するだけだという事実を思い知った彼らは、これ以降二度と、対イスラエル戦争と「石油戦略」をリンクしようとはしなかったのである。

エジプトとイスラエルの和平交渉

サダト大統領のエルサレム訪問

第四次中東戦争末期におけるアラブ側の「石油戦略」発動によって、アメリカとアラブ諸国の関係は一時的に悪化したが、キッシンジャー国務長官はそのような動きにほとんど関心を払うことなく、精力的にイスラエルとアラブ諸国を行き来して、和平の実現に尽力し続けていた。一方の当事者であるエジプト大統領サダトもまた、停戦決議の採択においてソ連および中国の拒否権使用を許さなかったキッシンジャーの外交手腕を高く評価しており、サダトとキッシンジャーの間には個人的な信頼関係すら築かれつつあった。

この外交努力において、キッシンジャーが目指した目標は、エジプトとイスラエルの単独和平の実現であり、中東戦争の当時国すべての和平の実現でもなければ、パレスチナ問題の総合的な解決でもなかった。利害関係の異なるアラブ諸国の全てを納得させられるような和平条件を考案することは不可能に近かったし、超大国アメリカにとっては、パレスチナ・アラブ人が独立国家を獲得するよりは、人種的および文化的なつながりのあるユダヤ人がパレスチナの地に独立国を保持していた方が、何かと好都合だったからである。

こうして、アラブ諸国の中からエジプトに的を絞って行われたキッシンジャーの「往復（シャトル）外交」は、イスラエルとエジプト間に存在する個別の問題を一つずつ解決していく上で大きな役割を果たした。そして一九七三年一二月二二日にかけて、スイスのジュネーブで米ソ両国主導による中東和平会議が開催された。

イスラエルの独立宣言以来初めて、アラブとイスラエルの政府高官が公式に顔を合わせたこの会議で、キッシンジャーはスエズ運河周辺とゴラン高原における両軍の兵力引き離し協定のための合同委員会設置を提案し、第四次中東戦争の戦後処理に向けた第一歩が踏み出された。

翌七四年の一月一一日から二〇日にかけて、三度目の中東諸国歴訪を行ったキッシンジャーと協議を重ねたサダトは、イスラエル側に大幅な譲歩を行う決断を下し、スエズ運河の東岸には最小限のエジプト軍兵力しか残さないというイスラエル側の要求を受け入れると発表した。この決定を聞いたエジプト軍の参謀総長アブデル・カーニ・エル・ガマシは、大きなショックを受けて部屋の隅で泣き始めたが、サダトの決意が揺らぐことはなかった。

一九七四年一月一八日、スエズ運河南西部のエジプト・イスラエル両軍境界線上に位置する「キロメートル１０１」と呼ばれる地点で、両軍の代表者が会談し、シナイ半島の兵力引き離し協定が調印された。これ以降、エジプトとイスラエルの両国は徐々に歩み寄りの姿勢を見せるようになり、七五年九月にはシナイ半島の第二次兵力引き離し協定が調印されて、イスラエル軍の前線はスエズ運河から三〇～六〇キロ東方にまで後退した。

外交努力によってシナイ半島を奪還するという最終目標が着々と実現しつつあるのを見たサダトは、キッシンジャーの仲介案を受け入れるという自らの決断が正しかったことを確信した。そして、彼はその二年後、アラブ国家の元首としては初めて「ユダヤ人国家」イスラエルを公式に訪問し、イスラエル国民の熱烈な歓迎を受けることになる。

「私たちの間にあった巨大な壁は、一九七三年に崩れ落ちました。しかし、未だ壁は残っています。お互いの猜疑心《さいぎしん》の壁、拒絶、強迫観念、これら精神的な障壁が問題の七割を作り出していると言えるでしょう。今日、私は皆さんに呼びかけたい。互いに手を携えて、信頼と誠実さでこの精神的な障壁を取り除きましょう」

一九七七年一一月一九日、イスラエルを訪問したサダトは、エルサレムの国会（クネセット）で行った歴史的な演説の中で、こう呼びかけた。長年、兵士としてアラブの軍勢と戦い、生死の境を生き延びてきた者の多いイスラエルの国会議員たちは、かつての仇敵《きゅうてき》であるサダトの言葉に、深い感慨《かんがい》の念を込めて聞き入ったという。

自由将校団の中佐としてナセルと共に対イスラエル戦を戦い続けてきたサダトにとっても、イスラエルへの歩み寄りという決断は容易なものではなかった。しかし、三〇年におよぶ中東戦争の結果としてアラブ側が得たものは、アラブ国同士の思惑の違いによる反目と相互不信だけだった。

軍事費の増大は国家財政を圧迫し、その結果アラブ国民の生活レベルは大戦以降の復興を遂げた西欧諸国に大きく引き離されていた。エジプト国内でも、首都カイロをはじめとする大都市で食料暴動が発生するなど、政府に対する不穏な空気が広まりつつあった。

もはや、エジプトにとっての対イスラエル戦争は、パレスチナの同胞を救うという「大義」だけでは、国民の支持を受けられる政策ではなくなっていたのである。

イスラエルの核兵器開発疑惑

軍人大統領サダトに和平交渉を決意させた理由は、ほかにもあった。イスラエルが保有をほのめかす核兵器の存在である。

第二次中東戦争（スエズ動乱）という対エジプト共同戦線の成立によって、英仏両国とイスラエルの関係が深まっていた一九五六年、イスラエルはフランスから戦車や戦闘機だけでなく、二四メガワット規模の原子炉を購入するという決定を下した。当時の首相ベングリオンは、この原子炉の使用目的について「砂漠を農地に変えるため、一年当たり四〇億リットルの海水を淡水化する給水所で使用する」と発表したが、事実は違っていた。

この発表後間もなく、イスラエル原子力委員会を構成するメンバー七人のうち六人が辞表を提出して、その職を去った。「原子炉導入の真の目的は、『政治的冒険主義』の先駆者となることであり、そのような行動はいずれ全世界を敵に回すことになる」というのが、彼らの辞職理由だった。イスラエルは、国際政治上で重要な戦略的武器となる核兵器を開発するために、原子炉の導入を決定したことが明るみに出たのである。

ベングリオンは、このような反対意見を押し切って、核開発施設の建設を強行させた。

施設の設置場所に選ばれたのは、ネゲブ砂漠の中にあるディモナというさびれた宿場町の近郊だった。ヘブライ語で「キリヤ・レ・メヘカル・ガリニー」と呼ばれるディモナの周辺は、これ以降厳重な警戒態勢が敷かれるようになり、敷地の周囲八キロ以内は飛行禁止区域に設定された。

原子炉の設置から三カ月後、アメリカ・ペンシルベニア州のある町に、ニューメックという小さな会社が設立された。正式名称を「核物質・設備工業所」というこの会社は、サルマン・シャピロというユダヤ系の科学者によって設立されていたが、この人物は同時に、イスラエルに対して多額の財政的援助を行うシオニストとしても知られていた。ニューメックは、主に核物質である濃縮ウランの再生を扱う事業を手掛けており、このような企業が熱心なシオニストによって経営されていたことは、核物質の入手経路を必死で探していたイスラエルにとってはきわめて好都合な出来事だった。

一九六一年二月、イスラエルの核開発疑惑を懸念していたアメリカ大統領ケネディは、ベングリオンに書簡を送り、ディモナの施設は国際原子力機関による査察を受け入れるべきだと警告した。イスラエル側は抵抗を試みたものの、ケネディの決意は揺るがなかった。ベングリオンは仕方なく、ディモナの核開発施設に隣接する敷地に擬装用の研究所を建設させ、アメリカ人の査察団をそこに迎え入れた。そして、核物質の平和利用を推進するため、アメリカ国内の核物質処理施設を見学させてほしいとアメリカ側に申し入れたイスラエル政府は、思惑通りニューメックに視察団を送り込むことに成功する。

その後しばらくして、ニューメックは「照射による食物の低温殺菌および医療用サンプルの滅菌」という、核物質を用いた新たなビジネスを開始した。そして間もなく、放射性物質のラベルが貼られた「食品・医療サンプル」のコンテナが、ニューメックからイスラエルに向けて次々と出荷されるようになる。それを知ったFBIは、箱の内容物に疑惑を抱いて中をあらためようとしたが、イスラエル大使館は「もしコンテナを開梱《かいこん》する動きが見られたなら、深刻な外交問題へと発展するだろう」との警告をアメリカ国務省に突きつけ、アメリカ当局の干渉を排除させた。

最終的に、ニューメックからディモナへの「食品・医療サンプル」の出荷は、一〇カ月間にわたって続けられた。この出荷作業が停止した後、FBIはニューメックの社内記録を調査したが、その結果約四五キロに及ぶ濃縮ウランが行方不明となっていることが判明した。しかしシャピロは結局、当局からの訴追《そつい》を免れ、イスラエルの核開発は新たな段階へと踏み出すことに成功する。

一九七〇年代に入り、イスラエルと南アフリカ共和国との関係が親密化すると、ディモナの核開発施設の研究はより大きな進展を成し遂げた。当時のアフリカ諸国では、ソ連によって訓練されたアラブ人テロリストが政権転覆や暗殺などで悪名を馳《は》せていたが、そのような革命勢力に対抗する上で利害が一致したイスラエルと南アフリカの両国政府は、軍事面でも緊密な協力関係を築くようになっていったのである。

世界有数の天然ウランの産出地ナミビアを勢力圏に含む南アフリカ共和国との協力関係

ものの樹立は、イスラエルの核兵器開発を成功に導く上で、きわめて重要な役割を果したのと見られている。そして、第四次中東戦争の直前、イスラエルが、南アフリカの領海で核実験を行って成功させたとの噂が国際社会で流れ始めると、サダトはイスラエルとの長期的な和平を真剣に考慮せざるを得ない状況に追い込まれていった。

実際、第四次中東戦争の後半期におけるアメリカからイスラエルへの大量の兵器供与は、イスラエル側がエジプト軍への核兵器の使用をほのめかして脅迫したのだという説が、まことしやかに囁《ささや》かれていた。開戦直後の敗戦で大打撃を被ったイスラエルは、アメリカに対して緊急の武器供給を要請したが、キッシンジャーは態度を濁して即答を避けた。キッシンジャーは、たとえ一時的にせよ、アラブ側が勝利したとの既成事実を作ることは、アラブ側からイスラエルへの歩み寄りを引き出す上で絶対に必要な条件だと考えていたからである。

これに対し、イスラエル側は核弾頭を搭載した地対地ミサイルを格納庫から出し、アメリカの偵察衛星にはっきりと写るような形で展開させた。この行動が、アメリカに対する無言の威嚇《いかく》となり、ニクソンはやむを得ず兵器供与に踏み切ったのだとする説は、西側メディアの報道をきっかけとして、アラブ世界でも根強く信じられるようになっていった。

サダトにとって、彼我《ひが》の力関係の違いは明白だった。それゆえ、彼は祖国エジプトの将来を守るために、宿敵イスラエルへの歩み寄りを決断したのである。

キャンプ・デービッド合意の成立

大統領サダトのイスラエル訪問は、隣国イスラエルとの三〇年近い緊張関係で疲れ切ったエジプトの民衆に、大いなる安らぎをもたらすものだった。エルサレムでの歴史的な演説を終えて帰国したサダトは、首都カイロに集まった五〇〇万人にも及ぶ市民の歓呼の声援に出迎えられた。サダトは、イスラエルからの帰国直後に執筆した回想録の中で、次のように書き記している。

「私は、自分のエルサレム訪問が、長年我々が閉じこめられていた悪循環を断ち切るものになると見込んでいた。この点においては、私の見通しが正しかったことが充分に証明されたと思う。なぜなら、エジプト国民が帰国した私をたいへん喜んで迎えてくれたように、イスラエル国民も、特に女性、子供、老人たちがすばらしく好意的な反応を示してくれた。私を護衛するイスラエルの特殊部隊や空挺部隊の兵士たちまでもが、喜びに踊っていたのである」

この当時、イスラエルの首相を務めていたのは、右派政党リクード党の党首メナヘム・ベギンだったが、彼もまた、サダトのエルサレム訪問という大胆な行動に接して、何らかの譲歩を行うことを余儀なくされていた。ベギンは、イスラエル建国の前夜には、過激派イルグンの指揮官として、キング・ダビデ・ホテル爆破やデイル・ヤーシン村の虐殺など、数々の蛮行《ばんこう》で勇名を馳せていたが、エジプトとの単独和平は結果的にアラブの結束を乱す効果をもたらすことになり、イスラエルの国益に合致するとの結論を導き出した。

こうして、エジプト大統領サダトとイスラエル首相ベギンは、翌一九七八年の九月五日から一八日にかけて、アメリカのカーター大統領の主導の下、メリーランド州サーモントにあるキャンプ・デービッド（大統領専用の山荘）に泊まり込み、両国間に存在する積年の敵意を払拭《ふっしょく》すべく和平交渉を行った。九月一七日に両者が合意した条件は、イスラエル占領下にあるシナイ半島のエジプトへの返還と、シナイ半島におけるエジプト軍の配備制限、イスラエル船舶によるチラン海峡の自由航行の保障などを盛り込んだものであった。

一九七九年三月二六日、エジプトとイスラエルはホワイトハウスで平和条約に調印し、これによって第一次中東戦争以来、断続的に続いていたエジプトとイスラエル間の戦争状態は正式に解消された。調印後、記者団の前に姿を現したテロ組織イルグンの元隊長ベギンと、自由将校団の俊英サダトは、全世界の人々が見守る中で、固い握手を交わした。

しかし、希望に満ちあふれた華やかなセレモニーの陰では、テレビのブラウン管に映し出されたサダトとベギンの握手を、憎悪の眼差しで凝視する人々の姿があった。ほかでもない、PLOをはじめとするパレスチナのアラブ人たちである。

彼らにとっては、れっきとしたアラブ国家エジプトの大統領であるサダトが、パレスチナ問題の解決を脇に置いたまま、第四次中東戦争の停戦後すぐにイスラエルとの和平交渉を開始したことは、アラブ人の同胞に対する裏切り以外の何者でもなかった。ましてや、アラブ国家の元首が平然とエルサレムを訪問して、大勢のユダヤ人に囲まれながらイスラエル国会で演説するなどというのは、難民キャンプで虐《しいた》げられ続けているパレスチナ・アラブ人に対する冒瀆《ぼうとく》としか考えられなかった。

しかも、キャンプ・デービッドの会談でサダトが調印した合意文書は、シナイ半島の返還についてはエジプト側の要望が大幅に認められている一方で、第三次中東戦争以来イスラエルに占領されたままの状態が続くヨルダン川西岸とガザ地区については、イスラエル側の要望が認められた形となっていた。それによると、ヨルダン川西岸とガザの両地域においては、暫定的《ざんてい》に五年間のパレスチナ人住民による自治が認められた後、改めてイスラエル・エジプト・ヨルダンの三国の代表者による会議を開いて、最終的な地位を決定すると定められていた。

パレスチナ人の土地に関する帰属問題を、パレスチナ人が参加しない会議で決定するというこの合意は、彼らにとっては到底受け入れられるものではなかった。もし、暫定自治の終了後、イスラエルが会議の引き延ばしを図れば、イスラエルによるヨルダン川西岸とガザ地区の占領状態は永久に続くことになってしまう。だが、実際の効果はともかくとして、外交の世界で発言権を持たないパレスチナ・アラブ人が、自らの領有権主張を国際社会に訴える手段は、ただ一つしか残されていなかった。

そして、サダトがアメリカとイスラエルへの接近を強めつつあった一九七〇年代の後半期を通じて、彼らはその限られた手段――イスラエルその支援者である欧米諸国に対する無差別テロ活動を、世界各地の様々な場所で行使し続けたのである。

1978年9月18日、ホワイトハウスでキャンプ・デービッドでの合意内容を発表するサダト大統領（左)、カーター大統領（中)、ベギン首相（右)。(写真＝共同通信)

反イスラエル・テロの再燃

レバノン内戦と「ファタハランド」

イスラエルの北に隣接するレバノンは、かつては東地中海の貿易と金融の中心地として栄えた国で、その首都ベイルートは「中東のパリ」と呼ばれるほどの一大観光地として発展を続けていた。第一次大戦終結後の「サイクス＝ピコ協定」で、フランスの支配するシリア領に含まれたこの国は、住民のほとんどがアラブ人から成る単一民族国家だったが、その宗教事情は周辺アラブ諸国の中でもとりわけ異彩を放つ、複雑な様相を呈していた。

一九七五年以前の政府発表によると、レバノンにおける宗教分布はイスラム教徒とキリスト教徒がほぼ半々とされていたが、イスラム教徒はスンニ派、シーア派、ドルーズ派などに分かれており、キリスト教徒もローマ・カトリックのマロン派、ギリシャ正教、ギリシャ・カトリック、アルメニア正教などが混在していた。

この、地域ごとに信仰宗教が異なる国を統治する上で、フランスは宗派別の人口比率に応じた代議制を制定し、大統領はマロン派から、首相はスンニ派から、国会議長はシーア派から、それぞれ選出される決まりとなっていた。この方式は、一九四四年一月一日付で行政権がフランスからレバノン政府に委譲され、四六年にフランス軍が完全撤退を果たした後もしばらくは機能し、レバノンの政情は第一次中東戦争の勃発する一九四八年まではほぼ安定した状態にあった。

イスラエルの建国宣言と同時にアラブ諸国がイスラエルに対する宣戦布告を行うと、レバノンもアラブ陣営の一員として小規模ながら兵力を派遣した。その後、第二次以降の中東戦争では直接的な参戦は行わず、国内のイスラム教徒たちによる自発的なアラブ諸国への支援を黙認するだけに留めていたが、アラブとイスラエルの対立が恒常化するにつれて、レバノン国内の世論は大きく分裂していくことになる。

レバノンのイスラム教徒たちは、同胞であるパレスチナ・アラブ人との共闘を支持して難民の受け入れを熱心に行い、彼らにテロ活動の拠点を提供する姿勢を見せていたが、一方のキリスト教徒たちは、欧米諸国との貿易・金融面での結びつきを優先して、経済的な発展を目指したいと考えていた。一九六九年一一月、レバノン政府とPLOの間で「カイロ協定」と呼ばれる合意が成立し、PLOはレバノンの内政に干渉せず、難民キャンプ以外では武器を携帯しないという条件と引き替えに、レバノン南部におけるパレスチナ・アラブ人の居住権が保障された。だが、翌七〇年にヨルダンを追われたパレスチナ・ゲリラが大挙してレバノン南部へと流入すると、キリスト教右派勢力とイスラム教徒の対立は次第に激化していった。

第四次中東戦争から半年後の一九七四年四月一一日、レバノン南部を出発したパレスチナ人の決死隊が、イスラエル北部のキリヤト・シモナという町に侵入して民家を襲撃し、八人の子供を含む一六人のユダヤ人を殺害するという事件が発生した。その一カ月後の五月一五日、同じくイスラエル北部の町マーロットでパレスチナ人テロリスト三人がユダヤ人の小学校を襲撃し、救出に向かったイスラエル軍との間で激しい銃撃戦となって、一六人の子供が死亡、六八人が負傷する大惨事を引き起こした。

大勢の罪もないユダヤ人の子供を死に追いやったこれらのテロ活動は、PLOに対する国際的な非難の嵐を巻き起こしたが、彼らを事実上「匿《かくま》っている」という状況を続けていたのでは、欧米諸国の信用を獲得し得ないと考えたレバノンのキリスト教徒たちは、以前にも増してパレスチナ・アラブ人に対する反発を強めていった。そして一九七五年四月、レバノンのキリスト教勢力とイスラム教勢力の対立は頂点に達し、遂に国を二分する内戦状態へと突入していったのである。

内戦の行方は当初、イスラム教勢力へと傾き、レバノンは事実上PLOの支配下に入るかと思われた。しかし、翌七六年六月に隣国シリアがキリスト教勢力側に立って介入すると、戦況は膠着《こうちゃく》した。シリアの大統領アサドは、もしレバノンに親PLO政権が樹立された暁には、レバノンとイスラエルの全面戦争が再び勃発し、その戦争には必然的にシリアも巻き込まれるとの危惧から、レバノン内戦への介入を決断したといわれている。

一九七六年一〇月、サウジアラビアとクウェートの仲介によってレバノン内戦の停戦協定が話し合われ、双方のカイロ協定の順守と、シリア軍を主体とするアラブ平和維持軍のレバノン南部への進駐などの条件で、停戦の合意が成立した。南部地域へのアラブ平和維持軍の進駐は、アラファト率いるPLOが再びイスラエルに対して挑発的な行動に出ないよう、監視することがその最大の目的だった。ところが、イスラエル軍との前線で矢面《やおもて》に立たされることを警戒したアサドが、シリア軍の南部地域への兵力派遣を拒絶したことから、レバノン南部の情勢は再び大きなうねりの中へと巻き込まれてゆくことになる。

イスラム教シーア派住民の多いレバノン南部地域で勢力を盛り返したPLOは、ここに大規模な対イスラエル・テロの出撃基地を次々と開設し、レバノン政府の手の届かない治《ち》外法権《がいほうけん》地域を作り上げてしまったのである。アラファトの組織名にちなんで「ファタハランド」の名で知られるようになるこの地域を拠点とするパレスチナ・アラブ人のテロリストたちは、間もなく「カチューシャ砲」と呼ばれる多連装ロケット砲を国境の北側に配備し、イスラエル北部に対する国境越えのロケット弾攻撃を開始した。

かつては「地中海の真珠」とまで謳《うた》われた東地中海の一大観光地・レバノンは、第一次中東戦争を発端とする動乱の時代を経て、遂にはその国土の南部を、祖国奪回を目指すパレスチナ・ゲリラたちによって乗っ取られてしまったのである。

日本赤軍の登場とソ連の再登場

パレスチナ・ゲリラにとっての新たな「聖域」がレバノン領内に誕生するのとほぼ時を同じくして、彼らの「反イスラエル闘争」を自らの「反アメリカ闘争」と連携させようとする世界各地の反米テロリストたちの姿が、レバノン領内で目撃されるようになっていった。

彼らの多くはマルクス主義を信奉する革命思想の持ち主であり、イスラム教徒でもなければパレスチナの領土奪回要求に対する関心も薄かったが、共通の敵であるイスラエルとアメリカに打撃を与えるという点においては利害が一致したことから、兵器の供給や情報の交換、訓練地の提供などが行われた。このような形でレバノンに本拠を置いたテロリスト勢力の中には、日本人によって設立された極左組織「日本赤軍」の姿もあった。

日本赤軍が設立されたのは一九七一年のことで、日本国内で非合法とされた前身組織の「共産主義者同盟赤軍派（共産同赤軍派）」から分離した奥平（重信）房子や奥平剛士によって組織され、七〇年代初頭にはパレスチナ・ゲリラとの共同作戦を展開して、様々なテロ活動を行っていた。その中でも、とりわけ世界に衝撃を与えたのが、テルアビブのロッド空港（現ベングリオン空港）で発生した、日本人テロリスト三人による自動小銃の無差別乱射事件だった。

「ブラック・セプテンバー」によるミュンヘン・オリンピック選手村襲撃事件から約三カ月前に当たる、一九七二年五月三〇日の午後一〇時二五分頃、パリ発ローマ経由でテルアビブに到着したエールフランス機から、日本国籍のパスポートを持つ三人の乗客が降り立った。彼らは、入国手続きを済ませた後、手荷物受取所に出てきたスーツケースを受け取ると、その場で蓋《ふた》を開いて中から自動小銃を取り出し、組み立てが終わるや否や、すぐに周囲の人間に対して無差別に発砲し始めた。

たちまち阿鼻叫喚《あびきようかん》の惨状となった空港施設内で、三人のうち奥平剛士、安田安之の二人は仲間の誤射と手榴弾《しゆりゆうだん》の暴発によって死亡し、生き残った三人目の男・岡本公三は空港職員によって逮捕された。三人が放った自動小銃の銃弾と手榴弾によって、二四人の死者と、一二人の重傷者を含む五七人の負傷者が発生したが、犠牲者の大半はユダヤ人ではなく、主イエス昇天の地エルサレムを一目見ようと遠路プエルトリコから訪れたキリスト教徒の聖地巡礼者だった。

逮捕された岡本は、イスラエル当局の尋問《じんもん》に対し「映画『栄光への脱出』を観て感動したことがあり、イスラエルの民族主義には好意を抱いている」と供述した。『栄光への脱出』（原題『エクソダス』）とは、イスラエルの建国ドラマを描いた親イスラエル的な歴史映画で、このような供述内容と、彼がロッド空港でとった無慈悲な行動を論理的に結びつけることはきわめて困難だった。

しかし、日本赤軍の首脳部にとっては、イスラエルの空港で何の前触れもなく死傷者が出たというだけで、その目的は達成されたも同然だった。彼らの狙いは、日本赤軍の名を世界に知らしめるのと同時に、テロに巻き込まれることを恐れる外国人にイスラエルへの訪問をためらわせ、それによってイスラエルという国家に有形無形の打撃を与えて、仲間であるパレスチナ・ゲリラを間接的に助けることにあったからである。

このような形で、ＰＬＯやその分派組織と協力して反イスラエルのテロ活動に加担した極左勢力は、ほかにもあった。イタリアの「赤い旅団」や西ドイツの「バーデル・マインホフ」などがそれである。そして、彼らが掲げる「反アメリカ」の強硬な対決姿勢は、さらなる大国をもその仲間へと引き込む結果をもたらした。共産主義勢力の総本山とも言うべきソ連である。

第四次中東戦争の敗北と、その和平交渉におけるアメリカのイニシアチブによって、中東におけるソ連の影響力は著しく低下していたが、彼らはエジプトとシリアに代わるテコ入れ先として、PLOとその分派組織、およびレバノンに拠点を持つ極左勢力に注目し、彼らに直接・間接的に武器の供給を開始していた。レバノン駐在ソ連大使アレクサンドル・ソルダートフは、今やレバノンの「陰の支配者」となったアラファトとも懇意《こんい》の仲であり、PLOとソ連との関係は、エジプトとイスラエルの急接近と反比例するように強まっていった。

そして、レバノンを拠点とするテロリストたちに武器援助を申し出た国は、ソ連だけではなかった。アメリカ帝国主義を最大の敵と見なす共産主義国の中国や北朝鮮などにとっても、レバノンのテロリストたちは貴重な「敵の敵（＝味方）」だった。こうして、カチューシャ砲やAK47型自動小銃など、様々な共産国製兵器がレバノンの反イスラエル・反アメリカ武装組織の兵器庫へと流れ込み、ゲリラ部隊の軍事力を強化していったのである。

ウガンダ・エンテベ空港強襲事件

北の隣国レバノンが次第にPLOの属州のような様相を呈し、そこに大量の共産国製兵器が流れ込むようになると、イスラエルは国防の重点を、従来のエジプト方面からレバノンとの国境方面へとシフトしていった。サダトのエルサレム訪問とキャンプ・デービッドでの平和条約の調印によって、少なくともサダトが大統領である限り、エジプトがイスラエルの安全保障上の脅威となる可能性はきわめて小さいものと考えられた。それゆえ、イスラエルはレバノン内戦勃発と共に北部国境の警戒を強め、パレスチナ勢力のイスラエル国内への浸透を防ぐべく監視の眼を光らせた。

だが、新たな危機は思わぬ方向から現れた。PFLPと「バーデル・マインホフ」の混成部隊によるハイジャック事件がまたしても発生し、世界中を震撼《しんかん》させたのである。

一九七六年六月二七日、テルアビブ発パリ行きのエールフランス機が、経由地のアテネを出発した直後に、四人のテロリストによって乗っ取られた。うち二人はハバッシュ率いるPFLPに所属するアラブ人で、残る二人は「バーデル・マインホフ」のメンバーだった。機内には乗客二五六人と乗員一二人が搭乗しており、ハイジャックされたエールフランス機は航路を変更してリビアのベンガジに向かい、そこで燃料の給油を行った後、アフリカ中部のウガンダへと進路をとった。ウガンダのエンテベ空港では、ウガンダ軍の協力をとりつけたパレスチナ・ゲリラが待機しており、人質は到着と同時に空港の旧ターミナルビルに監禁された。

六月二九日、ウガンダ放送はハイジャック犯の要求声明を読み上げた。各国で現在服役中のテロリスト計五三人（イスラエル四〇人、西ドイツ六人、ケニア五人、スイス一人、フランス一人）を即時釈放すること。犯人グループは、イスラエル人以外の人質を選別して釈放し、その週のうちにフランスへと送り返した。エンテベ空港に残されたのは、イスラエル国籍を持つユダヤ人乗客のみとなり、ハイジャック事件はパレスチナ・ゲリラとイスラエル政府の政治的な一騎打ちの戦いとなった。

イスラエル軍参謀総長モルデハイ・グル中将は、ただちに実力行使による人質救出作戦の立案を空挺部隊総監のダン・ショムロン少将に命令した。だが、政府上層部では、救出作戦の是非を巡って激しい論争が戦わされていた。国防相シモン・ペレスは「いかなる場合においてもテロリストの要求には断固として屈しない姿勢を内外に示すべき」と主張したが、首相のイツハク・ラビンは救出作戦の勝算に疑問を呈した。イスラエルからエンテベまでは直線距離で三五〇〇キロも離れている上、現地の情報も乏しく、不確定要素が大きすぎるように思われたからである。

ショムロン少将は、難易度のきわめて高いこの奇襲作戦を成功させるため、エンテベ空港の施設に関するありとあらゆる情報を収集・分析するのと同時に、実行部隊将兵の選抜を行った。七月二日、緻密な作戦計画に基づいて、原寸大の旧ターミナルビルの模型を使った予行演習が行われたが、政府首脳部ではいまだ結論が出ておらず、ラビン首相は依然として成功の見通しには懐疑的だった。しかし、彼らに残された時間的余裕は刻一刻と失われていた。七月三日の午後四時、ようやく閣議の全会一致で作戦の実行が決定され、兵員と装備を乗せた四機のＣ１３０輸送機が、中央アフリカのウガンダに向けて七時間の長旅に出発した。

午後一一時頃、ハイジャック事件とは無関係のイギリスの貨物機がエンテベ空港に到着したが、この貨物機の背後には、イスラエルから飛行してきた輸送機の一番機がぴったりと追随してきており、貨物機の陰に隠れて空港上空に入った一番機は管制塔に発見されることなく、夜闇にまぎれて滑走路へと着陸することに成功する。一番機の中には、ウガンダ大統領アミンの愛車と同じ型のメルセデス・ベンツが積まれており、ウガンダ兵は大統領が到着したものと勘違いして無防備に黒塗りのベンツへと近寄ってきた。

車内のイスラエル軍将校は、サイレンサー（消音器）付きのピストルでこの衛兵を射殺した後、すぐさま車を降りて兵士たちと共に旧ターミナルビルへと走り込み、人質が監禁されているホールへと突入した。ホールに配置されていたテロリストは、完全に虚を衝《つ》かれて次々と射殺され、突入から一五秒ほどの間に、ユダヤ人の人質一〇五人のすべてがイスラエル軍の保護下へと入った。

その後、事態を察したウガンダ軍との間で銃撃戦が起こったが、イスラエル軍は一時間以内に空港全域を制圧し、午後一一時五八分には、人質を乗せた一番機が滑走路を離陸した。エンテベを出発した輸送機は、燃料給油のためケニアのナイロビを経由した後、故国イスラエルへと無事帰還した。

この作戦におけるイスラエル側の死者は、銃撃戦で死亡した突入部隊の指揮官一人（ヨナタン・ネタニヤフ中佐――後に首相となるベンヤミン・ネタニヤフの実兄）と人質三人の計四人だったが、遠く離れた異国の空港で深夜に実施された人質救出作戦というリスクの大きさを考えると、イスラエル政府にとってはほぼ完璧とも言える成果だった。

テロリズムに屈しないというイスラエルの強硬姿勢は、必然的に「実力行使による人質救出」という危険な賭けを行うことを彼ら自身に課すこととなった。そして、人道的理由による民間人の救出作戦とはいえ、武装した特殊部隊を外国の主権下にある空港へと無断で侵入させるという奇襲攻撃は、明らかに国際法を無視した暴挙だった。実際、イスラエル政府内部でも作戦実行の合意に至るまでには侃々諤々《かんかんがくがく》の議論があり、ラビン首相は国会の同意を得てテロリストの要求を受け入れる準備すら模索していたという。

しかしその一方で、このエンテベ強襲作戦の経緯は、イスラエルという国家の特異な成り立ちを、何よりも雄弁に物語る出来事でもあった。成功しても失敗しても、ほぼ間違いなく国際的非難を浴びることになる「エンテベ出兵」の決断は、世界各地で辛酸《しんさん》を嘗《な》め続けるユダヤ人を救済する目的で建国された人工国家「イスラエル国」の存在意義を改めて問いかけるものだった。

そして、この決断をイスラエル政府が下し、特殊部隊の突入を強行させたことは、ユダヤ国民の生命を守るためならば外国との衝突も辞さないというイスラエルの国家意志を、強烈な形で国の内外へと印象づけ、また政府と軍に対するイスラエル国民の信頼を、より強固なものとする結果をもたらしたのである。

第八章
イスラエル軍のレバノン侵攻
――PLOとパレスチナ・アラブ人の抵抗――

イスラム原理主義の台頭

イランのイスラム革命

一九七九年当時、中東で孤立状態にあるイスラエルの主な石油輸入先は、ペルシャ湾岸の石油大国イランだった。近隣する産油国のほとんどが、イスラエルに敵対的なOAPEC加盟国という状況の中で、イスラエルが国家経済の基礎となるエネルギー供給を依存することのできた国はきわめて限られており、供給地の政治的安定度や輸送ルートなどの条件を考えると、親米派のシャー・パーレビ王朝が君臨するイランが最も有望であると思われたのである。一方のイスラエルもまた、石油輸入の見返りに様々な分野の技術者をイランに派遣しており、宗教も文化も異なる両国の関係は、経済面での相互協力を基調とする親密なものとなっていった。

ところが、このような状況を覆す大事件が、一九七九年一月に発生した。イラン国内のみならず、周辺イスラム諸国の政治情勢にも大きな衝撃を与えることになる「イスラム革命」の勃発である。

イラン国内でシャー・パーレビ王朝に対する反政府運動が本格的に高まり始めたのは、

一九七〇年代に入ってからのことだった。パーレビは、SAVAK（国家公安局）と呼ばれる秘密警察の監視網を国内に張り巡らし、反王室の活動家を弾圧したが、そのような動きは逆に王室に対する国民の反感を増大させる結果となった。そして、反王室の国民的な不満の高まりは、次第にパーレビ王朝の支援者であるアメリカへと向けられるようになり、七〇年代の後半になると反パーレビと反アメリカを標榜《ひょうぼう》する反政府運動がイラン全土で見られるようになった。

このような反政府運動の活動家たちが精神的指導者と仰いでいたのは、一九六三年六月に反王制活動のため国外追放処分を受けてパリに亡命中だったイスラム教シーア派の指導者ルホッラー・ムサウィ・ホメイニ師だった。ホメイニは、アメリカ資本主義にどっぷり漬かったパーレビ体制下のイラン社会がイスラムの教えから大きく逸脱していることを批判し、イスラム教（シーア派）の教義に則した新たな国家づくりを提唱していた。

一九七八年一月七日、イスラム教シーア派の聖地コムで、神学生による大規模な反政府デモが発生した。学生デモと政府側の鎮圧部隊との間で衝突が起こり、約六〇人が死亡する惨事となったが、これをきっかけにしてイラン国内の反シャーの動きは野火のような広がりを見せ、各地で反シャーの集会が次々と開催されたほか、海外資本の石油施設で働く労働者たちも、パーレビ体制に打撃を与えるべくストライキを敢行した。

パーレビは当初、このような反政府活動に対し、アメリカの支援を受けた実力行使で叩きつぶそうと目論《もくろ》んだが、労働者のストによってイラン国内の石油産出量が一〇分の一にまで低下すると、アメリカ大統領カーターはパーレビ体制の延命工作を断念し、国王パーレビに国外退去を勧告した。そして一九七九年一月一六日、遂にシャー・パーレビはイランを脱出してエジプトへと向かい、五四年間続いたパーレビ王朝は廃止されたのである。二月一日にパリから帰還し、パーレビに代わって国家元首の座に就いたホメイニは、それまで続いていたイスラエルとの関係を一時的に断ち切る決断を下した。イスラエルとアメリカとの友好関係を考えると、反米運動の後押しを受けて誕生したホメイニ政権がイスラエルとの友好関係を継続するわけにはいかなかったのである。ホメイニは、イスラエルの外交使節団に即時退去を命じ、大使館の建物は間もなくPLOの代表部に与えられた。

ホメイニの主導によるイスラム教シーア派の革命は、一般に「イスラム原理主義革命」とも呼ばれており、資本主義や物質主義、快楽主義などの欧米的な価値観の浸透によって失われつつあるイスラム法（シャリーア）の復興を目指そうという政治運動だった。二月一一日、シーア派の「アヤトラ・オズマ（最高位の高僧を表す称号）」ホメイニは、イスラム教の預言者ムハンマドの治世を現代に復活させるべく、イスラムの教えを国政の中心に据えた政権の樹立を内外に宣言した。

イラン・イラク戦争の勃発

イランで勃発したシーア派の原理主義革命は、同じシーア派教徒を国内に抱える周辺アラブ諸国に大きな衝撃を与えた。ホメイニの革命に触発された自国のシーア派勢力が、同じような反政府活動を開始するのではないかと恐れたのである。イランの隣国イラクの大統領サダム・フセインもまた、そのような危惧を抱いていた国家指導者の一人だった。

イランとイラクは、両者がペルシャおよびメソポタミアと呼ばれていた時代から文化的な違いに起因する対立が続いており、両国の国境線についても双方の主張が対立する懸案事項のひとつだった。イラク側は、イラン南西部の大産油地であるフゼスタン州を「アラベスタン」と呼び、領有権を主張していたが、パーレビ時代のイランはイラクとの関係も比較的良好で、フゼスタン州の国境問題についても、イラン側の主張をおおむねイラク側が受け入れるという一九七五年三月の「アルジェ合意」で一応の決着をみていた。

しかし、イランでの原理主義革命勃発は、フセインにとっては対イラン戦略を根本的に見直すきっかけとなった。イラクの指導部は少数派であるスンニ派勢力によって支配されていたものの、フゼスタン州に隣接する南部地域は多数派であるシーア派住民が占めており、もし彼らがイランと結託してバグダッドの政権に反旗を翻したなら、フセイン政権は窮地に追い込まれることとなる。フセインは、シーア派の居住地域に隣接する「アラベスタン」さえ自国に併合できれば、そのような状況を打開できる上、イラクの石油産出量も激増して国力の強化につながるとの結論に達し、イランに対する戦争準備を開始した。

一九八〇年九月二二日、イラク空軍の攻撃機がイラン領内の空軍基地を爆撃し、七年一一カ月に及ぶ「イラン・イラク戦争」が勃発した。イラク軍地上部隊の侵攻作戦は、イラン軍の上層部が革命直後の粛清《しゅくせい》の後遺症で弱体化していたこともあり、最初のうちは順調に進展したが、補給態勢の不備と、イラン軍の混乱状態からの回復によって進撃速度が大幅に低下し、戦場の動きは緩慢《かんまん》なものとなった。双方とも決定的な優位を確保することなく続けられたこの戦争は、次第に泥沼のような消耗《しょうもう》戦へと突入していくことになる。

　このイラン・イラク戦争の勃発によって、最も大きな利益を享受したのは、ほかでもない中東のユダヤ人国家・イスラエルだった。イスラエルにとってのイラクとは、数次にわたる対イスラエル戦争に戦車や航空機を派遣した「敵」であり、その敵の軍隊を、イスラエルとは反対側の国境線に吸引して消耗させてくれるイランの存在は、たとえ正式な国交関係はないとはいえ、非常に頼り甲斐のある「敵の敵（＝味方）」だったのである。

　一方のイランにとっても、突然に勃発したイラクとの戦争は予想外の出来事であり、戦時体制を構築するには大量の兵器供給源の確保が急務だった。しかし、イラン軍の主要装備である戦車や航空機の多くはアメリカ製であったにもかかわらず、イランとアメリカは革命直後の一九七九年一一月四日に発生したアメリカ大使館人質事件（イスラム法学校の学生が、アメリカに亡命したパーレビ元国王の身柄引き渡しを要求して、大使館員など五二人を軟禁した事件）をきっかけに完全な国交断絶状態にあったため、アメリカに代わる各種兵器および弾薬の供給源を早急に見つけなければならなかった。こうして、利害の一致したホメイニ政権とイスラエルの間で、ぎこちない非公式の関係がスタートした。

　過去の関係はどうあれ、当面の「味方」を助けるためならば、イスラエルは援助の手を差し伸べることを惜しまなかった。一九八一年六月七日午後四時、二〇〇〇ポンド爆弾を搭載したF16戦闘機八機と護衛のF15戦闘機六機がイスラエル領内のエチオン空軍基地を離陸し、進路を南にとった。密集隊形で飛行を続ける編隊は、サウジアラビア領空に侵入してから東に変針し、午後五時一〇分頃にイラク領内へと入った。超低空飛行でレーダー網をかいくぐったF16は、バグダッド近郊に建設中のタムーズ原子力研究センター付近まで到達したところで一気に高度を上げると、一六個の爆弾を原子炉のある建物めがけて投下し、同施設の原子炉を爆発の衝撃で完全に破壊してしまった。

イスラエル空軍の奇襲爆撃「バビロン作戦」で一瞬のうちに廃墟《はいきょ》と化したこの原子力研究センターには、フランス政府の許可を得て同国から導入した原子炉が設置されていたが、この原子炉で使用する核燃料（高濃縮ウランU２３５）は容易に核兵器への転用が可能だったことから、イランとイスラエルの双方が完成を阻止しようと情報収集に力を注いでいた。六月一一日、イラクのハマディ外相が国連の安保理事会で演説し、イスラエルの暴挙を激しく非難したが、イラクの核兵器開発能力を粉砕するという国家目標を優先するイスラエルにとっては、国際的非難も承知の上の行動だった。

そして、一カ月後の七月二四日には、イラン国防次官デハガン大佐と、イスラエル軍のニムロディ大佐の間で大規模な兵器売買の契約が秘密裡に締結された。これにより、イランは自国のアメリカ製戦車に使用可能な大量の砲弾と交換部品を入手することに成功し、長期戦を戦い抜くための態勢を整えることができたのである。

サダト大統領の暗殺

イスラム原理主義の炎は、一九七九年にキャンプ・デービッドでイスラエルとの平和条約を締結したばかりのエジプトにも燃え広がっていた。エジプト国内には、ハッサン・アルバンナという人物によって一九二八年に設立された「ムスリム同胞団」と呼ばれる原理主義（右派）勢力が存在し、第一次中東戦争ではエジプト側の戦線に義勇兵を派遣するなどの活動を行っていたが、一九四九年に当時の首相ノクラシを暗殺したために後継者のハジ政権によって非合法化されており、一九五四年にナセルの暗殺に失敗（第四章参照）した後はさらに徹底的に弾圧され、事実上の壊滅状態へと追いやられていた。

ところが、ナセルの後継者であるサダトが周囲の反対を押し切ってエルサレム訪問やイスラエルとの平和条約締結などを断行したことで、サダトの融和政策に反対する人々が再び原理主義の旗の下へと結集し始める。こうした動きをより加速させたのは、キャンプ・デービッド合意の前後におけるサダトの国内政策における数々の失敗だった。

第四次中東戦争の翌年に当たる一九七四年六月、サダトはエジプトの個人が外国企業の代理人として経済活動を行うことを認める法案を提出し、議会の承認を得た。この法律をきっかけに、エジプトでは「インフィターハ（開放）」政策と呼ばれる外資導入奨励政策が大規模に実施され、政府の公式統計によれば五一二の新規企業と二万八〇〇〇人の雇用を創出した。

しかし、この政策は同時に、ナセルによる革命以前のファルーク王時代を彷彿《ほうふつ》とさせる富の集中をもたらした。一九八一年の議会報告は、エジプト国内に誕生した百万長者が一万七〇〇〇人にのぼる一方で、五〇〇万の家庭が月額三〇ドル以下の生活を強いられているとの統計を明らかにしている。

指導者としてのサダトに対して批判が向けられるようになった理由は、他にもあった。大統領の居住施設や移動手段への出費の増大、親族によるサダトとの関係を利用した経済活動など、サダト一族の特権階級的な振る舞いが徐々に目立ち始めたのである。インフレによる物価の上昇で国民の不満は鬱積《うっせき》し、七七年一月には七九人の死者と七〇〇人以上の犠牲者を出す暴動が発生していたにもかかわらず、サダトの服装や愛車は次第に派手なものとなっていった。

そして、サダトのイスラエル訪問と平和条約の締結は、欧米諸国からは高い評価を受けた一方で、エジプトと周辺アラブ諸国の関係を決定的なまでに悪化させていた。キャンプ・デービッド合意の締結と同時に穏健派のサウジアラビアを含む周辺アラブ諸国はエジプトとの断交を決定し、一九四五年にカイロで結成されたはずのアラブ連盟（第三章参照）や、対イスラエルの石油戦略を発動したOAPEC（第七章参照）は、エジプトの代表資格の停止処分を宣言した。

国内でも国外でも友人を失ったサダトは、孤独の中で次第に疎外感を募らせていき、自らに対する批判者への敵意を燃やし始める。一九八一年九月三日、サダトに批判的と見なされた政治家やイスラム原理主義の指導者など三〇〇〇人におよぶ要人が一斉に逮捕され、ただちに投獄された。しかし、この決断は、結果的に彼の運命を大きく変えてしまうことになる。

一九八一年一〇月六日、第四次中東戦争の「戦勝」八周年を祝う記念式典が、首都カイロ市郊外のナセルシティで催された。パレードで閲兵《えっぺい》に望んだサダトは、ロンドンの洋服店で新しく仕立てさせた軍服の形が崩れるとの理由で、防弾チョッキは着用していなかった。パレードの模様は、ラジオとテレビの放送を通じて、エジプト全土に中継された。そして、エジプト空軍機の編隊によるアクロバット飛行が始まり、観閲台に集まった要人や招待客らは顔を空に向けて、その見事な曲芸飛行に見とれていた。

突然、一台のトラックがパレードの車列を離れて観閲台の方へと近づいた。トラックから飛び降りたハレド・アル・イスランブーリ中尉が手榴弾《しゅりゅうだん》を投げる。それを合図に、トラックの荷台で立ち上がった民間防衛学校の下士官養成員アッバース・ムハンマドがサダトに向けて一発目の銃弾を発射した。首に銃弾を受けたサダトは後ろに倒れ込み、観閲台はパニックとなったが、トラックを降りた四人の暗殺者は観閲台に近寄り、サダトの身体めがけてさらに銃弾を撃ち込み続けた。事件発生から二〇秒以上が経過した頃、ようやく護衛兵による反撃が開始され、犯人たちは間もなく逮捕された。

サダト暗殺の実行犯であるイスランブーリ中尉とムハンマド、アタ・タエル・リヘイル、アブデル・サラムの四人は、いずれも「ムスリム同胞団」の傍流である小規模な原理主義団体「アル・ジャマアート・アル・イスラミヤ」のメンバーだったが、その背後には原理主義運動の大物ウマル・アブド・アル・ラーマン師の指令があったとも言われており、裁判に出廷した彼らは口々に、自らがとった行動の正当性を主張した。

「私は彼を殺しましたが、有罪ではありません。全ては、我が宗教と祖国のための行為なのです」

観閲台で即死したサダト大統領の後任には、隣の席に座っていたムバラク副大統領が任命され、一一年にわたるサダトの統治時代は終わりを告げた。彼が大統領としての最大の功績と自任していた、十月戦争での輝かしい勝利を記念する一〇月六日という日に人生の最期《さいご》を迎えた彼の脳裏には、最後の瞬間にどのような思いが去来していたのか。

今となっては、誰にも知る術《すべ》はない。

レバノン侵攻作戦の顚末

レバノン内戦の再燃

一九八〇年代の初頭、中東周辺ではイラン・イラク戦争の長期化と、エジプトにおける大統領サダトの暗殺という重大事件がたて続けに発生したが、これらの事件は全て、中東情勢をイスラエル側に有利な方向へと傾ける効果をもたらした。

なぜなら、対イラン戦争の泥沼化によって、兵力の大半を東部国境と首都周辺に配置せざるを得なくなったイラクは、対イスラエル闘争からは一時的に手を引くことを余儀なくされ、またエジプトで発生した現職大統領の暗殺事件は、必然的にエジプト国内を大きな政治的混沌《こんとん》の渦へと引き込んでいったからである。

エジプトの新大統領に就任したムハンマド・フスニ・ムバラクは、外交政策におけるサダト路線の継承を宣言したが、穏健派の彼が対イスラエル政策においてサダト以上の強硬策に出る可能性は皆無に近いと考えられた。イスラエル側から見ると、周辺アラブ国の中で最大の兵力を擁するエジプトの軍事的脅威が軽減されれば、エジプトとの国境に配置されている部隊の一部が他方面の軍事作戦に転用可能となる。サダト時代の対イスラエル平和攻勢の時期に始まったこのような傾向は、皮肉にもサダトの暗殺事件によってより決定的なものとなった。

一方、イスラエルから見てエジプトの反対側に位置する隣国レバノンの国内情勢は、一九七六年の停戦以降はおおむね安定していたが、一九八一年春頃から再びキリスト教徒とイスラム教徒の紛争が再燃し始めていた。きっかけとなったのは、レバノンの首都ベイルートとシリアの首都ダマスカスを結ぶ街道の護衛に配置されていたシリア軍部隊が、レバノン北部に存在するマロン派キリスト教徒の政党「ファランジスト党」の支配地域に対する攻撃を開始したことだった。四月下旬には攻撃ヘリを投入するなど、シリア軍の攻撃は次第に本格化していき、親イスラエル派であるファランジスト党の党首バシール・ジェマイエルはイスラエル軍に救援を求めた。

四月二八日、イスラエル首相ベギンはファランジスト党に対する救援行動の実施を決定し、同日レバノン上空に飛来したイスラエル空軍機は、補給品を輸送中だったシリア軍のソ連製軍用輸送ヘリ二機を撃墜した。これに対し、シリアのアサド大統領はすぐさまレバノン領内に展開するシリア軍の増強を命令、ソ連製の地対空ミサイル部隊を投入して、イスラエル空軍の行動を阻止しようと試みる。

シリア軍とイスラエル軍の緊張が高まると、それをチャンスと見たＰＬＯは、レバノン南部の「ファタハランド」からイスラエル北部地域に対する越境攻撃を開始した。北朝鮮製のカチューシャ砲とソ連製の一三〇ミリ榴弾砲が、イスラエル領内の北ガリラヤ地方の村々に向けて連日のように撃ち込まれ、住民はこれらの火砲の射程が及ばない地域への避難を余儀なくされた。このような攻撃に対し、イスラエル側はレバノン領内のPLO施設に対する空爆で応戦し、ベイルートのPLO本部や弾薬集積所にも爆弾が投下された。

レバノンでの戦火が拡大の一途をたどっているのを見たアメリカは、フィリップ・ハビブ特使を派遣して、紛争の沈静化を試みた。一九八一年七月二四日、ハビブ特使とサウジアラビアの仲介でイスラエルとPLOの間にいったんは停戦合意が成立したものの、合意内容の解釈を巡る意見の対立が発生し、間もなくレバノン南部の停戦はなし崩し的に消滅してしまった。

レバノン侵攻作戦の開始

ガリラヤ地方に対するPLOの越境攻撃が再開されると、イスラエル国防相シャロンは予備役兵を動員するのと同時に、レバノン南部地域への侵攻計画を参謀本部に立案させた。「ファタハランド」に点在するPLOの拠点を、イスラエル軍の戦車部隊で一挙に叩きつぶして、イスラエルに対する攻撃能力を殲滅《せんめつ》しようというのがその狙いだった。

だが、ベギン首相は最初、そのような計画に対して認可を与えようとはしなかった。イスラエルが明白な形で他国に対する軍事侵攻を開始した場合、アメリカをはじめとする欧米諸国との関係が悪化することは避けられないと思われたからである。PLOの越境攻撃を受けているガリラヤ地方以外の住民が、イスラエル正規軍によるレバノンへの侵攻を支持するかどうかも不明だった。そして、イツハク・ラビン、ハイム・バーレブ、モルデハイ・グルという三人の元参謀総長が、シャロンに対して、レバノンへの軍事侵攻は対PLO闘争の解決には成り得ず、決して行うべきでないとの見解を明らかにしていた。

そんな時、イスラエル国内の世論を一変させる事件が、イギリスのロンドンで発生する。一九八二年六月三日、ディナーパーティに出席していた駐英大使シュロモ・アルゴブが、何者かに頭を撃たれて重傷を負ったのである。犯人グループは間もなく逮捕され、かつてPLOに所属していたイラク系テロ集団のメンバーと判明した。

PLOはすぐにこの事件との関わりを否定する声明を発表したが、イスラエルは臨時閣議を開いて、PLOへの全面的な報復行動を可決した。六月四日、イスラエル空軍機による大規模な爆撃がレバノン南部のPLO施設に対して実施されると、損害を免れた一部のPLO部隊はカチューシャ砲と榴弾砲によるガリラヤ地方への猛砲撃を実施した。

もはや、交渉による問題解決の機会は失われた。一九八二年六月六日の午前一一時、八カ月間にわたって侵攻計画を温め続けてきた国防相シャロンの命令で、イスラエル軍部隊が国境を越えて、レバノン領内への侵攻作戦を開始した。「ガリラヤのための平和作戦」と名付けられたこの軍事侵攻の目標は、作戦開始から七二時間以内に、イスラエル国境から四〇キロ以内の地域に存在するPLOの拠点を粉砕することにあった。

精鋭の特殊部隊ゴラニ旅団とヤイル大佐の空挺《くうてい》部隊、そしてエイナン少将率いる機甲師団を中心とするイスラエル軍の侵攻兵力は、三つの攻撃軸を形成しながら順調に北上し、進撃途中に遭遇したPLOの拠点を次々と粉砕していった。作戦開始から八日目の六月一三日、先頭の機甲部隊はベイルート郊外に到着し、PLO本部への攻撃準備にとりかかった。イスラエルが独自に開発した新型のメルカバ戦車に搭乗する戦車兵たちは、ベイルートの店で購入した果物や菓子、紅茶の葉、ビデオテープなどを戦車の装甲板の下に隠し、もうすぐ完了するであろうレバノン作戦の終結と祖国への帰還に想いを巡らせていた。

しかし、ベイルートへの本格的な攻撃作戦が開始されると、イスラエル軍将兵の心にあった楽観はすぐに消し去られた。イスラエル軍の同盟軍として合流したファランジスト党民兵たちが、戦場で残虐な振る舞いを見せ始めたからである。彼らは、PLOとは無関係な一般のイスラム教徒を問答無用で撃ち殺した後、身体を切り刻むなどの暴挙を各地で繰り広げて、イスラエル軍の前線指揮官を驚かせた。ある町では、捕虜となったイスラム教徒の民兵をファランジストが撲殺《ぼくさつ》しないよう、イスラエル兵の歩哨《ほしよう》を立てておかねばならなかった。

ファランジストは、長年にわたって鬱積してきたイスラム教徒への敵意を爆発させるようにして、戦場での暴力行為にエネルギーを注いでいった。だが、前線指揮官から実状を知らされたイスラエル軍の上層部は、ファランジストの行動には干渉しないよう命令した。当時のイスラエル軍司令部では、「バシール（・ジェマイエル）の機嫌を損ねるようなことはするな」との言葉が頻繁に使われていたといわれている。

他国の領土への軍事侵攻という負い目を担うイスラエル軍にとって、イスラエル軍の介入を要請したファランジストの存在はレバノン侵攻の数少ない大義名分の一つであり、彼らを拒絶することは、レバノン領内でのイスラエル軍の立場を揺るがすことをも意味していた。だが、このような場当たり的な対応は、やがてイスラエル政府の威信に大きな傷を刻み込むことになるのである。

ＰＬＯのベイルートからの脱出

イスラエル軍とファランジスト民兵の連合部隊がベイルート市内への突入を開始すると、レバノン国内のイスラム教勢力は徐々にＰＬＯとの間に距離を置くようになっていった。先のレバノン内戦では、豊富な武器と潤沢な資金を持つＰＬＯの支援を受けたことでマロン派キリスト教徒に対する優位を確保した彼らだったが、当然のことながら、強力な空軍と戦車を持つイスラエル正規軍に対抗できるほどの戦力は有していなかった。

そして、このような事態を招く原因となっているのがＰＬＯである以上、現地のイスラム教勢力は、一刻も早くＰＬＯの指導部にベイルートから出て行って欲しいと願うようになっていったのである。

七月三日、元レバノン首相サエブ・サラムの邸宅にスンニ派の指導者八人が集まり、いかにしてアラファトを説得するかについて話し合った。そして、同日午後、アラファトとその政治顧問がこの邸宅に招かれて、七七歳のサラムの口から、レバノン側の決定が伝えられた。

「ＰＬＯは自らの手で栄誉を勝ち取ってきた。そして今や、名誉を持って去る時がきたのである」

アラファトは、なぜ我々がここを去らねばならないのかと強い調子で反論したが、サラムの口調もまた、だんだんと激しいものへと変わっていった。アラファトは問いただした。

「私たちを追い出したいと言うのか。そうなのかね？」

サラムは声を高めて答えた。

「君たちや君たちの大義のために我々が払った犠牲を考えるなら、我々に対してそんな言い方はできないはずだ。君たちにとっても、我々にとっても、君たちがここを去る……、名誉のうちに去る方がよいのだ」

ＰＬＯの撤退をめぐる論争はその後も延々と続いたが、夜になってアラファトは遂に折れた。サラム邸で開かれた夕食会に姿を見せた彼は、胸ポケットからＰＬＯの便箋を取り出し、その文面を読み上げた。

「わが兄弟、レバノン首相シャフィク・アル・ワザンへ。これまでの討議を踏まえ、パレスチナ執行委員会は以下のことを決定した。ＰＬＯは、これ以上レバノンに留まることを希望しない」

アラファトは、周辺アラブ諸国の軍事介入に最後の望みを託したが、それぞれ固有の国内事情を抱えるアラブ諸国は、リスクの大きいイスラエルとの軍事衝突に自ら手を出そうとはしなかった。ベイルート市内で続く激しい市街戦は、徐々にＰＬＯの拠点を海岸へと追いつめていき、八月後半にはもはや西ベイルートの保持は絶望的との結論が下された。八月二一日、PLOの撤退を援護するためにフランスの平和維持部隊が上陸し、彼らと交替するようにして、一万四〇〇〇人のPLO戦闘員たちはベイルートを後にした。

そして、八月三〇日には最後のPLOメンバーとしてアラファトがギリシャの巡視船でアテネに向けて船出すると、レバノンにおけるPLOの一二年にわたる歴史はその幕を閉じた。PLOはその後、中東から遠く離れたチュニジアの首都チュニスにある最高級ホテルのサルワビーチ・ホテルに本部を再開設したが、イスラエルとの地勢的つながりが失われた以上、以前のような武力闘争を継続することはほぼ不可能だった。

一方、PLOがベイルートから撤退したことで、イスラエル側の侵攻作戦はほぼ目的を完遂したかに見えた。八二年八月二三日、ジェマイエルはレバノンの新大統領に選出され、ベギンは彼がレバノン国内から反イスラエル勢力を一掃してくれることを期待した。しかし、その願いは、一カ月とたたないうちに、遠隔操作の爆弾によって跡形もなく吹き飛ばされることになる。

八二年九月一四日の午後四時一〇分頃、東ベイルートにあるファランジスト党の支部で大爆発が起こり、同支部の置かれていた建物は全壊して粉々になった。この支部には、ジェマイエル大統領が毎週火曜日に訪問して定例会議を開いていたが、瓦礫《がれき》の中からは爆風でバラバラになった彼の遺体が発見された。間もなく、上の階に爆弾を設置した犯人として、シリア軍の情報部員が逮捕された。

ジェマイエルの死は、イスラエルにとってのレバノン侵攻作戦が「勝利」から「失態」へと転ずる第一歩だった。二日後の九月一六日、イスラエル軍参謀本部は、ベイルートに駐在するイスラエル軍部隊に対して、次のような内容の指令第六号を発令した。

「ベイルート南部のサブラおよびシャティーラのパレスチナ人難民キャンプには進入するな。キャンプ内の捜索や掃討は、レバノン政府軍とファランジストに行わせるべし」

サブラとシャティーラの難民キャンプとは、一九七〇年にPLOがベイルート入りして以来開設されていた大規模なパレスチナ難民のキャンプだったが、二日前にリーダーを惨殺されたファランジスト勢力は、この難民キャンプにPLOが残したゲリラが隠れていると主張していた。そして、一六日の夜九時頃に両キャンプ内へと突入したファランジスト党民兵は、無防備な老人や子供を含む難民を次々と銃で射殺し、国際赤十字の推定によると八〇〇～一〇〇〇人の難民が、三日間のうちにファランジストによって虐殺された。

イスラエル軍の将兵は、この三日間キャンプ内で何が起こっていたかは知らなかったと弁明した。だが、シャロン国防相は後に「一七日になってようやく虐殺に気付いたが、民兵がキャンプ内に残ることは一八日まで許可した」と国会で発言し、これによってイスラエル軍の間接責任が大きく取り沙汰される結果をもたらした。イスラエル最高裁長官を委員長とする調査委員会は、八三年二月に最終報告書を発表し、国防相シャロンと参謀総長エイタンを事件の責任者と断定した上で、彼らの解任ないし辞任を政府に勧告した。

ベギンは間もなく国防相シャロンを解任したが、この事件がベギン政権に与えた後遺症は大きかった。一九八三年九月、ベギンは首相を辞任し、政界からの引退を発表する。レバノンに残ったイスラエル軍は、三たび再燃したキリスト教徒とイスラム教徒の内戦に巻き込まれ、一日一〇〇万ドルという駐留費を失いながら、一九八五年一月の第一次撤兵開始までレバノン南部に駐留し続けた。

最終的に、レバノン侵攻およびそれに続く駐留作戦におけるイスラエル軍の死傷者数は、五〇〇〇人以上にのぼったといわれている。だが、この作戦でイスラエルが失ったものは、これらの将兵の命だけではなかった。レバノンへの軍事侵攻に対する国民の反応は、六年前のエンテベ救出作戦の場合とは対照的に、きわめて冷ややかなものだった。難民キャンプでの虐殺が報じられた後、テルアビブの街には四〇万人の市民が集まり、建国以来最大規模の政府に対する抗議集会が開かれた。

「ガリラヤのための平和作戦」は、アメリカにおけるベトナム戦争や、ソ連におけるアフガニスタン侵攻作戦と同様、イスラエル国民が自国の軍事行動に疑念を感じ、それに正面から異を唱える市民レベルでの反戦デモを生み出すきっかけとなったのである。

パレスチナ・アラブ人の逆襲

レーガン大統領の和平提案

ＰＬＯの議長アラファトがベイルートから撤退した翌日の一九八二年九月一日、アメリカのレーガン大統領は「新たなる出発」と題した中東和平の新提案を発表した。

その内容は、基本的にはサダトとベギンがキャンプ・デービッドで合意した条件を下敷きとしたもので、例えばガザ地区とヨルダン川西岸については、五年間の暫定《ざんてい》的なパレスチナ人による自治を行った後、当事者間の話し合いによって最終的な地位を確定するとの案が改めて提示されていた。だが、レーガン提案がキャンプ・デービッド合意と異なっていたのは、全ての前提においてイスラエル側のガザおよびヨルダン川西岸両地域からの完全撤退を条件に定めていたことだった。

さらに、レーガン提案はイスラエル政府が一九八〇年七月二二日の閣議で決定した「エルサレム基本法」を無効と見なしていた。この法律は、東エルサレムを含む同市の全領域をイスラエル国の首都と定めるものだったが、レーガン提案は同市の帰属はイスラエル側が一方的に決めるものではなく、当事者間の交渉に委ねるべきだと主張していた。

この提案に対し、イスラエルのベギン首相は即座に「そのような提案は受け入れられない」との声明を発表した。一方、ヨルダンやエジプト、サウジアラビアなどのアラブ諸国は、この提案をおおむね好意的に受け止めた。しかし、PLO内部の強硬派やシリアなどは、パレスチナ人の独立国家を認めたものではないとして反発する態度を見せた。

八日後の九月九日、モロッコのフェズで開催されたアラブ首脳会議で、レーガン提案に呼応する形で、アラブ側の視点を織り込んだ新たな和平提案が発表された。「フェズ憲章」と呼ばれるこの提案は、八項目で構成されており、第三次中東戦争でイスラエル軍が占領した地域（東エルサレムを含む）からの完全撤退や、PLOの指導下でのパレスチナ人による自治権の行使、東エルサレムを首都とするパレスチナ人国家の独立、そしてこのパレスチナ国家を含む周辺諸国の安全の保障などが謳われていた。

このようなアラブ側の提案を、イスラエルが受け入れる可能性はきわめて少なかったが、アラブ側が「周辺諸国の安全の保障」という文言を用いて、暗にイスラエルという国家の存続を認める姿勢を明らかにしたことは、和平交渉を進める上でのアラブ側の態度が従来に比べて軟化しつつあることを物語っていた。

シリアやPFLPなどは依然としてイスラエルに対する強硬姿勢を崩してはいなかったものの、アラファトの指導下にあるPLOの主流派は、賛成とも反対とも声明を発しないまま、アラブ諸国の動向を見守るという現実的な対応をとり始めていた。

レーガン提案と「フェズ憲章」の発表により、中東和平の進展に対する国際的な期待が高まり、イスラエル側の対応に関心が注がれた。だが、「フェズ憲章」の一週間後にベイルートで発生したサブラとシャティーラの難民キャンプの大虐殺事件によって、周辺アラブ諸国の態度は一気に冷却化した。

レバノン南部でイスラエル軍に対する抵抗を続けるイスラム勢力には、イランをはじめイスラム諸国からの軍事支援が非公式に開始され、シーア派イスラム原理主義勢力「ヒズボラ（神の党）」をはじめとする新たな民兵組織が次第にその勢力を拡大していった。

インティファーダ（蜂起）の開始

レーガン提案と「フェズ憲章」がいずれも自然消滅的な末路をたどった後、エジプトに隣接する地中海沿岸の細長い回廊部ガザ地区は、これまで通りイスラエル軍による厳しい監視下に置かれていた。だが、一九六七年の第三次中東戦争で占領されて以来、ガザ地区で生活を営むパレスチナ人住民の間で鬱積し続けてきた不満は、もはや暴発寸前の状態にあった。

ガザ地区におけるイスラエル軍の統治は、かつての植民地時代における宗主国の圧制を彷彿とさせるものだった。自国への敵対行為をとる可能性があるとイスラエル側が見なした人物は、正式な裁判を経ることもなく「行政拘禁《こうきん》」という名目で一方的に拘禁され、さらに危険と見なされた人物はエジプトなどの隣国へと追放された。子供がイスラエル兵に投石を行った場合、その親には高額の罰金が科せられ、具体的なテロ活動に関わった者の家族が住む家は何の前触れもなくブルドーザーで破壊された。

このような虐《しいた》げられた生活が約二〇年間続いた後、遂にガザ在住のパレスチナ人の不満を爆発させる出来事が発生した。

一九八七年一二月八日の午後四時頃、ガザのパレスチナ人が乗った車二台と、反対車線に乗り入れたイスラエル軍の大型セミトレーラーが幹線道路で正面衝突し、車に乗っていた四人が即死、七人が重軽傷を負った。頑丈な軍用トラックの乗員は無傷だった。大破したステーション・ワゴンに乗っていたパレスチナ人は、イスラエル領内で非正規労働者として働いており、住居であるジャバリア難民キャンプへの帰宅する途中の出来事だった。

事故の知らせを聞いて集まったキャンプ内のパレスチナ人は、口々にイスラエル軍に対する不満を叫び始めた。

なぜ自分たちは、いつも彼らの横暴に我慢し続けなければならないのか。なぜ自分たちは、イスラエル側での日雇い労働以外の、きちんとした仕事を持てないのか。なぜ自分たちの権利は、誰にも保証してもらえないのか……。

翌一二月九日の朝、ジャバリア難民キャンプに住むパレスチナ人青年が、見回りをしていたイスラエル軍の予備役兵に向けて石を投げつけた。イスラエル兵は、すぐに車から降りて、歩哨を一人残したまま、石を投げた犯人を逮捕すべくキャンプ内に走り込んだ。結局、犯人を取り逃がした彼らが車に戻ってみると、車は憎悪の念をたぎらせたパレスチナ人によって取り囲まれており、歩哨は手に持った銃をパレスチナ人に奪われようとしていた。

その時、二本の火炎瓶が車に投げつけられ、それをきっかけにパレスチナ人は戻ってきたイスラエル兵の一団にも襲いかかった。

イスラエル兵を率いていた指揮官は、身の危険を感じて銃を構え、パレスチナ人の暴徒に向けて発射した。そのうちの二発が、ハテム・アブ・シシという名の一七歳のパレスチナ人少年の心臓を貫いた。

シシ少年の遺体が安置されたシファ病院の周囲には、三万人ともいわれるパレスチナ人が集まり、強引にシシ少年の遺体を奪い取り、葬儀の行進を開始した。少年を弔《とむら》う行進は、やがて自然発生的な暴動となり、それまでは表面に出すことを許されなかった積年の恨みを露《あらわ》にした民衆は、手に手に石やガラス瓶、熊手などの武器を取ると、キャンプ内の警備に当たっていたイスラエル兵へとその怒りの矛先《ほこさき》を向けた。

イスラエル兵は催涙ガスやゴム弾で応戦したが、ガザのパレスチナ人たちは我が身の危険などまったく顧みようとはしなかった。鬱積したイスラエル軍統治への怒りを胸に抱いた中高年の女性までもが暴動に加わり、憎悪の源であるイスラエル兵に向けて投石を行った。シシ少年の死をきっかけにジャバリア難民キャンプで始まった暴動は、翌一〇日にはガザ地区内の隣接地域と、ヨルダン川西岸に開設されたバラタとカランディアの難民キャンプへと波及し、間もなくガザとヨルダン川西岸地域の全域が暴動の炎に包まれた。

「インティファーダ（蜂起）」と呼ばれるこの暴動は、長年にわたって鬱積したイスラエルの統治政策に対する不満と怒りの、自然発生的な発露だった。それまではＰＬＯのゲリラ活動に参加したこともなければ、彼らを手助けしたこともない、パレスチナ難民キャンプに住むごく普通の人々が、幼児から老人まで、手に持った石をイスラエル兵に投げつけてくる。

このような光景は、現地で対応に当たっていたイスラエル軍の将兵にも大きなショックを与えた。町中には、イスラエル軍の統治開始以来禁じられていた緑、赤、黒、白の四色から成るパレスチナ国旗が吊り下げられ、二〇年間の統治を経た後も、ガザ地区は決してイスラエル領には併合されていないことを物語っていた。

ＰＬＯの「イスラエル国」承認宣言

インティファーダの発生は、イスラエル側の当局者だけでなく、他ならぬＰＬＯ首脳部にも大きな衝撃をもたらしていた。これまでの対イスラエル闘争は、何らかの形でＰＬＯが命令執行に関わる場合がほとんどだったが、今回のインティファーダに関しては、ＰＬＯは完全に蚊帳《かや》の外に置かれていた。しかし、アラファトとＰＬＯは、石だけを武器にイスラエル兵に立ち向かうパレスチナ人の姿は、パレスチナという固有名詞にこびり付いた「無慈悲なテロリスト」というイメージを一掃してくれるかもしれないと期待した。

一一月一五日、アラファトはアルジェリアの首都アルジェで開催されたＰＮＣ総会の席上、東エルサレムを首都とするパレスチナ独立国家の独立宣言を採択した。そして、欧米のメディアに頻繁に姿を見せるようになったアラファトは、パレスチナにおける闘争の実状をありのままに見てほしいと、全世界に向けてアピールしたのである。

ガザとヨルダン川西岸に住むパレスチナ人が、民衆レベルでの抵抗運動を開始したことで、イスラエル側は治安維持に膨大な人員を投入することを余儀なくされた。蜂起一年目に逮捕されたパレスチナ人の数は二万人を超え、三〇〇人以上の死者と一万人以上の負傷者を生み出していたが、同時にイスラエル側が被った死傷者数もまた一〇〇〇人を上回っていた。

イスラエルの国内総生産（ＧＤＰ）の伸び率は、八七年には五・二パーセントだったが、八八年には一～二パーセントにまで低下した。これだけの損害を今後も覚悟しなければならないと悟った時、イスラエル政府は、ガザとヨルダン川西岸地域の帰属に対する認識を完全に改める必要があることを思い知らされた。

過去の和平交渉において、イスラエル政府は一貫してパレスチナ人による自治権の要求を拒絶し続けてきた。これは、自治権を認めずとも彼らの支配は可能だとの楽観的な見通しをその前提とする政策だった。

だが、パレスチナ人の蜂起は、武力による彼らの支配がもはや破綻しつつあることの証明でもあった。そして、ガザとヨルダン川西岸のパレスチナ人の行動は、イスラエルの建国後もその地に留まることを選んだアラブ系イスラエル人にも影響を及ぼし始めていた。

一二月二一日、イスラエルのアラブ人七〇万人が全国規模でストライキを敢行し、インテイファーダへの共感を表明したのである。

イスラエル政府とＰＬＯは共に、問題解決のためには発想の転換が必要であることを、改めて痛感させられた。そして、インティファーダの闘士たちから、イスラエルをまず国家として認めた上で、我々の権利を勝ち取ってほしいとの要請を受けたアラファトは、それまでの頑《かたく》なな態度を捨てて、大幅な路線転換を図ることを決心する。

一九八八年一二月一三日、アラファトはスイスのジュネーブで開催された国連総会に出席し、そこでスピーチを行った。だが、英語で行ったスピーチで彼が何度か言い間違いをしたことから、その内容について確認するための記者会見が、翌一四日に改めて開かれることとなった。この会見の席上、アラファトは明確な言葉で、次のような宣言を記者たちに向かって読み上げた。

「中東紛争に関わるすべての当事者、それは前述したように、パレスチナ国家や、イスラエルおよび他の近隣諸国を含むのだが、すべての当事者が平和と安全の中で生きる権利を承認する。また、ＰＬＯは、あらゆる種類のテロ行為を、完全に絶対的に、放棄する」

アラファトはまた、数度にわたる中東戦争の中で国連安保理事会から提起された決議第二四二号（第五章参照）と第三三八号（第六章参照）を受諾することも発表した。この、ＰＬＯによる「イスラエル国」の生存権承認とテロ行為の放棄、国連決議の受諾という三つの宣言は、欧米諸国から歓呼の声で迎えられ、アメリカはこれを機に、外交レベルでのＰＬＯとの接触を開始することになる。

しかし、イスラエル政府はこのアラファトの歩み寄りに対して、積極的に応えようとはしなかった。アラファトのテロ放棄宣言から三カ月後の八九年三月にイスラエルでユダヤ人を対象に実施された世論調査において、「PLOはイスラエルとの平和を真剣に考えている」と答えたのはわずか七パーセントに過ぎず、全体の七割は依然として「アラブはイスラエルのユダヤ人に対してホロコーストを行うだろう」と信じていたという。

多くのユダヤ人を死に追いやってきたアラファトという人物に対する嫌悪の念は、長年にわたる数え切れないほどのテロ活動によって、イスラエルのユダヤ市民の意識に深く刻み込まれていたのである。

一九八七年に始まったインティファーダの嵐は、一九九〇年代に入ってもなお衰えることなく続いたが、この闘争が中東和平へと直接的に結びつくとの望みは、結局はかない夢に終わった。一九九〇年五月三〇日に発生した、PLOの下部組織PLF（パレスチナ解放戦線）に所属するパレスチナ人テロリストのテルアビブ襲撃未遂事件をきっかけに、アメリカ政府はPLOの承認を取り消し、アラファトは再び国際的支持を失う憂き目を見ることになる。

だが、レバノン侵攻作戦の挫折とインティファーダの勃発によって、イスラエル国内のユダヤ人の中から、パレスチナ人に対する敵意だけでは問題解決に結びつかないとする勢力が次々と生み出されたこともまた事実だった。「ピース・ナウ（今こそ平和を）」と呼ばれる平和活動家や、占領地での兵役拒否活動を支援する「イニシュ・グブール（限界の存

ヤセル・アラファトＰＬＯ議長。1988年スイスのジュネーブで開催された国連総会で、「イスラエル国」の生存権承認、テロ行為の放棄、国連決議の受諾の三つを宣言し、欧米諸国から歓呼の声で迎えられた。（写真＝朝日新聞）

在）」などの左派勢力がそれである。

かつては、イスラエルの国内世論は強固な反アラブの敵意で結束し、それが中東戦争におけるイスラエル軍の並外れた強さの原動力となっていた。しかし、ユダヤおよびパレスチナの両住民が複雑に入り組んだ状態で生活し、経済的にも相互に作用し合う社会が既に形成されてしまっている以上、イスラエル＝パレスチナの抱える諸問題が、単純な武力行使だけで解決できるはずもなかった。

一九九〇年代に入ると、中東和平をめぐる近隣各国の動きは、紆《う》余曲折《よきょくせつ》を経ながらも着実に前進を遂げることになる。地中海沿岸の細長い回廊部・ガザで誕生した、インティファァーダという名の嵐は、そのような和平交渉の進展に不可欠な「イスラエル国民の意識改革」をもたらす上で、きわめて重要な役割を果たしたのである。

第九章
和平を目指す者と、それを阻む者
――2000年・パレスチナ紛争の再燃――

湾岸戦争とイスラエル

サダム・フセインのテルアビブ攻撃

一九九〇年八月二日、サダム・フセイン大統領の指令に従い、イラク軍が国境を越えてクウェート領内への侵攻を開始した。後に多国籍軍の大反撃を招くことになる「湾岸戦争」の始まりである。

第一次大戦が終了する以前においては、イラン領フゼスタン州の一部（アラベスタン）とクウェートはいずれも現在のイラクと同じくオスマン帝国領のメソポタミアと呼ばれる地域に属しており、一〇年前に勃発したイラン・イラク戦争の開戦理由も、この問題と無関係ではなかった。

そして、一九八八年八月八日にイラン・イラク戦争が正式に終結した後、フセインはその領土的野心を南に転じて「クウェートは歴史的に見てイラクの一部である」との宣言を一方的に発表し、面積は小さいものの有力な産油国であるクウェートに兵を進めた。

ペルシャ湾岸で勃発したこの戦争は、はじめのうちイスラエルとは無関係に進展するものと思われた。イラクもクウェートも、イスラエルにとっては同盟国でも何でもなく、戦争によって派生する利害関係とも無縁であると考えられたからである。

ところが、イラク軍のクウェート侵攻に対し、アメリカを中心とする欧米諸国がイラクとの全面的な対決姿勢を打ち出すと、フセインは反イラク勢力の分断を図るため、イスラエルをこの戦争に巻き込もうと画策する。もし、イスラエルがイラクの敵として正式に戦争に加われば、長年反イスラエル姿勢をとり続けてきたサウジアラビアをはじめとするアラブ諸国は、イスラエルとの「仲間」に加わることを拒否するであろうし、反イラク同盟からの離脱をも余儀なくされるに違いない。

そう考えたフセインはまず、イラクによるクウェート進駐は、イスラエルのパレスチナ支配と同種の行動であると主張して、侵攻の正当化を図ろうとした。そして、この主張が当然のごとく無視されると、無理やりにでもイスラエルを戦争に引きずりこむべく、実力行使の準備が整えられた。イラン・イラク戦争の最中、ソ連製の地対地ミサイルR17E（西側コード名「スカッドB」）を独自に改良して射程距離を伸ばしたミサイル「アル・フセイン」の発射台がイラク西部に配備され、その矛先《ほこさき》は西の方角へと向けられた。

一九九一年一月一七日、イラクに対して撤退を要求する最後通牒《つうちょう》の期限切れと同時に、サウジアラビア領内に展開した多国籍軍航空機によるイラク軍への総攻撃「砂漠の嵐作戦」が開始された。だが、アメリカ軍を主力とする多国籍軍部隊が展開していたサウジアラビア国内では、聖地への駐留を異教徒（非イスラム教徒）に許したとして、サウジ王室の政策に反発する動きが表面化し始めており、フセインはこれを敵に楔《くさび》を打ち込む大きなチャンスと捉えた。

翌一月一八日の午前三時を少し過ぎた頃、イラク西部地域で発射された七基の「アル・フセイン」ミサイルが、長い航跡を描いて飛翔した後、イスラエルの主要都市テルアビブとハイファに落下した。このミサイル攻撃で、一五八七棟の建物が破壊され、四七人の市民が重軽傷を負った。

アメリカとイスラエルの安全保障問題を担当する高官の間では、この攻撃が実施される数日前から、イラクによるミサイル攻撃の可能性が論じられていたが、仮にイラク軍がイスラエルに対する攻撃を行っても、報復は自重してほしいとの要請がアメリカ側から出されていた。しかし、イスラエルのイツハク・シャミル首相は、夜明けと共にアメリカのブッシュ大統領に直通電話をかけ、氷のように冷たい声で言い放った。

「いったいどれだけのイスラエル国民が命を落とせば、あなたは手を打ってくれるおつもりか。イスラエルがいつまでも傍観者であるとは思わないでいただきたい」

ブッシュは、ただちに迎撃ミサイル・システムの「パトリオット」をイスラエルに供給することを約束したが、フセインのイスラエルへのミサイル攻撃は止まらなかった。一月二二日、テルアビブに近いラマトガンに新たな一基が着弾し、九六人の市民が負傷すると、それから数時間後、ようやくブッシュはアメリカ軍の戦闘爆撃機編隊をイラク西部に投入するよう命令した。

イラク西部の「H3」と呼ばれるエリアに展開していた、イスラエルに対する「アル・

アメリカを中心とした多国籍軍の攻撃に対して、イラクがイスラエルに「アル・フセイン」ミサイルを打ち込み、1587棟の建物が破壊され、47人の市民が重軽傷を負った。(写真＝朝日新聞)

フセイン」ミサイルの発射台は、ステルス戦闘爆撃機F117Aの精密爆撃によって、粉々に吹き飛ばされた。これによって、イスラエルを湾岸戦争に巻き込むというフセインの野望は、完全に断ち切られたのである。

PLOの権威失墜

クウェートの支配権をめぐる湾岸戦争の勃発は、イスラエルだけでなく、アラファト率いるPLOにも大きな決断を強いることとなった。もともと、クウェートには第一次中東戦争以降、三〇万人を超えるパレスチナ・アラブ人が出稼ぎ労働者として生活しており、アラファト自身もクウェートでビジネスマンとして成功を収めた経歴を持っていた（第五章参照）。そのため、本来ならばクウェートに対する武力侵攻は、パレスチナ人の利益に敵対する行動であるはずだった。

ところが、サダム・フセインがこの戦争を「対イスラエル戦争とリンクして解決すべき問題」との解釈を発表したことから、アラファトの判断は大きく狂わされることになる。目先の「反イスラエル」との文言《もんごん》に惑わされたアラファトは、イラクのクウェート侵攻開始から四日後の八月六日、問題を協議するためイラクの首都バグダッドへと赴《おもむ》いた。そしてこの時、アラファトとサダム・フセインが抱き合う光景が世界中のメディアに報道されたことから、PLOはイラクのクウェートへの侵略を支持しているとの論説が、欧米で広く流布されてしまったのである。

一九九一年二月二四日、多国籍軍地上部隊によるイラク軍への総攻撃が開始されると、前線のイラク軍部隊はあっけなく崩壊し、クウェートは多国籍軍によって解放された。同月二六日、イラク軍のクウェートからの撤退を求める国連安保理決議第六六〇号をイラク側が受け入れたことで、一六七日間におよぶ湾岸戦争は正式に終結するに至った。

だが、この戦争後にイスラエルとPLOがたどった道は、対照的なものだった。イラクからイスラエルへと撃ち込まれたミサイルの数は、最終的に三九発に達し、それによって二人の死者と二三〇人の負傷者が生まれていたが、イスラエル政府は最後まで、アメリカの要請に従い、報復攻撃を自制した。そして、イスラエル側は戦争終結と共にアメリカに対し、この自制に対する代償を要求する。

翌三月、アメリカは六億五〇〇〇万ドルの緊急軍事援助をイスラエルに供与すると発表し、五月にはF15戦闘機一〇機の追加供与と、イスラエル独自の迎撃ミサイル開発費用三億四〇〇〇万ドルの供与が議会で承認された。

一方、フセインのクウェート侵攻を支持したPLOに対する各国の対応は、湾岸戦争終結を機にきわめて冷淡なものへと変わっていった。それまでPLOに好意的だったサウジアラビアや湾岸諸国からのPLOへの年間三億五〇〇〇万ドルに及ぶ資金援助は、ほぼ完全に打ち切られた。また、同じく彼らの主要な財源であったクウェートのパレスチナ人労働者からの「税収」が途絶えたことも、PLOの窮状に追い打ちをかけた。

組織運営上の財政的危機に直面したPLOには、もはや強気の姿勢で対イスラエル闘争を継続する政治力は残されていなかった。

中東和平国際会議の開催に向けて

湾岸戦争の終結とほぼ時を同じくして、アメリカは懸案事項として中東に残るパレスチナ問題を解決するための、国際的な中東和平会議の開催に向けた政治工作を開始した。イスラエルとパレスチナを巡るこの問題を放置しておけば、サダム・フセインのようにこの対立を利用して自国の対外的侵略を正当化する勢力が現れる可能性があったからである。

そして、アメリカ政府はイスラエルに対し、和平会議への協力がなければシャミル政権が求めている債務保証の申し出には応じられないとの通告を伝えた。当時のイスラエル政府は、年間三〇億ドルに達する貿易赤字に苦しんでおり、失業率も湾岸戦争前の二年間で六パーセントから一〇パーセントへと上昇していた。アメリカ国内では、ユダヤ系の圧力団体（ロビイスト）がイスラエル支援のために動き始めたが、湾岸戦争での勝利によって九割以上の支持率を獲得していたブッシュ政権は、強気の姿勢を崩さなかった。

一九九一年九月一二日、ブッシュ大統領は記者会見の席で、もし議会がイスラエルへの債務保証供与を可決しても、大統領拒否権を行使して、これを阻止するとの発表を行った。そして、一〇月二日、アメリカ議会は債務保証問題の審議を一二〇日間延期すると発表する。これにより、イスラエル政府は、アメリカの提唱する中東和平会議に出席するか、債務保証をあきらめるかの二者択一を迫られた。だが、後者を選んだ場合、シャミル政権が国内の財政悪化を食い止められる見込みは皆無に等しかった。

一方、ＰＬＯの内部では、先のインティファーダで活躍したガザおよびヨルダン川西岸両地域の指導者が、パレスチナ人の代表としての発言力を増し始めていた。ヨルダン川西岸のパレスチナ人指導者の一人は、エルサレムの大ムフティを務めたフセイニ家の一族で、第一次中東戦争で戦死した名将アブドゥル・カデルの長男ファイサル・フセイニだったが、アラファトの国際的地位が低下するにつれて、ＰＬＯ内部でのファイサル・フセイニの立場は相対的に強まっていった。

九一年九月にチュニスで開催されたＰＮＣの総会において、中東和平国際会議に関するパレスチナ人の代表権を現在のＰＬＯに付与するとの決議が採択された。しかし、この決定は形式的にはアラファトの権限を再確認するものだったが、総会では同時にＰＮＣにおけるガザとヨルダン川西岸からの代表者の議席を大幅に拡大させるとの決定も行われており、ＰＬＯの指導部はアラファトというカリスマ的な一個人によるワンマン体制から、各地域や各集団の代表者による合議制へと転換する重要な第一歩を踏み出していた。

これらの決定に伴い、アラファトは従来のＰＬＯ幹部の一部をその要職から解任する決定を下した。例えば、九〇年五月のテルアビブ襲撃未遂事件でアメリカ政府を激怒させたＰＬＦの代表者アブル・アッバスは、間もなくＰＬＯの執行部から除名された。

アラファトは、なんとかして彼の軽率な決断が招いた政治的敗北の埋め合わせをしようと努力した。だが、いったん失われた信頼の回復は、容易ではなかった。彼の決断によって湾岸戦争でサダム・フセインを支持したＰＬＯに対する、欧米諸国やイスラエルの根深い不信感が拭《ぬぐ》い去られるまでには、さらに多くの時間が必要とされたのである。

パレスチナ和平交渉とその殉教者たち

マドリード和平会議からオスロ合意へ

湾岸戦争終結から八カ月後の一九九一年一〇月三〇日、三日間にわたる中東和平の国際会議がスペインの首都マドリードで開幕した。会議の共同開催国であるアメリカのブッシュ大統領とソ連のゴルバチョフ大統領による開会宣言の後、イスラエルとパレスチナ代表による交渉が開始された。だが、パレスチナ代表として会議の席に着いていたのは、PLOのアラファトではなかった。イスラエル側がPLO幹部の出席を頑《かたくな》な態度で拒絶したからである。

この和平会議の実質的な仕掛人であるアメリカのベーカー国務長官は、やむを得ず、ガザおよびヨルダン川西岸地域のパレスチナ人代表者と、ヨルダンの代表者を同人数集めた合同代表団を結成し、彼らをパレスチナの代表者として認めるよう、イスラエル側に働きかけた。こうして、アラファトのいないパレスチナ代表団はイスラエルとの話し合いを開始したが、この会議では結局、既にイスラエルと平和条約を締結しているエジプト以外の隣接アラブ諸国（レバノン、シリア、ヨルダン）とイスラエルの二国間交渉の枠組みと、これらの国々における水資源や難民問題、安全保障などの多国間問題についての共同会議設立についての合意が得られただけで、具体的な進展は見られずに終わった。

イスラエルと周辺国との二国間交渉は、二カ月後の九一年一二月以降、アメリカの首都ワシントンで個別に行われたが、いずれも実を結ぶことはなかった。ガザとヨルダン川西岸の帰属問題を抜きにして、このような問題を話し合うことに対し、アラブ側が警戒したことが原因だった。しかし、イスラエル国内で政権交代が起こり、一五年ぶりに左派の労働党が政権の座に就くと、中東和平をめぐる動きは大きく前進する。

パレスチナ人が指導部と仰ぐＰＬＯを黙殺していたのでは、パレスチナ問題の本質的な解決は不可能と考えた労働党の党首ラビンは、ノルウェーのホルスト外相の仲介を受けながらオスロで非公式にＰＬＯとの接触を開始し、ガザのパレスチナ人に五年間の期限付きで先行的な自治権を与えるとのプランをＰＬＯ側に提示した。ＰＬＯ側は、ガザだけでなくヨルダン川西岸地域の重要都市イェリコにも同様の自治権を与えるよう要求し、イスラエル側がこれを受け入れると、両者の交渉は一挙に進展した。

九三年九月九日、ホルスト外相は二通の手紙を携えて、エルサレムとチュニスを往復した。アラファトからラビンに宛てて書かれた手紙には、次のような文面が記されていた。

「ＰＬＯはイスラエルの生存権を認める。安保理決議第二四二号と第三三八号を受け入れる。テロをはじめとする暴力行為を止める。また、パレスチナ民族憲章（第六章参照）の中で、イスラエルの生存権を否定した条項（第一九、第二〇、第二二条）は、適当でないので、これらについては改正を行う」

一方、ラビンからアラファトに宛てた手紙には、「イスラエル政府はPLOをパレスチナ人の代表として正式に認める」との文章が織り込まれていた。双方の歩み寄りによって、長年にわたって放置されてきたパレスチナ人の自治権をめぐる問題が、ようやく日の当たる場所に向けて動き出そうとしていた。

一九九三年九月一三日、ラビンとアラファトはワシントンDCを訪れ、クリントン大統領やブッシュ前大統領、カーター元大統領、キッシンジャー元国務長官など、中東和平問題に関わりの深いアメリカの歴代政治家に見守られながら、「パレスチナ暫定自治協定」共同宣言に署名し、固い握手を交わした。オスロでの事前交渉を踏まえて「オスロ宣言」とも呼ばれるこの協定の調印式の後、ラビンは次のように語った。

「血も涙も充分に流した。もう充分です。私たちはあなたたちに、いささかの憎しみも抱いてはいません。復讐したいと願ってもいません。共に綴《つづ》ってきた悲しみの書物に、新しい章を、一緒に開こうではありませんか」

この発言を受けて、アラファトも短いスピーチを行った。

「ここまで到達するには、途方もない勇気が必要でした。平和を確立して共存関係を維持していくには、さらに大きな勇気と決意が必要となるでしょう」

そして最後に、クリントン大統領が閉会の辞を述べた。

「アブラハムの子供たち、イサク（ユダヤ人）とイスマエル（アラブ人）は今、手を取り合い、勇敢な旅を始めました。今日、私たちは心を一つに呼びかけます。シャローム（ヘブライ語の「平和」）、サラーム（アラビア語の「平和」）、そしてピースと」

暫定自治の開始とラビン首相の暗殺

手入れの行き届いたホワイトハウスの中庭で、三〇〇〇人に及ぶ招待客を前に、ラビンとアラファトが互いの手を握り合ったこの日は、二〇世紀前半から今日に至るまでの中東戦争の長い歴史を通じて、イスラエルのユダヤ人とパレスチナのアラブ人との間に存在する距離が、最も接近した瞬間だった。中東問題に利害関係のない非中東・非アラブ諸国は、この歴史的な協調関係の樹立に大きな拍手を送った。

オスロ合意の締結から半年後の一九九四年五月四日、ラビンとアラファトはカイロで再び顔を合わせ、パレスチナ先行自治協定に調印した。これは、先のオスロ合意での宣言内容に従い、ガザとイェリコからのイスラエル軍の撤退に始まる暫定自治の手順を定めた実務的な協定であり、パレスチナの暫定自治はいよいよその実現に向けて動き出した。

一九九五年九月二八日には、ＰＬＯの自治権が行使される地域や分野などを定めた新たな協定「パレスチナ自治拡大協定」が再びワシントンＤＣで調印され、先のオスロ宣言に因《ちな》んで「オスロ・ツー」と呼ばれる枠組みが双方によって認められた。ラビンは「これで『大イスラエル主義』は終わりを告げた」と宣言し、イスラエル政府はパレスチナ人居住区の征服ではなく、パレスチナ人との共存を望んでいるとの姿勢を内外にアピールした。

1993年9月13日、パレスチナ暫定自治調印式で演説するクリントン米大統領。左がラビン首相。右がアラファトＰＬＯ議長。（写真＝共同通信）

だが、着々と進展するパレスチナ問題の解決に向けた努力を、快く思わない人間たちもいた。ガザとヨルダン川西岸の全域を完全なイスラエル領と見なす、イスラエル国内の右派勢力と、パレスチナ全域からのイスラエルの撤退を要求するパレスチナの強硬派勢力である。彼らは、ラビンとアラファトの和平努力を放置していたのでは、パレスチナ暫定自治の既成事実が作られて、自分たちの掲げる大義を実現する見込みは失われるとの危機感を募らせた。そして、そのような和平努力をつぶす機会を、じっと窺《うかが》うようになる。

一九九四年二月二五日、ヨルダン川西岸地域のヘブロンにあるイスラム教とユダヤ教の聖地イブラヒム・モスク（マクペラの洞窟）で、極右のユダヤ教過激派組織「カハ」のメンバーが、礼拝中のイスラム教徒に向かって銃を乱射し、六〇人以上を殺害するという事件が発生した。これにより、和平交渉は一時的に暗礁に乗り上げた形となったが、ユダヤ・アラブ双方の歩み寄りによって、交渉は間もなく再開された。

一九九四年一〇月二六日、クリントン大統領の仲介で、イスラエルとヨルダンが平和条約を締結し、エジプトに続いてイスラエルとの外交関係を正式に樹立した。二カ月後の一二月一〇日には、イスラエルのラビン首相とペレス外相、ＰＬＯのアラファト議長の三名に対し、中東和平交渉での貢献によりノーベル平和賞が授与された。時計の針は刻一刻と進み、パレスチナ暫定自治の実現に向けた流れは変えられないかに見えた。その流れを無理やり変えるには、源流から断ち切るしかない。そう考えた人間たちは、遂に実力行使に出た。

一九九五年一一月四日の夜、イスラエルの首相兼国防相ラビンはテルアビブ市庁舎前で開かれていた平和祈念の集会に参加し、一〇万人あまりの聴衆を前にして演説を行った。

「私は二七年間にわたって軍人として戦い続けてきましたが、その間に平和を実現する機会は一度もありませんでした。しかし、今、その機会が訪れたことは間違いありません。だからこそ私は、平和にチャンスを与えることに決めたのです。

今日ここに集まっておられる皆さんは、ここに来なかった人々と共に、国民は心から和平を望み、暴力に反対しているのだということを、身をもって示してくれました。暴力は、イスラエルの民主主義を根底から蝕《むしば》むものです。暴力は非難され、排除されなければなりません。暴力に蝕まれた姿は、イスラエル国家が歩む道ではありません。

和平への道は、様々な困難と痛みを伴う道だというのが実状です。イスラエルにとって、痛みを伴わない道は皆無です。しかし、戦争の道よりは、和平の道を望みます。今日、国防相の立場からイスラエル国防軍兵士の家族の痛みを見ている人間として、こう言いたいのです。彼らのために、私たちの子供たちのために、そして私たちの孫たちのために、この政府が、包括的な和平の推進と達成のために、あらゆる糸口、あらゆる可能性を探り尽くすように、願ってやみません」

演説のあと、ラビンはペレス外相らと共に演壇の上に残り、参加者全員による「平和の歌（シール・ラシャローム）」の大合唱に加わった。そして、感動的な合唱が終わり、演壇から降りたラビンが車へと向かおうとした時、イーガル・アミールという狂信的なユダヤ教徒の青年が現れて彼に近づいた。アミールは手に持っていた拳銃をラビンに向けて三発の銃弾を発射し、ラビンは間もなく、搬送された病院で息を引き取った。

死の直前、彼は集会の壇上で隣にいた元テルアビブ市長に、こう漏らしていたという。

「私の生涯で最も幸福な時を味わっている気がするよ」

一一月六日にエルサレムで行われた国葬には、クリントン大統領に並んでエジプトのムバラク大統領とヨルダンのフセイン国王が列席し、治安上の理由で出席を見送ったアラファトも、一一月九日にテルアビブ郊外のラビン邸を密かに訪問し、悲嘆に暮れるレーア未亡人に哀悼《あいとう》の意を伝えた。

イツハク・ラビンの死は、イスラエル建国以来初めての首相暗殺事件であったのと同時に、イスラエルとパレスチナの双方が平和に向けて歩み寄った「オスロ合意」の精神に対する反対派からの処刑宣告をも意味していた。この事件以降、イスラエルとパレスチナの関係は、坂道を転がるようにして悪化の一途をたどることになるのである。

新たなる抵抗組織・ハマスの登場

オスロ合意に反発していたのは、イスラエルの右派だけではなかった。パレスチナ人の側にも、イスラエルへの宥和政策を断固として拒絶する一派が根強く存在していた。その中でも、とりわけ活発に反イスラエルの闘争を煽《あお》り立てていたのが、アハメド・ヤシン師に率いられた「ハマス」だった。

一九三六年にガザ地区のアル・ジョウラという村で生まれたヤシンは、一六歳の時に大怪我をして全身マヒとなり、車椅子での生活を送っていたが、教職に就いていた一九六〇年代の中頃から、エジプトのナセル大統領時代のアラブ・ナショナリズムに刺激されて「ムスリム同胞団」の活動に関わるようになり、武器密輸などの容疑でイスラエル当局に二度逮捕されていた。

その後、エジプトでイスラム教について学んだ彼は、ガザ地区のイスラム教徒たちからは精神的指導者としての尊敬を集めていたが、一九八〇年代に入ってパレスチナ人の反イスラエル抵抗運動が高まりを見せると、彼はその闘争のリーダーとして頭角を現すようになる。そして、ガザでインティファーダの嵐が沸き起こった直後の一九八七年一二月一四日、彼はイスラム原理主義の抵抗運動組織「ハマス」を結成して、本格的な反イスラエルの武力闘争を開始したのである。

「ハマス」という名称は、「イスラム抵抗運動」のアラビア語での頭文字から名付けられたものだったが、彼らはイスラエルとの共存ではなく、パレスチナ人によるパレスチナ全土の奪回をその目標に掲げており、PLOの傘下にも属していないため、アラファトにとっては非常に扱いづらい相手だった。ガザ地区に住むパレスチナ人の間では、カリスマ的な宗教指導者であるヤシンの人気は高く、アラファトが彼の意向を無視した政策をとり続けることは、ガザ在住のパレスチナ人を分裂させてしまう危険性をはらんでいた。

また、一九九五年頃からは、「イスラム聖戦」と名乗る別のイスラム原理主義集団がイスラエル国内でユダヤ人に対する自爆テロを繰り返し行っており、イスラエル国内のパレスチナ人に対する宥和的な空気は、「ハマス」と「イスラム聖戦」のテロによるユダヤ人の死傷者が増えるにつれて、少しずつ失われていった。

こうした状況の中、一九九六年一月二〇日にパレスチナ暫定自治区で第一回の総選挙が実施され、自治区の代表者にはアラファトが選出された。しかし、同年五月二九日に実施されたイスラエルの総選挙では、無差別テロからの治安回復を国民に約束する右派のリクード党党首ベンヤミン・ネタニヤフが政権を奪取したことから、パレスチナの暫定自治をめぐる交渉は停滞の時代へと入った。

第一次中東戦争終結の翌年（一九五〇年）、エルサレムの高級住宅街に生まれたネタニヤフは、ユダヤ人学者を父に持つ裕福な家庭に育ち、アメリカのマサチューセッツ工科大学に留学した経験を持つ、新しい世代のユダヤ人リーダーだった。

彼は、首相就任後すぐに、前任者ラビンがパレスチナ人に約束したオスロ合意の内容を反古《ほご》にする政策を次々と打ち出していった。イスラエル軍の撤退と同時にパレスチナ人の自治が始まるはずだった地域への、右派のユダヤ教徒による入植地建設を許可し、ガザ地区やヨルダン川西岸地域へのさらなる入植をも推奨し始めたのである。

このようなネタニヤフの政策に対し、最も大きな不快感を示したのはアメリカだった。オスロ合意の立会人でもあるクリントンは、ネタニヤフに対して合意の遵守《じゅんしゅ》に努力するよう、政治的圧力を加え始める。支持基盤である右派の顔色を窺いながらもパレスチナ人への一定の譲歩を行わざるを得ない状況に追い込まれたネタニヤフは、一九九七年一月一七日にヨルダン川西岸地域のヘブロンからの撤退を規定する合意を締結し、九八年一〇月二三日にはヨルダン川西岸地域の一三・一パーセントの地域からイスラエル軍を撤退させるとの合意を、アラファトとの間で締結した。

だが、ワシントン郊外のワイ河畔で調印されたことから「ワイ・リバー覚書」とも呼ばれるこの合意内容は、リクード党の支持基盤である右派勢力からの大きな反発を招くことになる。ヨルダン川西岸地域への入植推進を主張する国家宗教党が、連立政権からの離脱を宣言したのである。パレスチナ問題をめぐってイスラエルの政局が混迷する中で、オスロ合意に謳《うた》われた「五年間」は無為に過ぎ去り、暫定自治期限である一九九九年五月四日が目の前に迫っていた。

過去の流れから予想すると、五月四日の自治期限終了と同時に、アラファトはパレスチナ地域のイスラエルからの独立を宣言するものと予想された。もし、そのような展開になれば、ガザとヨルダン川西岸地域に駐留するイスラエル軍とパレスチナ住民の間で再び銃撃戦やテロ活動が頻発《ひんぱつ》するのは間違いない。そう考えたネタニヤフは、首相公選と国会の総選挙を九九年五月一七日に実施すると発表した。イスラエルとパレスチナの衝突が続く中で選挙が行われれば、右派であるリクード党の圧勝は確実だったからである。

しかし、そのような計略は通用しなかった。クリントンはアラファトに対し、独立宣言の延期と「ハマス」などに対するテロ活動自粛の働きかけを行うよう要請し、それと同時にパレスチナに対して国際電話の国番号を割り振るなどの形で政治的な支援を行った。アラファトは、その要請に応えて問題の紛糾を避ける方向で各方面の調整を行い、問題の五月四日が過ぎても、独立宣言の発表を行うそぶりは一切見せなかった。

一九九九年五月一七日、イスラエルで実施された総選挙は、予想以上の大差で再び左派の労働党が勝利し、党首のエフード・バラクがイスラエル首相に就任した。パレスチナ和平交渉の「冬の時代」はようやく終わりを告げ、イスラエルとパレスチナの対話は、二一世紀を前にして、再び息を吹き返したのである。

アリエル・シャロンの時代

バラク政権の大きな賭け

バラク首相の誕生は、沈滞化していた中東和平への動きに光明をもたらす出来事だった。そして、アメリカをはじめとする各国の期待に応えるかのように、バラクは着任早々から中東和平の包括的合意に向けて積極的に動き始め、一九九九年九月四日にはシナイ半島南端のリゾート地シャルム・エル・シェイクでアラファトと直接会談を行い、エジプト大統領ムバラク、ヨルダン国王ファイサル、アメリカ国務長官オルブライトの立ち会いの下、ワイ・リバー覚書の再確認と、二〇〇〇年九月一三日を期限としてパレスチナの自治協定交渉を継続するという合意文書に調印した。

第二次大戦の戦火がヨーロッパ全土を覆っていた一九四二年、パレスチナ北部に住むリトアニアからの移民の家庭に生まれたバラクは、一九五九年に国防軍に徴兵されて以来、数々の戦場で武勲を挙げた歴戦の特殊部隊指揮官として知られており、一九九一年にはイスラエル国防軍の最高位である参謀総長に就任していた。一九九五年、中将として退役した彼は、労働党のラビン政権下で内相（後に外相）に任命され、九七年には労働党党首に選出されて、野党勢力の結集に尽力していた。

だが、彼がパレスチナ勢力との交渉で見せた態度は、その非の打ち所のない軍歴からは想像もつかないほど柔軟かつ宥和的なものだった。彼は、アラファトとの和平交渉の席では可能な限りの譲歩を重ね、自らの任期中での中東和平の実現を勝ち取ろうと努力した。

二〇〇〇年七月下旬、キャンプ・デービッドで再び中東首脳会談が開催されると、各国は今度こそ和平の実現につながる何らかの重要な合意が成立するのではないかと期待した。しかし、七月二四日の夜に行われた最後の交渉は、東エルサレムの帰属をめぐる感情的な罵《のの》り合いとなり、和平交渉は完全な物別れに終わった。

バラクはこの時、ヨルダン川西岸地域からのイスラエル軍の撤退、パレスチナ難民の帰還権、ガザおよびヨルダン川西岸両地域でのユダヤ人入植者の削減という三つの大きな譲歩を用意して会議に及んだが、アラファトは四つ目の争点である東エルサレムの帰属問題に固執して、最後までバラクへの妥協を拒絶し続けた。

この会談が決裂した後、イスラエル国内ではバラク政権に対する批判が噴出した。パレスチナ側にあれだけの譲歩を行った結果、イスラエルは何一つとして見返りを得ていないではないか、というのがその主張だった。そして、シャルム・エル・シェイクでの合意に従い、九月一三日にパレスチナの独立を宣言するとの声明をアラファトが発表すると、バラク政権に対する風当たりは益々強まった。

この一方的なパレスチナの独立宣言は、逆にイスラエルとの全面衝突を招くとする周辺アラブ諸国の反感を買ったことから、アラファトは宣言の延期を余儀なくされるが、パレスチナ側の事態がイスラエル政府の意向とは無関係に右往左往する様を見て、イスラエル国民はバラク政権への不信感を募らせた。

追いつめられたバラクは、二〇〇〇年九月二八日、大きな賭けに出る決断を下した。新聞記者との会見でエルサレムの地位問題に触れたバラクは、「和平合意が達成されれば、エルサレムとアル・クドゥス（東エルサレム）という二つの首都が隣り合うことになろう」と述べ、事実上のエルサレム分割を容認する発表を行ったのである。

しかし、バラクがこの発言を行っていたのと同じ頃、エルサレム旧市街の「岩のドーム」などが立つイスラム教聖地（ハラム・アッシャリーフ）を、野党リクード党の党首アリエル・シャロンが視察に訪れていた。

パレスチナ・アラブ人に対して常に敵対的な行動をとり続けてきた「タカ派」の重鎮シャロンの訪問を快く思わないパレスチナ人はこれに反発、約二〇〇人のパレスチナ人がイスラエル側の警官隊に投石を開始したことから大規模な衝突へと発展し、三〇人以上の負傷者を出す惨事となった。これ以降、ハラム・アッシャリーフでは約一週間にわたってパレスチナ人による投石が続き、同地の真下に位置する「西の壁（嘆きの壁）」で礼拝を行うユダヤ教徒は、そのたびに後方へと待避させられていた。

エルサレム旧市街で起こったこの惨劇を聞いて、バラクは大きなショックを受けた。東エルサレムに属する旧市街を「イスラエル領」と言わんばかりの態度で強引に訪問したシャロンの行動によって、バラクの発表した「エルサレム分割案」は、何の現実味もない空手形と化してしまったからである。

そして一〇月一二日、ヨルダン川西岸のラムラでパレスチナ人の群集に捕らえられた二人のイスラエル兵がリンチを受けて殺害されると、激怒したイスラエルの右派勢力は国内のアラブ系住民に対して暴行を加え始めた。

このままでは事態の悪化が避けられないと考えたバラクは、一二月一〇日に突如として辞任を発表し、イスラエルの首相公選を行うことを決意する。

この辞任が発表された時点では、前任者のネタニヤフは国会議員の資格を持っておらず、翌二〇〇一年二月に実施される首相選挙には出馬資格がないことから、バラク側は選挙で勝利して国民の信任を勝ち得た上で、改めて和平交渉に臨むつもりだった。しかし、バラク政権がアラファトに与え続けてきた実りのない譲歩の繰り返しに嫌気が差していたイスラエル国民は、バラクとは正反対の候補者に一票を投じることになる。

二〇〇一年二月六日、イスラエルで実施された首相選挙において、リクード党党首シャロンが労働党のバラクに大差をつけて圧勝し、新たな首相に選出された。当時の世論調査では、国民の約六割が「譲歩を伴う和平交渉の継続」に支持を表明していたが、それにもかかわらずバラクが大敗を喫したことは、国民がバラクの交渉能力に限界を感じていたことを物語っていた。

結局、バラクの賭けは失敗に終わり、和平交渉再開への道は大きく遠のいたのである。

シャロン首相の誕生

建国からわずか五〇年ほどしかないイスラエル国の歴史の中でも、アリエル・シャロンという人物はとりわけ強烈な異彩を放つ存在だった。ある意味では、彼のたどった足跡こそが、建国以来のイスラエル国の歴史だと言っても過言ではないかもしれない。

一九二八年、パレスチナのモシャフというキブツ内にあるクファル・マラル村で生まれたアリク（アリエルの愛称）・シャロンは、一四歳の時には早くもイスラエル国防軍の前身組織「ハガナー」に入隊し、第一次中東戦争ではアレクサンドロニ旅団の歩兵中隊長として前線部隊の指揮に当たった。第二次中東戦争では、空挺旅団を率いてミトラ峠の確保に出動（第四章参照）し、第三次中東戦争では機甲師団長としてシナイ半島の電撃的な占領を果たして、ダヤン国防相からも絶賛されている（第五章参照）。

第四次中東戦争勃発の直前、シャロンは軍務から身を引いて政界への進出を図ったが、戦争勃発と同時に軍務に呼び戻され、第143機甲師団を指揮してスエズ運河の逆上陸作戦を実施、エジプト側を停戦に追い込む上で重要な役割を果たした（第六章参照）。だが、政界に転じた彼の名声は、一九八二年六月に開始されたレバノン侵攻作戦によって、大きく傷つけられることになる。

同年九月にベイルートでファランジストの民兵が繰り広げた、パレスチナ難民に対する大虐殺（第八章参照）によって、彼の政治生命は大きな危機に直面した。しかし、彼はその後もイスラエル政府内での地位を保ち続け、八四～九〇年には産業貿易相、九〇～九二年には建設住宅相、九六年には国土基盤相のポストを歴任し、九八年にはネタニヤフ政権で外相に任命されて、「ワイ・リバー合意」の主席交渉役を務めている。そして九九年九月二日、政治面での実績を認められた彼は、バラク政権に対抗する野党リクード党の党首へと選出された。

シャロン首相の就任と同時に、イスラエルとパレスチナの和平交渉は事実上棚上げされた格好となった。そして、「ハマス」や「イスラム聖戦」など、シャロンの強硬姿勢に反発するパレスチナ人の過激派組織は、アラファトの態度を「弱腰」と決めつけて、独自の判断でユダヤ人に対する無差別テロを再開してしまう。

二〇〇一年三月二七日の朝、エルサレム南部で駐車中の車に仕掛けられた爆弾が爆発、七人が負傷する事件が発生し、同日午後にはエルサレム市内を走る路線バスに乗り込もうとしたテロリストが、身体に巻いた爆薬を爆破する自爆テロを敢行し、乗客ら二八人を負傷させた。

翌二八日朝には、ヨルダン川西岸地域に隣接するネベヤミンのガソリンスタンドで、パレスチナ人の男がユダヤ教の宗教学校に通う生徒の集団に近づいて自爆テロを行い、犯人を含む三人が死亡、少なくとも四人が重軽傷を負った。

これらのテロ活動に対し、シャロン首相は断固たる報復を行うと言明、二八日夜からガザ地区とヨルダン川西岸内のパレスチナ自治区ラマラに対して攻撃ヘリを投入した大規模

エルサレムで記者会見するイスラエルのシャロン首相。2001年2月、イスラエルで実施された選挙において大差をつけて圧勝し、首相に選ばれた。(写真＝共同通信)

な攻撃を実施し、アラファト議長の護衛部隊「フォース17」の隊員と民間人女性の二人が死亡、六〇人以上が負傷した。

アメリカのジョージ・W・ブッシュ大統領は二九日、双方の実力行使がエスカレートすることに懸念を表明したが、同日付のイスラエル紙「マーリブ」に掲載された世論調査によると、国民の六五パーセントが「パレスチナに対して、さらに厳しい軍事的手段をとる」ことに賛成しており、シャロン政権はより一層強気の姿勢で、パレスチナ人のテロに対する報復を続行した。四月三日夜、イスラエル軍は再び攻撃ヘリを投入して、ガザ地区のパレスチナ自治政府施設にミサイル攻撃を行い、六〇人以上を負傷させた。そして、シャロン政権の住宅相を務めるナタン・シャランスキーは四月六日、ヨルダン川西岸のユダヤ人入植地に住宅七〇〇戸を追加建設すると発表し、土地の入札を開始した。

シャロン政権が、パレスチナ勢力との全面的な対決姿勢に移行しつつあることは誰の目にも明らかだった。イスラエルとパレスチナの関係は、またしても「憎悪と報復の時代」へと逆戻りしてしまったのである。

再燃したパレスチナ・アラブ人とイスラエルの紛争

二〇〇一年の四月中旬になると、戦火はパレスチナ自治区だけでなく北部のレバノン国境へも飛び火した。四月一四日、シーア派の原理主義組織「ヒズボラ」の民兵が、レバノンとの境界地帯にあるゴラン高原の農場を警備していたイスラエル軍戦車に向けて対戦車ミサイルを発射し、イスラエル兵一人を殺害したのである。シャロン首相はただちに報復を命令し、同日中にレバノン領内の「ヒズボラ」の拠点を爆撃した上、レバノン領内のシリア軍レーダー基地に対しても空爆を行わせた。

このシリア軍施設への空爆によって、周辺アラブ諸国とイスラエルとの関係は一挙に緊迫化した。一九六七年の第三次中東戦争以来、イスラエル側はゴラン高原を事実上併合したような形でユダヤ人の入植を続けており、これが原因でイスラエルとシリアの平和条約締結はその糸口すら見いだせない状態にあった。ゴラン高原の帰属をめぐる問題は、パレスチナの自治問題と同様、未解決の懸案事項として今なお放置されているのである。

五月に入っても、パレスチナ勢力とシャロン政権による武力の応酬は衰えを見せることなく、各地で双方による衝突が繰り返された。五月六日、ヨルダン川西岸内にあるパレスチナ自治区のベツレヘム近郊でイスラエル軍とパレスチナ武装勢力の激しい戦闘があり、イスラエル軍はパレスチナ側の完全自治区に指定されているベイト・ジャラーとアル・ハデルに一時的に侵攻した。翌五月七日、同じくヨルダン川西岸のパレスチナ自治区トルカレム付近で戦闘が発生、ガザのパレスチナ自治区ではイスラエル軍がパレスチナ人の難民キャンプに砲撃を加え、四カ月の乳児が死亡したほか、約二〇人が重軽傷を負った。

五月九日、ベツレヘム南方のユダヤ人入植地トコア付近で、一四歳のユダヤ人少年二人が石のようなもので殴られて死んでいるのが発見された。二日後の五月一一日、ガザ地区の検問所で銃撃戦が発生し、一六歳のパレスチナ人少年が胸を撃たれて死亡した。

シャロン首相とアラファト議長は、共に相手を非難して暴力をやめさせるよう要求したが、自らの重みで回転し続ける報復の連鎖を止めることはできなかった。五月一八日、テルアビブの北約三五キロにあるネタニヤのショッピングセンターで、「ハマス」の活動家が自爆テロを行い、一〇〇人以上のユダヤ人を死傷させるという事件が発生する。シャロン首相は即座に報復を決定し、同日の夕方にF16戦闘機を投入して、ヨルダン川西岸のパレスチナ自治政府施設に対する爆撃を行わせた。この爆撃によるパレスチナ人死傷者の数は、一〇〇人以上と報道された。

六月一日深夜、テルアビブ市内のディスコでまたしても自爆テロが発生し、少なくとも一七人の死者と八〇人以上の負傷者を出す大惨事となった。それまでパレスチナ人過激派のテロに対して断固とした態度をとることを避けてきたアラファトも、この事件には大きな衝撃を受けて翌二日に記者会見を行い、「即時、無条件の効果的な停戦実現のために最大限の努力を行う」と言明した。

一方のシャロン首相は三日、負傷者が収容されているテルアビブの病院で記者会見を開き、報復回避の条件として「パレスチナ側がただちに行うべき三条件」を明示した。その条件とは、反イスラエル扇動の停止、あらゆる暴力・テロの完全な停止、「ハマス」などのイスラム原理主義組織のメンバーの逮捕の三つで、これをアラファトの責任で行わない限り報復の実施もあり得ると示唆した。

しかし、パレスチナ自治区で活動する「ハマス」や「イスラム聖戦」など計一三団体の代表者は、シャロンの会見と同じ三日に協議を行い、反イスラエル闘争を継続することで一致していた。そして、「ハマス」の代表者は同日、レバノンのテレビ局などにテルアビブで起きたテロ事件に対する犯行声明を発表した。

「イザディーン・カッサム部隊（ハマスの地下武装組織）は公式に攻撃を行ったことを認める。我々は、今後も殉教の戦いを続けるだろう」

紛争の拡大を懸念したアメリカのW・ブッシュ大統領は、六月五日夜、中央情報局（CIA）のテネット長官を現地に派遣し、シャロン首相ならびにアラファト議長と今後の対応を協議させた。テネットは、クリントン政権下で一〇回近いシャトル外交を行って中東和平交渉の進展に尽力した経歴を持つ人物で、イスラエルとパレスチナの双方に太いパイプを持っていたことから、再度の登板に期待がかけられた。

テネットの交渉開始と共に、イスラエルとパレスチナの紛争は急速に沈静化したが、「ハマス」をはじめとする原理主義組織はテロ活動の放棄を宣言せず、その後も独自路線で闘争を続けた。


「シオンの地」に祖国再興を願うユダヤ人と、その場所で生活を営んできたパレスチナ・アラブ人との間の、土地を巡る争いとして二〇世紀前半に始まった中東戦争の歴史は、その後さまざまな側面を肥大させながら、時代と共に変化してきた。

ある時にはアラブ人とユダヤ人による人種戦争であり、ある時には近隣諸国や大国の思惑をはらんだ政治戦争であり、ある時にはイスラム教徒と非イスラム教徒による宗教戦争であり、またある時には、石油や運河の支配権をめぐる経済戦争でもあった。

しかし、二一世紀に入って我々の目の前で繰り広げられている戦いをみれば、この戦争はまぎれもない「土地を巡る争い」であることを再認識させられる。一つの土地に関する二通の権利書が存在したことから、この紛争は勃発した。そして、権利書を発行したはずの会社は、紛争の勃発から間もなく、この問題から完全に手を引いてしまった。

後に残された当事者は、自らの権利書の正当性を主張する一方、相手の権利書の正当性については考えようともしないまま、係争の的となっている土地に自分の家を建て、そこからの立ち退きを拒み続けている。子供の代となり、孫の代となり、互いの持つ権利書の内容は忘れ去られて、それまでの争いで生じた相手の一家に対する憎しみを募らせたまま、自分の家を守るための戦いを寝る間も惜しんで続けているのである。

第三者の立場から見れば、このような問題を解決する最善の方法は、相手の持つ権利書もまた正当なものであるということを認め、土地を分け合って一緒に暮らすことである。しかし、長年にわたる流血の歴史は、そのような理性的な解決法を許さないところにまで、問題をこじらせてしまった。

二〇〇一年六月の時点で、アラファト議長を首班とするパレスチナ自治政府の自治権は、ガザ地区のほぼ全域とヨルダン川西岸地区の約四割に及んでいたが、イスラエル国への旧ソ連およびエチオピアからのユダヤ移民の増大と、パレスチナ難民の人口の自然増によって、土地をめぐる争いの解決は、時を経るにつれてさらに難易度を増しつつある。

また、アラファトに代わってパレスチナ勢力を取りまとめられるカリスマ的なリーダーの不在は、アラファトが何らかの理由で現在の立場を去った後の和平交渉の進展に大きな否定的影響を及ぼすものと考えられた。

ＰＬＯの重鎮としての国際的知名度が高かった穏健派のファイサル・フセイニは、自治政府ではエルサレム問題担当相を務めるなど、さらなる活躍を内外から期待されていたが、二〇〇一年五月三一日に訪問先のクウェートで心臓発作を起こし、急逝《きゅうせい》してしまった。湾岸戦争当時にフセインを支持したＰＬＯの姿勢を、クウェートの国会議員から激しく非難されたことで、心労を募らせていたともいわれている。

いずれにせよ、土地を分け合うことを望まない勢力が双方に存在する限り、流血の事態は今後もイスラエルとパレスチナの各地で繰り返されていくことだろう。白い布の漂白には時間と労力が必要とされるが、相手の家の洗濯物を土で汚すのは一瞬の出来事である。

理由はどうあれ、汚すことを意図する人間たちにとって、これほど簡単なことはない。

「オスロ合意」締結の式典でクリントン大統領が口にした「アブラハムの子供たち、イサク（ユダヤ人）とイスマエル（アラブ人）」が再び手を取り合う日が来るまでに、さらにどのくらいの年月と、どのくらいの流血が必要とされるのか。

三つの宗教（＝神の理解）の聖地が同居するエルサレムでは、「その答えは神のみぞ知る」という言葉さえ、空しく響いてしまうのである。

第一〇章 ガザ紛争とイランの核開発問題
――イスラエルが直面する二つの難問――

二〇〇一年の米国同時多発テロ事件とパレスチナ問題

9・11の原因として囁かれた「パレスチナ問題」

二〇〇一年九月一一日、世界を震撼させるショッキングな出来事が、アメリカ合衆国の中枢で発生した。四機の民間旅客機が相次いで何者かにハイジャックされ、そのうちの二機がニューヨークのマンハッタン島にある世界貿易センター（WTC）ビルの二つの建物に、別の一機がホワイトハウスに近い米国防総省ビル（ペンタゴン）へと、乗客もろとも突入したのである（残る一機はワシントンD.C.から二四〇キロ離れた場所に墜落）。

この体当たり攻撃により、アメリカの経済的繁栄のシンボルとされた二棟の超高層ビルは、テレビニュースによって生中継される中で次々と崩壊し、世界中の人々がその衝撃的な光景を脳裏に焼き付けることとなった。

事件発生の直後、アメリカに対する「同時多発テロ」の動機として「パレスチナ問題」を挙げる分析も見られた。事件発生から二六日後の一〇月七日に、この事件の首謀者とされるウサマ・ビンラディンが、アラブ系メディアを通じて、次のような「メッセージ」を全世界に向けて発信したことも、そうした見方を補強する役割を果たした。

「アメリカが今、味わっているのは、我々が何十年にもわたって味わってきたものと比べれば、取るに足らないものだ。最近では、イスラエルの戦車がパレスチナのジェニン、ラマラなどのイスラムの土地を蹂躙《じゅうりん》している」

しかし実際には、ビンラディンと彼の指導下にあるイスラム過激派組織「アルカーイダ（アラビア語で『基地』）」のアメリカ合衆国に対する武力闘争（テロ攻撃）は、アラブとイスラエルの間に存在する「パレスチナ問題」と直接関わるものではなく、ビンラディンのメッセージも、同じムスリムである多くのアラブ人を味方につけるための宣伝的効果を狙ったものだと見られている。

ウサマ・ビンラディンは、ソ連軍によるアフガニスタン侵攻（一九七九〜八九年）でムスリムの国アフガニスタンが共産主義の支配下に置かれた際、現地で抵抗を続けるムスリムのゲリラ組織（ムジャヒディン＝イスラム聖戦士）に加勢し、無神論の共産主義者（ソ連軍）を撃退する「聖戦（ジハード）」で、大きな貢献をした人物だった。

サウジアラビアの裕福な家庭に生まれたビンラディンは、サウジ王室の了承下で集めた義勇兵と共に、家業である建設会社の資材や資金をアフガニスタンへと持ち込み、ゲリラ組織の戦力向上に寄与していた。この時に彼と同じ「ムスリム陣営」に立って、各種の近代兵器と資金の提供を行っていたのが、他でもないアメリカ政府だった。

レーガン政権下のアメリカ政府は、アフガニスタンで戦うムスリムのゲリラ組織を「ソ連という共通の敵」と戦う味方と見なし、中央情報局（ＣＩＡ）の国外活動を通じた支援を惜しまなかった。その結果、アフガニスタンではビンラディンとＣＩＡの職員が「同じ目的を共有する仲間」として友好的に作業に当たる光景が出現していたのである。

ビンラディンとアメリカ政府の「蜜月」と「訣別」

ビンラディンがアフガニスタンでＣＩＡと友好的に共闘した事実は、見方を変えれば、当時のビンラディンが「パレスチナ問題を理由にアメリカを敵視する」という認識をまだ持っていなかったことを示していた。

アメリカ政府の「イスラエル贔屓《びいき》」は、イスラエル建国当時から一貫しており、特にパレスチナ過激派がハイジャック事件を繰り返した一九七〇年代には、アラブ諸国での「反米運動」が盛んに繰り広げられていた。だが、サウジアラビアの財閥の子息として貧困や不自由とは無縁に育ったビンラディンは、そうした反米運動には一切関わらなかった。

そんなビンラディンとアメリカ政府の「友好関係」に終止符を打ち、ビンラディンを反米闘争へと向かわせる転機となったのが、一九九〇年に発生した湾岸戦争（第九章を参照）だった。

当時、アメリカはイラクに占領・併合されたクウェートの奪回作戦を行うため、イラクとクウェートに隣接するサウジアラビアのファハド国王と交渉し、米軍の大部隊をサウジアラビアの領内に展開する許しを得た。同国内の各地に、アメリカ軍の基地と補給集積所が作られ、一九九一年に湾岸戦争が終結した後も、二万人の米軍将兵が引き続きサウジアラビアの基地に駐留し続けることが認められた。

　これを知ったビンラディンとサウジ内外の敬虔《けいけん》なムスリムは激怒して、米軍の駐留を許可したサウジ王室を激しく攻撃した。アラビア半島の大半を占めるサウジアラビアは、預言者ムハンマドの生誕地メッカ（マッカ）と没地メディナ（マディナ）という二つの聖地を擁する、ムスリムにとっての「神聖なる国」であり、そこに異教徒（多くがキリスト教徒）の米軍兵士を駐留させることは、決して許されないと考えたからである。

　当時、ビンラディンはアフガニスタンからいったん帰国して、共に戦った元義勇兵の面倒を見ながら、諸外国のイスラム保守主義（原理主義）の政治運動組織との交流を深めていた。その影響もあって、彼の言動は次第に「過激思想」へと傾倒していき、やがて各国のイスラム過激派組織に対する資金援助にも手を染めるようになる。

　こうしたビンラディンの動きに危機感を覚えたサウジ王室は、一九九二年に彼を「危険人物」に指定したが、ビンラディンは紅海を挟んだ隣国スーダンに拠点を移して、建設事業の経営を行いながら、反米・反サウジ王室の非難キャンペーンを継続した。

　その結果、ビンラディンの家族は一九九四年二月二〇日に彼を一族から追放すると発表し、サウジアラビア政府も同年四月六日にビンラディンのサウジ国籍を剥奪《はくだつ》して、彼を二度と母国へと帰れない境遇へと追いやってしまった。

　自らの行動が招いた結果とはいえ、青年時代から敬虔なムスリムとして過ごしてきたビンラディンにとって、一族との絆と「神聖なる国」サウジアラビアの国籍を一度に喪失したことは、耐え難いほど大きなショックだった。そして、自分をそのような目に遭わせるきっかけを作ったアメリカ政府に対する彼の憎しみは、その七年後に「9・11」という大事件を引き起こすことになるのである。

「十字軍（アメリカ）とシオニスト（イスラエル）」への敵意

一九九八年二月二三日、ビンラディンはエジプトのイスラム保守派組織「ジハード団」指導者アイマン・アル・ザワヒリ博士、同じくエジプトの「イスラム集団」指導者アブ・ヤシル・リファイ・アーマド・タハ、パキスタンの「パキスタン聖職者協会」の書記官ミル・ハムザー、バングラデシュの「ジハード運動」の指導者ファズルール・ラーマンとの連名で「ユダヤ人と十字軍に対する聖戦のための国際イスラム戦線」の結成を宣言し、次のような内容の声明を各国のアラビア語新聞社に送付した。

「（前略）誰もが知っている三つの事実について、誰も論じていない。誰もがそれを思い出せるよう、ここに列記してみよう。

第一に、七年以上にわたって、合衆国は最も神聖な土地アラビア半島にあるイスラムの領土を占領し、富を略奪し、支配者に命令を下し、民をはずかしめ、隣人にテロを行い、半島内の基地を、隣接するイスラム教徒（イラク）への戦闘に向けられる槍の穂先に変えている。（中略）

第二に、十字軍とシオニストの同盟によって、大いなる荒廃がイラク国民に加えられたにもかかわらず、また非常に多くの国民が数百万人以上殺害されたにもかかわらず、残忍な戦争と荒廃の後で押しつけられた長期の封鎖にも満足することがないかのように、アメリカ人は再び恐ろしい大量虐殺を繰り返そうとしている。（中略）

第三に、もしこれらの戦争の背後にあるアメリカの目的が宗教的・経済的なものであるなら、その目的は、ユダヤのケチな国家を助け、エルサレムの占領とイスラム教徒の虐殺から注意をそらすことにもある。（中略）

アメリカによるこれらの犯罪と罪のすべては、神、神の信徒、イスラム教徒に対する明白な宣戦布告である。（中略）

アメリカ人とその同盟者を、軍人か民間人であるかを問わず、殺害するという決定は、それが可能な国に住むすべてのイスラム教徒にとっての個人的な義務である。アル・アクサ・モスク（エルサレム）と聖なるモスク（メッカ）を彼らの支配から解放するために。そして、うち負かされて、いかなるイスラム教徒をも脅かすことができないよう、彼らの軍隊をイスラムのすべての土地から排除するために。これは、全能の神の言葉に沿ったものである」

この文面が示す通り、ビンラディンは一九九〇年代以降、十字軍（アメリカ）とシオニスト（イスラエル）を結びつけて敵視する認識を広言するようになる。先に挙げた「9・11＝パレスチナ問題原因説」も、こうした文脈から生じたものだった。

実際には、二〇〇一年の同時多発テロ事件はパレスチナ問題と直接結びつくものではなかったものの、アメリカの過度な「イスラエル贔屓」が結果としてパレスチナ問題の解決を遅らせている事実を、この出来事は改めて国際社会に認識させた。

そして、ここでビンラディンがアメリカとその同盟国に対して用いた「十字軍（クルセイダー）」という用語は、イスラム教徒の「共通の敵」を指す代名詞として、それから約一五年後に登場する別の過激派勢力「イスラム国（ＩＳ）」によって、再び用いられることになるのである（第十一章で詳述）。

アラファトの死とパレスチナ・アラブ人の内部対立

イスラエル人を標的とする自爆攻撃の増加と「分離壁」の建設

9・11という重大事件が引き起こした政治的余波は、直接的にはイスラエルとパレスチナには及ばなかったが、それはイスラエルの「平和」を意味しなかった。旅客機による体当たり攻撃と同種の「自爆テロ（実行者側の用語では『殉教攻撃』）」が、イスラエル国内でもパレスチナ人の実行犯によって繰り返されていたからである。二〇〇一年だけで、一〇〇人を超えるイスラエル人が自爆テロの犠牲となったが、イスラエル政府はその対策に頭を悩ませていた。銃などの武器を持たず、逃走経路も必要としない「殉教攻撃」の実行犯を、通常の警備体制で取り締まることは困難だった。

最終的に彼らがたどり着いた結論は、パレスチナの西岸地区とイスラエルの境界に、人間の行き来を阻害する「分離壁」を建設するというものだった。分離壁は、二〇世紀後半の世界で東西分断のシンボルとなった「ベルリンの壁」をさらに高くしたコンクリート壁と、鉄条網による柵の二種類で構成される計画だった。

二〇〇二年九月、イスラエルは高さ六ないし八メートルのコンクリート壁を連ねる分離壁の建設を開始したが、その全長は七〇〇キロにも達する予定だった。一方、鉄条網の柵には監視用カメラが装着され、さらに柵の両側に深い壕《ごう》が掘られて、短時間に乗り越えることが不可能な形状に設計されていた。

自爆テロを防ぐという目的に関しては、分離壁の効果はすぐに現れた。二〇〇四年一二月までの二年間で、イスラエルにおける自爆テロの発生件数は、分離壁が構築される以前の二割程度にまで減少したのである。別の統計では、二〇〇〇年から二〇〇三年七月に発生した、西岸地区のパレスチナ人による自爆テロは七三件だったが、二〇〇三年八月から二〇〇六年一二月には一二件（前者の一六パーセント）に減少した。

しかしその反面、現地で暮らす一般のパレスチナ人にとっては、ただでさえ苛酷《かこく》な生活環境がさらに不便になるという苦難を押し付けられる形となっていた。自宅から学校や診療所、農場などに向かう道を分離壁に阻《はば》まれたパレスチナ人の数は四〇万人を超え、ごく限られた場所にしかない通用口では常に検問による混雑が生じていた。

また、分離壁の連なる線が、イスラエルとパレスチナ西岸地区の境界でなく、西岸地区内に入り込む形で作られた「イスラエル（ユダヤ）人入植地」とパレスチナ人居住地域の間に設定されていることも、パレスチナ側の不満と怒りを増大させていた。

この不条理な分離壁の建設については、イスラエルの一部の政治家ですら「あまりにひどい」と感じ、一九六七年の第三次中東戦争勃発前の境界に沿うようにしてはどうかとの提言を行った議員もいた。だが、シャロン首相はその提言を拒絶し、イスラエル国民の多

町の間を縫うように建設された分離壁。コンクリート壁と、鉄条網による柵の2種類で構成される。鉄条網の柵には監視用カメラが装着され、さらに柵の両側に深い壕《ごう》が掘られて、短時間に乗り越えることが不可能な形状になっている。(写真＝朝日新聞)

くも自国政府のやり方を支持する意志を示した。

二〇〇三年一〇月二一日、国連は分離壁の建設中止と即時撤去を求める決議を採択し、国際司法裁判所も「分離壁の建設は国際法に違反しており、パレスチナの住民の権利を不当に侵害している」との撤廃勧告を、二〇〇四年七月九日にイスラエル政府へ送付した。しかしイスラエル側は、これらの勧告を無視し、分離壁のさらなる建設を進めていった。

「PLOの顔」アラファトの死とアッバスの登場

9・11から三年が経過した二〇〇四年一〇月一〇日、パレスチナ自治政府のアラファト議長（大統領）が突然体調を崩して病に伏した。地元の医師団による診察と治療を受けたものの、容態は一向に改善せず、アラファトは日に日に衰弱していった。

一〇月二九日には、より高度な治療を受けるべく、ヨルダン経由でフランスのパリに飛行機で移送され、ペルシー仏軍病院に入院した。だが、治療の甲斐なく昏睡状態に陥り、同年一一月一一日に同病院のベッドで、七五年の波乱に満ちた生涯を終えた。

彼の後任大統領には、PLOの幹部を長年務めたマフムード・アッバスが、二〇〇五年一月一五日付で就任したが、彼は若き日にテロ攻撃を指導した「武闘派」アラファトとは対照的に、ソ連の大学に留学した経験を持つ学者肌の人物（歴史学の博士号を取得）で、イスラエルに対する過激な武力闘争には批判的な立場をとっていた。

こうしたアッバスの「穏健派」という特徴は、パレスチナ西岸地区では一定の支持を得

7 ヨルダン川西岸の行政権と分離壁　2007年の状況

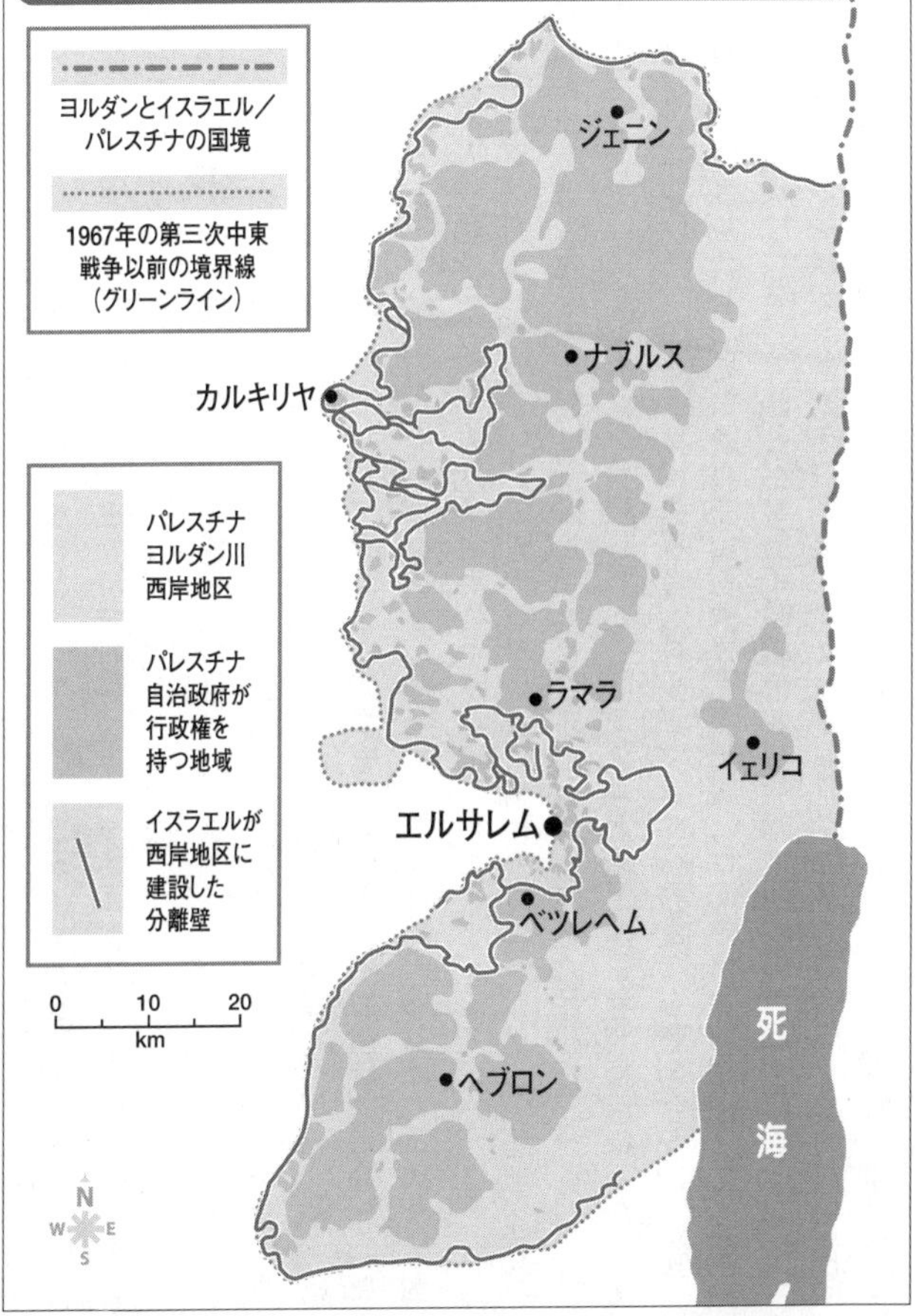

た反面、ガザ地区で絶大な支配力を握る「対イスラエル強硬派」のハマスからは強い不信感と敵意を向けられることとなった。なぜなら、アッバスはかつてパレスチナ自治政府の首相としてイスラエルのシャロン首相と交渉を行い、イスラエル側の言い分にも耳を傾けて譲歩する姿勢を見せていたからである。

9・11から一年後の二〇〇二年六月二四日、アメリカのジョージ・W・ブッシュ大統領は「パレスチナが独立国家としてイスラエルと平和に共存することを求める」との声明を発表し、この認識に基づく中東和平に向けた「ロードマップ（行程表）」も提言した。三年後の二〇〇五年末を目途に、パレスチナ国家の樹立を実現するべく、三段階の具体的な交渉内容が列挙され、アメリカとＥＵ（欧州連合）、ロシア、国連の四者がパレスチナ国家の実現に向けた支援を行うことも明記された。

このロードマップ交渉におけるパレスチナ側の代表者を務めたのが、二〇〇三年三月一九日にパレスチナ自治政府の首相に就任したアッバスだった。同年六月四日、サウジアラビアのアカバでアッバスとシャロン、そしてＷ・ブッシュ大統領の三者会談が行われ、サウジアラビアとエジプト、ヨルダンの指導者もロードマップへの支持を表明した。

同年七月一日、エルサレムでアッバスとシャロンが正式にロードマップ和平交渉の開始を宣言し、その模様はアラビア語とヘブライ語のテレビ放送で生中継された。

だが、イスラエルへの譲歩を伴う和平交渉に反対する意見は、パレスチナの内部で依然として根強く、ロードマップ交渉は間もなく暗礁に乗り上げてしまう。国際的な非難にも

アラファトの後任として、ＰＬＯの幹部を長年務めたマフムード・アッバスが議長（大統領）に就任した。若き日にテロ攻撃を指導した「武闘派」アラファトとは対照的に、イスラエルに対する過激な武力闘争には批判的な立場をとっていた。（写真＝朝日新聞）

かかわらず、先に挙げた分離壁の建設をやめないイスラエルに対するパレスチナ人の不信感も、交渉を阻害した原因の一つだった。また、最終的な決定権を握るアラファトも、イスラエルへの大幅な譲歩には乗り気ではなかった。

失望したアッバスは、九月六日に首相を辞任したが、PLOの事務局長という役職は継続し、実質的にアラファトに次ぐナンバーツーの地位を占めていた。そのため、PLOの内部では、アラファトの後継者はアッバスだと早くから認められていたが、PLOの傘下にないハマスにとっては、敵と交渉するアッバスは信用ならない相手だった。

PLO主流派「ファタハ」とハマスの事実上の内戦

パレスチナ自治政府の第二代大統領への就任から翌月の二〇〇五年二月三日、アッバスはイスラエルのシャロン首相とエジプトのシャルム・エル・シェイクで会談を行い、各地で頻発していた武力衝突の停戦に合意した。

だが、相手側への譲歩と引き換えの和平という解決策に反対する人間は、イスラエルとパレスチナの双方に数多く存在しており、ロードマップ交渉の本格的な再開は遅々として進まなかった。それどころか、パレスチナではアッバスが創り出そうとした和平と共存への流れに逆行するような出来事が、その一年後に発生する。

二〇〇六年一月二五日、パレスチナ自治政府の選挙が行われ、評議会の定数一三二議席の過半数に当たる七六議席を、ハマスの候補者が獲得したのである。

これを受けて、アッバス大統領は同年二月一六日、ハマスの幹部イスマイル・ハニヤを新首相に任命したが、ハニヤは就任演説で「イスラエル国を承認せず、武力闘争路線を継続する」と宣言し、ロードマップ交渉の再開という道を断ち切ってしまう。

この頃から、パレスチナではアッバスに忠誠を誓う大統領護衛隊やPLO主流派の組織ファタハと、ハニヤを支持するハマスの武装部門の間で衝突が頻発するようになり、パレスチナの情勢に「対イスラエル」とは異なる対立図式が生じていた。PLO／ファタハとハマスの対立は、二〇〇六年一二月一五日に発生したファタハによるハニヤ暗殺未遂事件でさらにエスカレートし、双方の武装集団による襲撃が繰り返された。

同じパレスチナ人同士での暴力の応酬を見かねた、シェイク・アブデル・ナセルという高名なイスラム学者が、二〇〇七年一月五日にガザで説教を行い、ハマスとファタハの双方に戦いをやめるよう訴えたが、彼はその直後にハマスの戦闘員に暗殺された。

また、ロードマップ交渉に期待を寄せていた西側諸国は、ハニヤの就任演説での強硬な声明に失望して、パレスチナ自治政府に対する経済援助の打ち切りを決定した。

二〇〇七年の五月から六月にかけて、ハマスとファタハの武力衝突はさらに激しさを増し、もはや自然収束は望めないと判断したアッバスは、六月一四日に非常事態宣言を布告して、ハマス主導の挙国一致内閣を解散させた。

そして、ハマスによるガザの統治は非合法に行われていると断定し、六月一七日にはハマスの党員を排除した非常事態政府の樹立を宣言した。非常事態政府の首相には、元世界銀行の副総裁でパレスチナ自治政府元蔵相のサラム・ファイヤードが任命された。

このアッバスの強権発動は、アメリカや西欧諸国から好意的に評価された。アメリカ政府は、二〇〇六年三月から一五カ月間にわたって行った対パレスチナ禁輸措置を解除し、EUからの経済援助も再開された。

一方、ハマス側はハニヤの解任は違法だとして承服せず、ガザの統治も正統な手順に基づくものだと反論した。

しかし、ハマスが大きな影響力を持つガザではこの頃、新たな問題が発生しようとしていた。二〇〇六年からハマスがイスラエルに対して行った、新たな手段による「無差別攻撃」が、イスラエル側からの凄まじい「報復攻撃」を引き起こしたのである。

パレスチナの飛び地・ガザ地区における紛争の再燃

長い歴史を持つ地中海沿岸の土地ガザ

第八章で触れたように、ガザは一九八七年にイスラエル軍に対するパレスチナ人の一斉蜂起「インティファーダ」が発生した場所だったが、それから二〇年が経過した後も、同地に住む人々の生活環境はほとんど改善されていなかった。

現在「ガザ地区」と呼ばれている領域は、総面積約三六〇平方キロの乾燥した帯状地帯であり、南西部でエジプトとの国境線が一一キロある他は、イスラエルと東地中海に両脇と北東部を囲まれた「三面楚歌《そか》」の形となっている。

地中海の海岸線に沿って北東から南西へと伸びる、ガザ地区の中心軸附近での長さは約四二キロで、海から内陸への奥行きは、広い場所では一二キロあるが、最も狭い場所では六キロしかなく、日本に例えるなら面積で東京都の約六分の一、領土の長さは渋谷から横須賀あたりまでという、比較的小さな土地である。

ただし、ガザ地区が現在のような形状で周囲から隔絶されたのは、一九四九年に第一次中東戦争が終結して以後のことで、それまでは周囲の領土（パレスチナ）と一体化した形で、地中海沿岸に次々と現れては消えた王国や帝国の栄華盛衰を見守り続けていた。

新石器時代の紀元前六〇〇〇年頃には、この附近で人間が生活していた痕跡があり、紀元前一一七五年頃には、古代エジプトが軍事拠点を置いていたガザを、東地中海で覇権を確立したペリシテ人が奪い取った。その後、紀元前一〇二〇年頃にガザ東方のエルサレム附近でヘブル（ユダヤ）人王国「イスラエル」が誕生すると、同王国はダビデ王の下で支配権を拡大、紀元前一〇〇〇年頃にはガザ周辺もイスラエル王国の領土へと編入された。

しかし、紀元前九二二年にイスラエル王国が分裂して衰退すると、ガザの支配者はアッシリア、バビロニア、ペルシャ、ギリシャ（マケドニア）、ローマへと移り変わり、紀元後七〇年にはイスラエル王国の末裔《まつえい》であるユダヤ人たちがローマ人にこの地から追放されて、海外への離散（ディアスポラ）を強いられることとなった（第一章を参照）。

一〇九九年、聖地エルサレムの奪回を目指すヨーロッパのキリスト教勢力（十字軍）が地中海沿いの進撃路に位置するガザを占領し、これをガドレスと改名した。

だが、一三世紀初頭に十字軍が敗退すると、パレスチナは再びトルコ系のイスラム勢力によって占領され、ガドレスの地名はガザへと戻された。そして、一五一六年にオスマン帝国がパレスチナの支配権を握ると、ガザ附近のアラブ人たちはそれから四〇〇年間、同帝国の治下でイスラム社会を築いて平和な生活を営んでいたのである。

悪化の一途をたどったガザのパレスチナ人住民の生活

一九四八年から四九年にかけて戦われた第一次中東戦争（第三章を参照）でのエジプト軍の奮戦により、地中海沿岸のガザ地区は建国当時のイスラエルの領土には含まれず、暫定的に隣国エジプトへと併合された。

だが、辛うじてアラブ側の支配地に留まった狭いガザ地区には、イスラエル支配地域から逃れてきた大勢の難民が流入し、その数はパレスチナ難民全体の二六パーセントに当たる、一九万人に達していた。

それから一八年後の一九六七年六月五日、イスラエル軍はエジプトに対する奇襲攻撃と共に第三次中東戦争（第五章を参照）を開始し、ガザ地区は再びイスラエルの占領下に置かれることとなった。

この戦争での大勝利により、イスラエルの国土は一挙に四倍以上へと拡大したが、ガザ地区では従来のパレスチナ難民に加えて、当初から同地に住んでいたパレスチナのアラブ人も、イスラエルの占領統治下で自由を奪われた生活を強いられることとなった。また、イスラエル政府は、ただでさえパレスチナ人の人口密度が高いガザ地区内にユダヤ人の入植地を次々と開設し、自国民のガザ地区への入植を積極的に推進する政策をとった。

その結果、ガザに住むパレスチナ人はますます狭い土地へと押し込められた上、条件のよい肥沃な土地は、ほとんどがユダヤ人入植者によって奪い取られていた。

職のないパレスチナの若者は、屈辱と不条理への憤りを胸に秘めながら、彼らが「自分たちの土地」と見なす場所に入り込んできたユダヤ人入植者の家を建てる建設工事に、作業員として従事せざるを得ない状況へと追いやられた。

一九八七年の「インティファーダ」発生の背景には、こうしたガザのパレスチナ住民の間で鬱積した不満と怒りのマグマが存在していた。その後、一九九三年の「オスロ合意」と一九九五年の「オスロ・ツー」（第九章を参照）により、ガザをめぐる情勢は改善の兆しを見せたが、翌一九九六年に第一次ネタニヤフ政権が発足すると、イスラエルの政策は再び、パレスチナに対して非宥和的な方向へとシフトしていった。

そんなガザ地区において、貧困と絶望の中で日々を暮らす人々の支持を集め、精神的な拠《よ》り所《どころ》となっていたのが、アハメド・ヤシン師を指導者とする「ハマス」だった。

第九章で述べた通り、ハマスが創設されたのは、ガザでインティファーダが起こった直後の一九八七年一二月一四日だった。この時点で、ガザ地区には九五万人のパレスチナ人が住んでいたが、その約半数に当たる四五万人は難民として流入した人口だった。

ハマスの精神的指導者ヤシン師の殺害

二〇〇一年二月の首相公選で、シャロンがイスラエル史上最大の得票率（六二・六パーセント）を得て大勝利を収めると、彼はハマスに対して徹底的な殲滅《せんめつ》作戦を開始した。その中でも、国際社会でとりわけ大きな非難を浴びたのが、ハマスの幹部を狙い撃ちにして次々と殺害する「ターゲッテド・キリング（標的殺害）」と呼ばれる作戦だった。

最初のうち、イスラエル軍の標的（ターゲット）となったのは、自爆攻撃を計画・準備する現場レベルのハマス幹部だけだった。だが、この手法では一向に埒《らち》があかないと判断したシャロンは、ハマスの最高幹部をも標的にすることを許可し、二〇〇三年六月一〇日にハマスのナンバー2であるアブドゥル・アジズ・アル・ランティシの自動車に対して、イスラエル軍のヘリコプターがミサイルを発射するという事件が発生した。

この時にはランティシは辛くも生き延び、ただちに自爆攻撃による報復が行われたが、シャロンはあきらめなかった。二〇〇四年三月二二日、早朝の礼拝を終えて車椅子でモスクから出たヤシン師と彼の護衛二人が、イスラエル軍ヘリのミサイル攻撃を受けて即死し、四月一七日には、再度標的となったナンバー2のランティシも殺害された。

こうした暗殺行動と並行して、シャロンは二〇〇四年六月六日に閣僚を召集し、ガザ地区全域と西岸地区の四カ所からユダヤ人入植地を撤去するとの方針を伝えた。シャロンはそれまで、対アラブ強硬派のシンボル的存在と見なされていたため、パレスチナ側への譲歩とも受け取れるこの政策変更は、リクード党内部でも激しい非難に晒《さら》された。

だが、シャロンはイスラエルの存続にはガザ地区の放棄もやむを得ないとの考えから、ガザ地区全体の五分の一を占めるユダヤ人入植地と、同地に駐留するイスラエル軍の撤退を強行し、二〇〇五年九月一二日には、ガザ地区のユダヤ人は完全に姿を消した。

ガザ地区からの撤退完了から二カ月後の一一月二一日、シャロンは入植地の撤退策への反対論が根強いリクード党党首を辞任して同党を脱退し、翌二二日に新たな政党「カディマ（前進）」の設立を発表、自ら党首に就任した。一一月二八日、シャロンはカディマの基本政策を、次のように説明した。

「イスラエルは、パレスチナ人に領土面で譲歩し、長い対立の時代に終止符を打ち、ユダヤとアラブという二つの民族の二つの国家が共存する形を実現すべきである」

イスラエル軍人として祖国防衛に生涯を捧げたシャロン（第九章を参照）は、凶弾に倒れたラビン同様、武力だけでは永遠にイスラエルの平和を実現できないことを悟り、対話と相互譲歩によって問題の解決を図ることに最後の望みを託した。

だが、それから四四日後の二〇〇六年一月四日、シャロンは突然重度の脳卒中で倒れ、意識不明の重体となってしまう。

そして、ガザ地区をめぐる状況は、対話と相互譲歩による問題解決というシャロンの思惑とは正反対の方向へと急展開していくことになる。

ガザとレバノンで火を吹いた新たな紛争

北と西の両面で脅威への対応を迫られたイスラエル

先に述べたように、二〇〇六年一月二五日にガザ地区と西岸地区で実施されたパレスチナ自治政府の総選挙において、ハマスの候補者は予想外の大勝を収め、定数一三二議席の過半数に当たる七六議席を獲得した。

ガザ地区と西岸地区に住むパレスチナ人の多くは、それまでパレスチナ自治政府の根幹を担ってきたファタハの幹部に対し、汚職と腐敗で私腹を肥やす一方、難民の生活改善には全く努力していないとの不信感を募らせており、総選挙でハマスに投じられた票の大部分は、ファタハに対する批判票であったと言われている。

同年二月一六日、パレスチナ自治政府の新首相に就任したハマス幹部のイスマイル・ハニヤが、就任演説で「イスラエル国を承認せず、武力闘争路線を継続する」との宣言を行うと、イスラエルの首相代行（同年四月一四日付で首相）で元エルサレム市長のカディマ幹部エフード・オルメルトも「ハマスとは交渉しない」として態度を硬化させた。

ハニヤ政権の樹立から四カ月後の二〇〇六年六月二五日、ガザ南部からイスラエル領内に侵入したハマスの戦闘員が、イスラエル兵二人を殺害して別の一人を拉致し、イスラエルで拘束されているハマス活動家の釈放を要求するという事件が発生した。イスラエルのオルメルト首相は、当然のことながらこの要求を撥《は》ねつけ、翌六月二六日に戦車部隊を含む攻撃部隊をガザ地区へと侵攻させ、ハマスの活動拠点やインフラ施設に打撃を与える一方、拉致された兵士の捜索を行ったが、結局発見できなかった。

七月に入ると、イスラエル北部のレバノン国境でも新たな軍事紛争が発生した。イランの支援を受けたイスラム教シーア派の武装組織ヒズボラが、七月一一日にレバノン南部からイスラエルに多連装ロケット「カチューシャ」を発射、翌一二日に小競り合いの中で二人のイスラエル兵を捕虜にしたことがきっかけとなり、ヒズボラとイスラエル軍は戦闘状態に入った。七月一七日にはイスラエル軍の特殊部隊がレバノン領内に侵攻、七月二二日には戦車や装甲兵員輸送車を装備した地上軍の主力もレバノンへと入った。

イスラエル側は、イランからヒズボラへの武器供給ルートを断つとの名目で、レバノンの首都ベイルートにある国際空港の一部施設を破壊し、同地の港湾も封鎖するという強硬策をとった。だが、レバノン領内に入ったイスラエル軍の地上部隊は、捕らえられた二人のイスラエル兵を捜索したものの、今回も見つけることができずに終わった。

そして、紛争の仲介に立った国連安保理の停戦決議（第一七〇一号）が八月一一日に可決され、八月一四日に現地で発効すると、イスラエル軍は間もなくレバノン領内からイスラエルへと退却した。これにより、イスラエル側の死者一五八人（うち軍人は一一七人）

とヒズボラ戦闘員の死者が二七〇人、そしてレバノンの一般市民の死者一〇〇〇人以上を生みだしたレバノンでの紛争は、約一カ月で終結した。

三カ月後の二〇〇六年一一月二六日にはガザでも停戦が成立し、イスラエル軍部隊は目的を達成できないままガザ地区から撤退した。だが、ハマスはこの二〇〇六年から、ある兵器を大量に製造してイスラエルへの無差別攻撃を断続的に実施しており、イスラエル市民に新たな不安と恐怖を味わわせていた。

「カッサム」と呼ばれる、手製のロケット弾がそれである。

イスラエルへの無差別攻撃をやめないハマス

カッサム・ロケット弾とは、水道管や道路標識などの金属パイプを特定の長さに切断し、そこに少量の爆薬と推進剤を封入しただけの、簡易な構造の手作り兵器だった。これを、金属製のフレームを組んだ簡易発射台から発射すると、最大で約一五キロ先まで飛ばすことができたが、当然のことながら命中精度はきわめて悪く、殺傷力も低かった。

地図上で比較すると、ガザ地区よりもはるかに大きな国土を持つイスラエルだが、それでもガザ地区の周囲に緩衝地帯を設ける地理的余裕（戦略的縦深）はなく、カッサム・ロケット弾のような比較的射程の短い兵器であっても、簡単にイスラエルの人口密集地を攻撃することができた。

そのため、イスラエル政府はこのロケット弾の脅威を深刻に受け止め、発射と製造を阻止する方策を練ったが、胴体となる金属パイプや、推進剤の材料となる調味料や肥料などは容易に入手できる上、特定の兵器工場ではなく、ハマスに協力する民家で家内工業的に製造されていたため、集中的な爆撃で製造ラインを根絶することも不可能だった。

二〇〇一年から二〇〇五年までの五年間に、パレスチナ側からイスラエル領内へと撃ち込まれたロケット弾の数は六五四発だったが、カッサム・ロケット弾の大量生産により、二〇〇六年には九四六発のロケット弾が発射されており、二〇〇七年には八九〇発とほぼ横這いだったものの、二〇〇八年には一五七三発へと倍増していた。

イスラエル側は、ガザ地区を経済的に封鎖して、ロケット弾の製造を妨害しようと試みたが、効果はほとんどなく、逆にパレスチナ市民の日常生活を脅かして、強硬派のハマスの人気を高める結果となってしまう。

実際には、これらの手作りロケット弾のほとんどは無人地帯に落下しており、イスラエル国民のロケット弾による直接的な人的被害（迫撃砲弾の被害は含まない）は、二〇〇六年一一月から二〇〇八年五月までの一年七カ月間で死者五人に留まっていた。だが、イスラエル市民の間では、政府と軍に対してハマスのロケット弾攻撃への対処を求める世論が沸き起こり、オルメルト政権は具体的な行動を示す必要に迫られることとなった。

こうした状況の中、二〇〇八年一一月四日にイスラエル軍が行った、ガザ地区への小規模な越境攻撃をきっかけに、ガザ地区の境界附近で双方による攻撃の応酬が激化すると、ハマス側は一一月一四日、それまでのカッサム・ロケット弾よりも高性能なグラッド・ロケット弾五発を、イスラエル領内の都市アシュケロン目がけて発射した。

グラッド・ロケット弾は、カッサムのような素人づくりの手製兵器とは異なり、旧ソ連製のロケット弾をイラン（一部は中国）が改良した本格的な兵器だった。この攻撃による人的損害は皆無だったものの、野党リクード党のネタニヤフらはオルメルト政権の消極姿勢を激しく批判し、国内世論も断固とした対応を求める方向へと大きく傾いていった。

このままでは、翌二〇〇九年二月に予定されている総選挙を乗り切れないと考えた与党のカディマと労働党は、世論に後押しされる形で、ガザ地区に対する大規模な軍事作戦の準備に着手した。

そして、二〇〇八年一二月二七日の午前一一時三〇分、イスラエル空軍のF16戦闘機四〇機による爆撃と共に、ガザ地区への総攻撃を開始したのである。

問題解決にならなかったイスラエルの武力行使

イスラエル空軍の爆撃は、既に判明しているハマス管理下の施設とハマス幹部の住居や事務所に加えて、カッサム・ロケット弾の秘密基地や、その製造への関与を疑われる民家に対しても実施された。そのため、子供や老人を含む大勢のパレスチナ人市民が爆撃の巻き添えで死亡し、広範囲にわたって家屋が破壊されることとなったが、イスラエル側は国際社会の抗議を完全に無視する形で、当初の目的を達成するための爆撃を継続した。

爆撃開始から八日後の二〇〇九年一月三日には、戦車と歩兵、戦闘工兵、空挺兵などから成る五個旅団、約六〇〇〇人の地上兵力が、四カ所で境界線を越えてガザ地区へと侵攻し、ロケット弾とその発射施設の捕獲と破壊、および製造工場の捜索を実行した。

そして、オルメルト政権は一月二〇日にアメリカでオバマ新大統領の就任式が行われることに配慮し、同日までに地上部隊をガザ地区から撤退させて、軍事作戦を停止した。

二〇〇八年一二月から二〇〇九年一月のガザ紛争における死者の数については、いくつかの数字が提示されているが、パレスチナの人権機関が発表したデータによれば、パレスチナ人の死者一二八四人のうち、民間人は八九四人（七〇パーセント）で、その中には二八〇人（二二パーセント）の子供も含まれていた。一方のイスラエル側は、兵士一〇人とユダヤ人市民三人が、この紛争で死亡した。

二〇〇八年一二月の時点で、イスラエル軍参謀本部はガザ地区内に約三〇〇〇発の各種ロケット弾が存在するとの分析を行っていたが、イスラエル軍が戦後に行った評価ではそのうちの約一二〇〇発が今回の紛争で発射前に破壊され、紛争期間中に発射された約六〇〇発を除いた約一二〇〇発が、なおもガザ地区に留まったものと推定された。

これが事実とすれば、イスラエル軍が戦場で一方的に勝利したかに見えるガザ侵攻も、決して目的を完遂した作戦とは言えなかった。とりわけ、イスラエル軍が最も警戒するのは、ハマスを兵器供給と財政の両面で支援してきたイランが、より高性能で破壊力の大きな兵器をガザに送り込むという事態であり、グラッド・ロケット弾の存在は、そうした懸念が現実へと変わりつつあることを示していた。

また、イスラエル政府が期待した政治的効果という点でも、この作戦は成功したとは言えなかった。先に述べたとおり、ガザ地区への武力行使には国内世論への配慮という側面があり、実際イスラエルで紛争直後に実施された世論調査では、イスラエル国内のユダヤ人の九四パーセントが、今回の軍事行動を支持すると回答していた。

しかし、二〇〇九年二月一〇日に実施された総選挙では、政党別ではカディマが二八議席、労働党が一三議席を確保したものの、より徹底的なハマスへの報復を主張するリクード党（二七議席）と「わが家イスラエル」（一四議席）などの対アラブ強硬派勢力が合計で六四議席の多数派を占めたため、シモン・ペレス大統領はカディマの党首ツィピ・リブニではなく、リクード党の党首ネタニヤフに組閣を行うよう指名したからである。

一方、ハマスは二月一二日にイスラエルとの一八カ月の停戦を一方的に発表したが、ガザ地区では依然としてハマスの支持基盤は強く、二月二六日にはパレスチナ自治政府が、ファタハとハマスの連立政権樹立に向けた協議を開始するとの政策方針を表明した。

双方の思惑が渦巻く中で勃発した新たなガザ紛争は、問題の根本的な解決には何ら寄与することなく終わり、中東情勢は一層深い混迷の中へと沈む結果となったのである。

イスラエルが神経を尖らせるイランの核開発疑惑

イランの核開発問題と国際機関の査察

前項で触れた通り、イスラム教シーア派を国教とするイランは、同じシーア派であるレバノンの武装勢力ヒズボラや、ガザで抵抗を続けるスンニ派のハマスに各種の武器や弾薬を水面下で提供する、イスラエルにとっての「準敵国」的な存在だった。

第八章で述べたように、一九八〇年から八八年のイラン・イラク戦争において、イスラエルとイランは「イラク」という共通の敵と戦うため、水面下で一時的に手を結ぶ方策をとっていた。だが、この戦争が終わると、イスラエルとイランの関係は再び冷却化した。

一九八九年六月三日、イランの「ラフバル（国家最高指導者：大統領や首相よりも上位に位置する終身の国家元首）」ホメイニ師が死去すると、アリー・ハメネイ師がその地位を引き継いだ。前任者とは異なり、ハメネイは比較的穏健な人物と思われていた。

だが、二一世紀に入ると、イラン政府が秘密裡に核兵器の開発を進めているのではないかという疑惑が、国際社会で公然と囁かれるようになる。このイランの核開発事業を強力に推進していたのが、第二代ラフバルのハメネイだった。

イランが原子力エネルギーの導入に着手したのは、パーレビ国王時代の一九六七年のことだった。この年、テヘランの原子力研究センターで、アメリカが提供した研究炉の運転がスタートしたのである。その後、一九七四年にパーレビ国王の指示でイラン原子力庁が設立され、ドイツとの間で商業用原子炉建設の契約が締結された。

この時点ではまだ、イランの核開発が国際的な問題になることはなかった。同国は、一九七〇年に核拡散防止条約（NPT）に加盟しており、またアメリカとの同盟関係にあったことから、独自に核兵器保有へと突き進む可能性はきわめて低かったからである。

しかし、イスラム革命によってパーレビ王朝が打倒されると、ホメイニの指導するイランの新政府は一九八四年、イスファハンに新たな原子力研究センターを設立し、IAEA（国際原子力機関）に何ら連絡することなく、数年後には遠心分離器によるウラン濃縮などの秘密研究施設をイラン国内に建設した。

この秘密研究施設の存在は、二〇〇二年八月にイランの反体制派ムジャヒディン・ハルクが写真を暴露するまで、国際社会の目から隠され続けていた。イランが密かに原爆製造に必要な技術を手に入れつつあることを知った欧米諸国は、ただちに国連とIAEAを通じた圧力をイラン政府にかけ始めた。

二〇〇三年一二月、イランはいったん態度を軟化させ、IAEAとの間で追加議定書を調印し、秘密裡に核兵器を開発しているという批判をかわそうとした。しかし、翌二〇〇四年に入ると、パキスタンからの遠心分離器の「密輸」など、追加議定書の規約違反が明らかとなり、イランは厳しい立場に追い込まれていった。

実際には、イランはこの高性能遠心分離器の輸入を口頭でＩＡＥＡに報告しており、単にＩＡＥＡの査察団が見落としていただけだったが、Ｗ・ブッシュ米大統領は八月一〇日に開かれた市民との対話集会の席上、イランの態度を厳しく批判する言葉を口にした。

「イランは核の野望を放棄しなくてはならない。違法な兵器開発を全世界が非難するよう、他国を支援してイラン政府に圧力を加え続けなくてはならない。そして、自由を望むイラン国民を支援し、体制変更（現政府の転覆）を促していかなくてはならない」

国際的批判を無視して核開発を進めるイラン

アメリカ政府は、英仏独三国と緊密な協同歩調を取りながら、イランに対して外交ルートを通じた政治的・経済的圧力を強める一方、軍事的手段でイランの核開発を阻止するための情報収集を本格的に進めていった。

二〇〇五年一月以降、イランの核開発施設上空にはアメリカの偵察衛星と無人偵察機が頻繁に姿を現すようになり、イラン国内の反体制組織にも情報提供の要請がなされた。

そして、二〇〇五年八月三日に強硬保守派の元テヘラン市長マフムード・アフマディネジャドがイランの第六代大統領に就任すると、アメリカとイランの関係断絶は決定的なものとなった。一九七九年に発生した米大使館人質事件（第八章を参照）の際、アフマディネジャドが実行部隊の一人として事件に加わっていたとの噂（イラン政府は否定）がアメリカ国内で広がると、米国民の世論はアフマディネジャドを敵視する方向へと一挙に傾いていった。

これ以降、アメリカとイランの両国はメディアを通じて激しい恫喝の応酬を繰り広げた。二〇〇六年四月四日、アメリカのザ・ニューヨーカー誌が米政府関係者の証言として「W・ブッシュ政権がイランに対する空爆の策定作業に入っており、核兵器の使用も選択肢に含まれている」と報道すると、イラン革命防衛隊（武装親衛隊的な性格のエリート軍事組織）のサファビ司令官は四月一六日、次のような談話を発表した。

「米国によるイランへの攻撃は、戦略的な失策となろう。もし相手がそのような攻撃を実行すれば、イランは脆弱なイラク駐留米軍に対して反撃するだけだ」

その三日後の四月一九日、W・ブッシュ大統領は「外交的努力でイランの核開発の阻止に失敗すれば、核攻撃の可能性も否定することはできない」と明言したが、イランはこの「核の恫喝」にも怯《ひる》むことはなかった。六月五日、ハメネイ師は「米国がイランに対して少しでも過ちを犯せば、世界のエネルギー供給は深刻な危機に直面することになる」と穏やかに警告、有事の際にはホルムズ海峡を封鎖する用意があることをほのめかした。

世界有数の産油国イランが原子力エネルギー研究を強行する背景には、核兵器ないしその製造能力の保有を目指す「軍事的な意図」が隠されていると、国際社会では理解されていた。その根底にあるのは、実際に核兵器を保有しなくても、製造技術を確立して「核兵器保有可能国」の地位を確保しておけば、他国からの先制攻撃を受けにくくなるはずだという「抑止的核保有」の発想だった。

二〇〇六年四月一一日、イラン原子力庁のアガザデ長官はテレビ演説で、原爆の材料ウラン235を抽出する前工程の六フッ化ウラン（ガス）を一一〇トン（専門家の試算では原爆一二個分に相当）保有していることを明らかにし、イランの核保有に対する欧米諸国の懸念が裏付けられることとなった。

事態を重く見た国連安全保障理事会は、同年七月三一日、英仏独の三国が提出した、イランに核開発放棄を求める決議第一六九六号を賛成多数で可決したが、イラン政府はこれを実質的に無視して核開発を継続し、二〇〇八年九月には、濃縮ウラン製造に用いる遠心分離器約三八〇〇基が、イスファハン州のナタンズで稼働を開始した。

イスラエルが行った核科学者の暗殺とサイバー攻撃

イランの核開発問題に対し、イスラエルは当初、アメリカ政府のイランに対する軍事的圧力で解決されることを期待していた。シーア派国家イランと長年対立関係にあるスンニ派イスラム国家サウジアラビアのアブドラ国王（ファハド前国王の死去により、二〇〇五年八月一日に即位、二〇一五年一月二三日に死去）も、イランの核開発を挫折させるため、アメリカ政府に対してイランへの軍事攻撃を水面下で促していた。

だが、彼らの期待に反し、W・ブッシュ大統領はイランへの攻撃に着手する姿勢を一向に示さなかった。その状況に苛立ったイスラエルは、二〇〇九年から外国メディアに情報をリークする形で「イスラエルがイラン攻撃の準備をしている」との脅しを繰り返し行ったが、それでもイランが核開発を放棄する様子は見られなかった。

それどころか、二〇〇九年七月にはイラン革命防衛隊のジャファリ司令官が、次のような言葉でイスラエルの「挑戦」を受けて立つ姿勢を示した。

「イランにはイスラエルの核施設を攻撃する用意がある。もしイスラエルがイランを攻撃すれば、我々はイスラエル全土に対して確実に報復できる能力を有している」

そして、二〇一〇年一〇月二六日、レバノンを訪問していたイランのアフマディネジャド大統領が口にした言葉が、イスラエルとイランの関係を決定的に悪化させた。

「イスラエルが地図上から消え去る運命にあるのは明白だ」

これらの挑発的な発言に対し、イスラエルは全面戦争を引き起こす可能性が高い直接的な武力行使とは異なる手段で、イランに対する「核開発の妨害」を実行した。イランの核科学者の暗殺と、イランの核施設に対するサイバー攻撃である。

二〇一〇年一一月二九日、イランの首都テヘランで、二件の爆弾テロ事件が発生した。この事件により、イランの原子力研究に携わる二人の教授が暗殺され、イランのモスレヒ情報相は一二月二日に「犯人はイスラエル特務機関モサドの関係者だ」と発表した。

これと前後して、イランのブシェール原発（二〇一〇年七月）とナタンズのウラン濃縮用遠心分離器施設（二〇一〇年一一月）が、「スタックスネット」と呼ばれる精巧なコンピューターウイルスに感染して一時的に制御不能の状態となり、ブシェール原発では一九八六年のチェルノブイリ原発事故と同様の惨事に発展する手前まで、事態の悪化が進行した。

ナタンズのウラン濃縮施設では、この頃までに八四〇〇基へと増加した遠心分離器が稼働していたが、ここでも「スタックスネット」への感染によって、その全てが稼働不能の状態に陥っていた。

米ニューヨーク・タイムズ紙は、二〇一一年一月一五日の記事で「スタックスネットはイスラエルとアメリカの両国政府の合作」だと報じ、イスラエル南部の核施設でイランのウラン濃縮施設と同様の遠心分離器を用意して、ウイルスの効果を研究する作業が二年間にわたって行われてきたと指摘した。

イランの核施設に大打撃を与えたウイルス「スタックスネット」の詳細が明らかになると、各国のコンピューターセキュリティの専門家は、過去に例がないほど高度な技術が用いられている事実に驚愕した。安全のため外部のネットワークから切り離された、工場や発電所などの制御系システムであっても秘かに侵入してコードの書き換えなどを行い、何段階もの複雑な感染経路を経ることで、ウイルス感染の事実が発覚しにくい仕様になっていたからである。

これらの「非軍事的攻撃」によって、イランの核開発は一時的に停止状態へと追い込まれた。だが、完全に核開発計画を放棄するには至っておらず、イランの核の脅威は、その後も安全保障上の難問として、イスラエルの神経を逆撫でし続けているのである。

第一二章

新たな脅威「イスラム国」の登場

——なぜバグダディはイスラエルを敵と見なすのか——

アラブの春とシリア内戦の始まり

チュニジアで始まった民主化運動「アラブの春」

イランの核施設が、イスラエルの仕業とされるサイバー攻撃の被害からの復旧を急いでいた二〇一〇年末、北アフリカのアラブ人国家チュニジアで、独裁的な権力者ザイン・アル・アビディン・ベン・アリーの退陣を求める市民デモが湧き起こった。

のちに国際社会で「アラブの春」と呼ばれることになる、アラブ諸国における連鎖的な民主化運動の始まりである。「アラブの春」という言葉自体は、二〇〇五年のレバノンでの民主化運動の時にも用いられたが、アラブ世界を除く国際社会でこの言葉が広く使われるようになったのは、二〇一〇年のチュニジアでの民主化運動がきっかけだった。

チュニジアの反政府デモは、一二月一七日にモハメド・ブアジジという二六歳の青年が行った焼身自殺が発端となって発生した。街頭の露店で野菜や果物を売って生計を立てていた彼は、警察の横暴と役人の不正によって商売を続けられなくなり、役所の前で自分と商品のカートにガソリンをかけて火を放った。

この「抗議の焼身自殺」を撮影した動画は、インターネットで瞬く間にチュニジア中に広がり、不正が横行する独裁政権下で政治的・経済的な不満を鬱積させていた若者を中心に、各地でベン・アリー打倒のデモが次々と発生した。ベン・アリーは、警察にデモの鎮圧を命じると共に、次期大統領選に出馬しないなどの宥和《ゆうわ》策《さく》を提示して国民の怒りを鎮めようとしたが、いったん燃え上がった政権打倒運動の炎は消えなかった。

最初の焼身自殺から約一カ月後の二〇一一年一月一四日、二〇年以上にわたって権力の座を独占したベン・アリーは、ついに身の危険を感じてチュニジアを脱出し、サウジアラビアへと飛行機で逃亡した。

腐敗した独裁者が、民衆のデモによって倒されたこの出来事は、チュニジアの代表的な花とされるジャスミンにちなんで「ジャスミン革命」と呼ばれたが、アラブ系メディアの「アルジャジーラ」が事態の推移をリアルタイムで報じたことから、北アフリカや中東のアラブ諸国で同様の不満を抱く市民にも、国境を越えて影響が波及していった。

まず最初に民主化運動の火が燃え移ったのは、イスラエルの隣国エジプトだった。

同国では、一九八一年一〇月六日に発生したサダト大統領暗殺事件（第八章を参照）のあと、副大統領から正大統領に昇格したムハンマド・ホスニ・ムバラクが、約三〇年にわたって独裁的な地位を保持していた。

ムバラクは、前任者のサダトが一九七九年に締結したイスラエルとの和平条約（第七章を参照）を尊重して、イスラエルとの友好関係を維持する外交政策をとった。また、空軍将校時代に二度のソ連留学を行った経験から、ムバラクは東西冷戦期にありながら、アメリカとソ連という二大超大国の両方と良好な関係を築くことに成功した。

しかし外交面での成果とは裏腹に、ムバラクの国内政策は多くの国民の心に不満の火種をくすぶらせていた。ムバラクは、サダト大統領暗殺事件以後、エジプト国内で非常事態宣言を発令して市民の自由や権利を実質的に制限する一方、腹心を政権の要職に就かせるなど、自らの権力基盤を強固にするためにその政治状況を利用したからである。

チュニジアのベン・アリーの失脚から一一日が経過した二〇一一年一月二五日、エジプトのカイロでムバラクの退陣を要求するデモが発生し、すぐにエジプト国内の諸都市にも連鎖的に広がっていった。

ムバラクは最初、手下の内閣を総辞職させて事態を乗り切ろうとしたが、民衆の怒りは収まらず、最初のデモから一七日後の二月一一日、オマル・スレイマン副大統領がムバラクの大統領辞任を発表した。そして、ムバラクは四月一三日にデモの武力鎮圧命令と不正蓄財の容疑で身柄を拘束され、エジプトでも一時的に「民主化」が成し遂げられた。

北朝鮮と同様の「世襲の権力委譲」がなされたシリア

チュニジアとエジプトに続き、二〇一一年二月一五日には両国に挟まれた北アフリカのリビアで最高指導者カダフィ大佐に対する退陣要求デモが発生し、二月一七日にはアラビア半島南端のイエメンでも、市民がサレハ大統領の退陣を求めるデモを引き起こした。

この「ドミノ倒し」にも似た独裁者打倒と民主化要求の政治運動は、間もなくイスラエルの北東に位置するシリアにも伝播した。

シリアの政治権力は、一九七〇年から三〇年にわたり同国大統領の座に君臨したハフェズ・アル・アサド（第六章を参照）の死後、彼の次男バッシャールに継承されていた。シリアも北朝鮮と同様、自由選挙というプロセスを回避して、世襲による権力の継承（アラビア語でジュムルーキーヤ）を行った国の一つだった。

一九六五年九月一一日に生まれたバッシャールは、長男バーセルと弟マヘール、姉のブシュラとは異なり、政治にも軍事にも無縁の境遇で育ち、性格も控え目でおとなしかったといわれている。父が大統領の任期中、バッシャールが執務室に足を踏み入れたのは一度きりで、家庭でも父と政治の話をしたことはなかったという。

ダマスカスのフランス系中学校と高校を優秀な成績で卒業した後、一九八二年にダマスカス大学の医学部に入学したバッシャールは、六年後の一九八八年に同大学を卒業して、シリア軍最大の病院「ティシュリーン病院」で軍医中尉として勤務し始めた。

四年後の一九九二年からは、眼科医の能力を高めるためロンドン大学に留学。父ハフェズが自らの後継者と見込んで必要な政治・軍事の知識と経験を積ませてきた長男バーセルが、一九九四年一月二四日に交通事故で死亡した時は、研修医としてロンドンのウエスタン眼科病院に務めていた。

後継者として育てたバーセルの突然の死は、ハフェズにとって計算外の痛手だったが、悲嘆に暮れている暇はなかった。彼は即座に、ロンドン留学中の次男バッシャールに連絡をとって帰国させ、自らの後を継ぐよう命じた。

シリアに戻ったバッシャールは、すぐさま父に用意された「最高指導者の速成コース」を歩み始めた。大尉としてシリア軍へと再入隊し、ホムスの士官学校で装甲車科の士官訓練コースを受講した彼は、一九九五年一月に少佐へと昇進、ダマスカス高等軍事大学幕僚司令部訓練コースを受講して、軍事指導者としての基礎知識を身につけた。

その後、一九九七年七月に中佐、一九九九年一月には三四歳で大佐となったが、ハフェズは息子の権力基盤を強化するため、古参の将軍を次々と退役に追い込み、若手将校を抜擢《てき》《ばっ》してバッシャールの支持勢力を軍の内部に形成させた。また、政府内の「汚職根絶キャンペーン」で彼に主導的な役割を担わせ、政敵となりうる人間を次々と失脚させた。

二〇〇〇年六月一〇日、ハフェズが六九歳で死去すると、バッシャールはいきなり陸軍大将に昇進し、翌六月一一日にはシリア軍総司令官に就任した。これと同時に、彼が父の後継大統領となることが国民に発表され、七月一〇日に実施された形式的な「信任投票」で承認された後、七月一七日に宣誓式を行い、正式にシリア・アラブ共和国の第五代大統領となった。

しかし、短期間の「集中講座」で最低限必要な知識を詰め込まれたとはいえ、六年前までは政治に無関心な一眼科医として患者と接していた三五歳のバッシャールは、権謀術数が渦巻くシリア政界とアラブ世界の外交舞台で一国の最高指導者として振る舞うには、まだまだ力量が不足していた。

イスラエルのシリア核開発施設爆撃とシリア内戦の勃発

バッシャールがシリアの新大統領となった時、国際社会は「洗練された西欧的センスを身につけた若き指導者の登場」として、おおむね歓迎する姿勢を見せていた。彼の妻アスマがイギリス生まれである事実や、眼科医の研修をロンドンで行っていた頃の彼の真面目な勤務態度も、シリア新大統領のフレッシュなイメージ形成に役立っていた。

しかし、大統領就任から時間が経過するにつれて、当初の歓迎ムードは消え去り、やがてアメリカと西欧諸国は「シリアが何か良からぬことを企てているのではないか」との疑いを持ち始めるようになる。

そのきっかけとなったのは、二〇〇三年三月のイラク戦争（後述）だった。

この戦争で、シリアが積極的に対イラク戦に協力しないことに苛立《いらだ》った米政府は、イラクのバース党幹部の逃亡を助けたり、イラクの大量破壊兵器の隠匿《いんとく》に協力しているのではないかとの疑いをかけ、上下両院議会で「シリア問責法」を審議させた後、一二月一二日にジョージ・W・ブッシュ大統領が署名して、シリアに対する経済制裁を開始した。

また、長年にわたりシリアと敵対するイスラエルは、二〇〇一年頃から、シリアが北朝鮮の技術援助を受けて秘密裏に核兵器の開発を行っているとの情報を入手しており、これが完成する前に何らかの手段で破壊するという秘密作戦の計画を立案していた。

二〇〇七年九月六日の夜、イスラエル空軍の戦闘爆撃機が突然シリア領内に侵入し、同国東部のユーフラテス川沿いにあるデーレッゾール付近に建設中だった施設を奇襲攻撃して、これを完全に破壊した。攻撃したイスラエル側も、攻撃を受けたシリア側も、共にこの事件について「沈黙を保つ」（説明も相手側への非難も行わない）という不可解な態度を見せたが、一〇月に入るとアメリカの新聞報道などによって「破壊されたのは、シリアが北朝鮮の支援で建設中の核兵器開発施設であった」との事実が明るみに出た。

核開発をはじめとする、シリアの「水面下での軍備増強」を取り仕切っているのは、父の配慮にもかかわらず軍高官への影響力が弱いバッシャールではなく、彼の弟マーヘル・アル・アサドだといわれている。性格のおとなしいバッシャールとは異なり、ハフェズの三男マーヘル（一九六七年生まれ）は粗暴で激昂しやすく、シリア軍のエリートである共和国防衛隊の旅団長から長官へと登り詰めた「シリア軍の実質的な支配者」だった。

また、父ハフェズが大統領に就任して以来、シリア政府と軍の要職は、アサド一族と同じアラウィ派（イスラム教シーア派の系統だが、シリア国民の中では少数派）で占められていたが、マーヘルと共にシリア軍の実権を握る参謀次長アーセフ・シャウカット（バッシャールの義理の弟）、軍諜報庁長官アブドゥル・ファタハ・クドゥシーヤ、空軍諜報部長官ジャミール・ハッサンなどのアラウィ派の軍高官たちは、同派の支配体制を「二代目の治世」でも堅持すべく、反体制派の弾圧を無慈悲に行ってきた。

こうした「恐怖政治の世襲」に反発する、アラウィ派以外のシリア国民は、やがてバッシャール体制への不満を公然と口にするようになった。そして、チュニジアでの「アラブ

シリア政府軍と反体制派の交戦で建物が損壊し、ゴーストタウンと化したダマスカス南部タダムン地区。商店街にあった小児科や薬局は閉じてしまっている。（写真＝朝日新聞）

の春」の始まりから三カ月後の二〇一一年三月一五日以降、ダラアやホムス、ハマ、バニーヤ、アレッポなどのシリアの地方都市で発生した反バッシャールのデモは、四月一五日には遂に首都ダマスカスへと波及した。

これに対し、シリア政府側は軍と民兵組織を投入して反バッシャール派市民のデモを武力で叩きつぶす方策を選び、多数の市民が死傷する凄惨な光景が、隠し撮りされた写真や動画などにより、シリア国外の報道機関を通じて全世界へと伝えられた。

この衝突をきっかけに、シリア国内は本格的な内戦状態となり、反バッシャール派の市民に加えて、シリア軍を脱走した軍人で構成される反乱軍「自由シリア軍」がシリア政府軍との間で激しい戦闘を繰り広げた。しかし、シリアの反バッシャール派は統一的な指導部を持たず、民主化運動とは無関係なイスラム過激派なども加わっていたことから、事態は次第に混迷の度を深めていくことになる。

そして、第一次大戦後の「サイクス＝ピコ協定」（第一章を参照）を基に創られた二つの国イラクとシリアが、二一世紀に入ってイラク戦争とシリア内戦で近代国家としての安定を失った結果、両国の間に生じた大きな亀裂からその姿を現したのが、現在の国際社会を震撼《しんかん》させる新興勢力「イスラム国（ＩＳ）」だった。

イラク戦争とシリア内戦が生みだした怪物「イスラム国」

アメリカ政府によるイラク占領統治の失敗

後に「イスラム国」*を自称することになる勢力が誕生する重要な契機となったのも、二〇〇三年にアメリカの主導で行われたイラク戦争だった。

イラク戦争は、イラクの独裁者サダム・フセインが、国連決議に違反する形で大量破壊兵器を保持しているとの理由（後に事実誤認であったことが判明）で、アメリカのジョージ・W・ブッシュ大統領とディック・チェイニー副大統領、ドナルド・ラムズフェルド国防長官らの意向により始められた、米軍主体の軍事侵攻作戦だった。

二〇〇三年三月二〇日の午前五時三三分（イラク現地時間）に開始された、アメリカ軍によるイラクへの全面攻撃は、わずか三週間の戦いでサダム・フセインの独裁体制を崩壊させ、アメリカの圧倒的な軍事力を内外に見せつける形で終了したかに見えた。

しかし、W・ブッシュ大統領が同年五月一日の夜（米東部時間）、カリフォルニア州沖を航行中の空母エイブラハム・リンカーン艦上から全米に向けて演説を行い、イラク戦争における「事実上の戦闘終結」と「軍事的勝利」を宣言した頃から、皮肉にもイラク国内の情勢は急激に悪化していった。

イラクの占領統治に大きな影響力を持つアメリカ政府の思惑とは裏腹に、イラクにおける民主的な新体制の樹立は遅れ、広大な領土のあちこちに、政治的な空白状態が生じてしまった。そして、イラクの国内情勢の悪化をさらに加速させたのが、バース党員の公職追放という米占領当局の方針と、イスラム教の宗派対立だった。

フセイン体制時代のイラクは、国民の中では少数派のスンニ派が政府の重要な役職を支配しており、彼らの多くは与党である「バース党」の党員だった（第五章を参照）。だが、イラク国内の刷新《さっしん》にはフセイン色の一掃が不可欠だと考えたアメリカ政府は、イラク国軍と行政機構の全組織から、六〇万人に及ぶバース党員を追放する方針を断行した。

その結果、イラク新政府においては、国民の多数派を占めるシーア派が実権を掌握する構図に変化したが、これに不満を抱くスンニ派住民とバース党員の軍人や官僚は、イラクの新たな支配勢力となったシーア派だけでなく、このような事態を引き起こした張本人であるアメリカなどの欧米諸国に対しても、怨みと憎しみの感情を鬱積《うっせき》させていった。

こうした、イラクのスンニ派住民とバース党員の対米感情の悪化は、アメリカに対する「聖戦」をイラクでも行うことを望むアルカーイダ系の過激派勢力にとっては、きわめて好都合な状況だった。

アルカーイダの創設者ウサマ・ビンラディンは、アラブ諸国で民主化運動の波が広がっていた最中の二〇一一年五月一日に、アメリカ軍の特殊部隊によって潜伏先のパキスタンで殺害されていたが、アルカーイダの傘下組織として世界各地で反米活動を繰り広げるイスラム過激派の諸団体は、ビンラディンが死亡した後も、アメリカを主な敵と見なすテロ攻撃などの武力闘争を継続していた。

後の「イスラム国」の前身組織とも言える、ヨルダン出身のアブ・ムサブ・アル＝ザルカウィを指導者とする「タウヒード（唯一神信仰）とジハード団」も、そうしたアルカーイダ系過激派組織の一つだった。

ザルカウィは、アフガニスタンでソ連軍と戦う義勇兵としてビンラディンの知遇を得たのち、彼から二〇万ドルの資金援助を受けて、同国西部のヘラートに、アルカーイダ傘下のヨルダン人戦闘員訓練キャンプ「タウヒードとジハード団」を開設した。そして、二〇〇二年六月に同組織の司令部をイラク国内へと移し、隣国ヨルダンのアンマン駐在の米外交官を殺害するなど、アメリカに対する「聖戦（ジハード）」を開始した。

米軍の収容所で蒔かれた「イスラム国」の種子

イラク戦争の開始から五か月後の二〇〇三年八月一九日、国連の現地本部が置かれていたバグダッド東部の旧「カナル・ホテル」に、六八〇キロ分の爆弾を満載した「タウヒードとジハード団」のメンバーが運転するトラックが突っ込み、セルジオ・デメロ国連事務総長特別代表を含む二四人が死亡、一〇〇人以上が負傷する大惨事が発生した。

ザルカウィはこの後も、イラク西部のアンバル県にあるファルージャに拠点を置き、駐留米軍を標的とする自爆攻撃や仕掛け爆弾を用いた攻撃を繰り返した。

ザルカウィと「タウヒードとジハード団」がイラクで行った武力闘争は、他のアルカーイダ系組織の行動規範とは異なる、いくつかの特徴を備えていた。

まず、アメリカ軍などの「異教徒」だけでなく、同じムスリムであるシーア派をも「教義解釈が異なる」との理由で攻撃対象に含めていたこと。次に、敵対国と見なす国籍の人間を人質に取り、ビデオカメラの前に引き出して「攻撃停止」や「軍の撤退」を要求し、相手が聞き入れなければ斬首などの残虐な手法で人質を殺害すること。

最初に標的となったのは、二〇〇四年五月に殺されたアメリカ人だったが、同年一〇月にはイラクを単身旅行中だった日本人が「イラクに駐留する自衛隊の撤退」を要求する人質として、ビデオに撮影された。当時の小泉純一郎首相は、この要求を拒絶し、当時二四歳だった日本人の若者は「タウヒードとジハード団」によって斬首された。

こうした脅迫動画を撮影する際、ザルカウィはやがて人質にオレンジ色の「囚人服」を着せるようになったが、その理由は当時アルカーイダとの繋がりなどの容疑で米軍の管理する刑務所に収監されたムスリムが、同様の服を着せられていたからだといわれている。

一方、イラク戦争開始から約一年後の二〇〇四年二月、「タウヒードとジハード団」で反米武力闘争を指導する幹部の一人が米軍に身柄を拘束され、イラク南部のウム・カスル近郊にあるキャンプ・ブッカという米軍管理下の収容所に送られていた。

他の収監者と共にオレンジ色の囚人服を着せられたその男こそ、後に「イスラム国」の最高指導者となる、アブ・バクル・アル＝バグダディだった。

一九七一年（月日不明）にイラクのサマラ近郊で生まれたバグダディは、本名を「イブラヒム・アワド・イブラヒム・アル＝バドリ」といい、「イスラム国」側の情報によれば、預言者ムハンマドの出身部族「クライシュ族」の血筋を引く家庭に生まれた。

その後、バグダッドのイスラム大学に進学し、イスラム学の博士号を取得したバグダディは、バグダッド郊外のトブチという街にあるスンニ派のモスクで、説教師としての職を得た。ビンラディンと同様、孤独を好み、物静かな立ち居振る舞いのバグダディは、サダム・フセイン体制下の世俗的なイスラム教の国イラクでは少数派に属する、イスラム教聖職者としての日々を送っていた。

イラク戦争が勃発すると、バグダディはまずスンニ派の民兵組織「スンナと共同体の民軍（ＪＪＡＳＪ）」でイスラム法（シャリーア）委員長となり、やがてザルカウィの「タウヒードとジハード団」に参加して、外国人義勇兵の密入国管理などを担当した。

バグダディが送られたキャンプ・ブッカには、元アルカーイダ系の過激派に加えて、元バース党員やスンニ派の元イラク軍人など、反米思想を共有する人間が数多く収監されていた。後に世界を震撼させる新興勢力「イスラム国」の中枢組織は、実質的にこの収容所で生活を共にしたバグダディとその仲間によって形成されたといわれている。

シリア内戦に乗じて勢力を拡大した「イスラム国」の原型

二〇〇六年六月七日、ザルカウィは米軍の爆撃によって死亡したが、キャンプ・ブッカを釈放されたバグダディと反米活動家たちは、「タウヒードとジハード団」の流れを汲む後身の武装組織「イラク・ムジャヒディン諮問評議会」に加わった。同組織のイスラム法委員長となったバグダディは、同組織が同年一〇月に「イラクのイスラム国（ISI）」に改組された後は、同職に加えて「最高指導評議会」の委員も兼任するようになった。

元アフガニスタン義勇兵などの荒くれ者が多いアルカーイダ系組織の中で、イスラム学の博士号を持つバグダディは、米軍やシーア派を敵とする武力闘争を「イスラムの教義」で裏付けて正当化する術に長《た》けており、ある意味で「文武両道」とも言える才能を発揮して、「イラクのイスラム国」内での地位を着実に高めていった。

二〇一〇年四月一八日、米軍の爆撃によって「イラクのイスラム国」の主要幹部が死亡すると、バグダディが五月一六日付で後継の「首長」に選出され、後に「イスラム国」へと発展する「イラクのイスラム国」の新体制がスタートした。バグダディは、キャンプ・ブッカで意気投合した旧イラク軍将校らを自分の副官や幹部として多数登用し、テロ主体の過激派勢力を、プロフェッショナルな軍事組織へと改編していった。

そして二〇一一年三月、バグダディと「イラクのイスラム国」にとって好都合な政治的変動が、隣国シリアで発生する。前記した通り、「アラブの春」と呼ばれるアラブ諸国の民主化運動が、バッシャール・アサド大統領の君臨する独裁国シリアへも波及し、政府軍と反政府軍の間で激しい内戦が勃発したのである。

反アサド派は、サウジアラビアやカタールなどの外国から資金援助を受けながら、闇市場で流通する武器を購入し、アサド政権に対する武力闘争を開始した。しかし、反アサド派は宗派や政治思想の違いから、連携してアサド派の政府軍と戦うことができず、シリアの内戦は政府側と反政府側が一進一退する、完全な膠着《こうちゃく》状態へと陥った。

この情勢を見たバグダディは、イラクとシリアにまたがる形で支配地域を確保すれば、どちらか一方で劣勢になっても緊急避難的に他方の国へと退却できる「戦略的縦深」が得られると考え、「イラクのイスラム国」に加わっているシリア人義勇兵を、同年八月頃からシリア領内へと浸透させた。

二〇一二年一月、これらのシリア人は「アル＝ヌスラ戦線」と称する反アサド派の武装勢力を立ち上げ、司令官アブ・ムハンマド・ジャウラニ（別名ゴラニ）の指揮下で、アサド体制の打倒を目指してシリア内戦に「参戦」した。

シリアの反アサド派武装勢力の中には、政府軍を脱走したプロの軍人も少なからず存在したが、多くは民兵主体の弱体な組織で、ヌスラ戦線はわずか一年のうちに、シリアの反アサド陣営で有力な一角を占める存在となった。この展開に満足したバグダディは、二〇一三年四月九日、ジャウラニとヌスラ戦線は「イラクのイスラム国」の一員としてシリア入りしたことを明らかにした上で、今後はヌスラ戦線をこれに統合し、組織名も「イラクとシャームのイスラム国（ＩＳＩＳ）」と改称すると発表した。

シャームとは、地中海東方のシリアとレバノンを中心とするアラブ人居住地域を指す古い地名で、領域の範囲についてはいくつかの解釈が存在する。ヨーロッパ人が「レヴァント」と呼ぶ一帯とも地域がほぼ重なるため、欧米では「イラクとレヴァントのイスラム国（ＩＳＩＬ）」という呼称も使われる。なお、アラブ圏ではＩＳＩＬのアラビア語での頭文字を並べて「ダーイシュ」と呼ぶが、主に批判的な文脈で用いられる呼称とされる。


【＊】

「イスラム国」＝この呼称については、独立国家として外国政府に承認された実績が無いこと、彼らが「イスラムの国」と名乗ることに拒否感を示すムスリムが世界に多数存在すること等の理由で使用せず、改称前に使われていた「ＩＳＩＳ」や「ＩＳＩＬ」（意味は本文で解説）を使う媒体も（特に英語圏で）多数あるが、本書では留保の意味でカギカッコを付けた上で「イスラム国」を使用した。

イラク北部での「イスラム国」の躍進

モスル攻略で形勢を逆転したISIS

「イラクのイスラム国」を率いる最高指導者のバグダディは、同組織を「イラクとシャームのイスラム国」に改組することは、組織の強化に繋がる発展的な拡大であり、ジャウラニとヌスラ戦線も当然、これに従うものと考えていた。ところが、ジャウラニは翌四月一〇日、次のような声明を発表し、バグダディの声明に真っ向から異を唱えた。

「ヌスラ戦線は『イラクのイスラム国』への統合を拒否し、アイマン・アル＝ザワヒリへの忠誠を誓う」

ザワヒリとは、ビンラディンが死亡した後、アルカーイダの組織でトップに立っていたエジプト出身のイスラム過激思想の理論家だった。ジャウラニとヌスラ戦線のシリア人戦闘員は、アルカーイダ直系の独立勢力としてアサド政権を打倒し、自らが「シリアの新たな支配者」となることを目指したのである。

しかし、バグダディは、既存の「イラク」や「シリア」という区分を超越した形で、かつて「タウヒードとジハード団」の指導者ザルカウィが構想していたとされる「カリフ制国家」（後述）を、この地で実現することを最終的な目標と考えていた。

本書で述べてきた通り、これらの国家区分は基本的に英仏両国の利害で定められたものであり、そこに住むアラブ人は本来、従う必要がないと考えていたからである。

バグダディとヌスラ戦線の対立を見たザワヒリは、シリアの情勢はジャウラニに任せてはどうかと仲裁を試みた。ザワヒリは、イラク戦争の勃発以後、ザルカウィとその後継者がイラクで実行している武力闘争の手法を、以前から苦々しく思っていたが、その理由は、同じムスリムのシーア派を「不信仰者」と決めつけて攻撃する考え方（タクフィール主義）と、敵と見なす相手に対して平然と斬首などの処刑を行う残虐さにあった。

だが、バグダディは「そのような、サイクス＝ピコ協定に基づくシリアとイラクの区分を前提として受け入れるのはおかしいのではないか」と反論、ザワヒリによる仲裁は決裂した。ザワヒリは、二〇一四年二月に改めてヌスラ戦線の支持を表明し、バグダディとＩＳＩＳは事実上、アルカーイダから「破門」されることとなった。

この事件を機に、ＩＳＩＳとヌスラ戦線はシリアで敵対する関係となり、シリア内戦の一角で行われたこの「内輪もめ」により、シリアの情勢はますます混迷の度を深めた。二〇一四年に入ると、他の反アサド派と協力したヌスラ戦線が、ＩＳＩＳの軍勢を各地で圧倒するようになり、ＩＳＩＳはシリアでの支配地域を段階的に縮小させられていった。

こうした窮状を救ったのが、イラク北西部に存在するＩＳＩＳの支配地域の存在だった。イラクとシリアの国境を自由に行き来するＩＳＩＳの軍勢は、いったんイラク側へと撤退して態勢を整え、シリアでの巻き返しに備えた戦力の増強を行う方策をとった。

イラク国内では、シーア派のヌーリ・マリキを首班とするイラク新政権下で政治的・宗派的対立の構図が続いており、反シーア派の戦いを展開する元イラク軍人の武装勢力は、同じ価値観を持つ旧イラク軍将校が副官を務めるＩＳＩＳに次々と吸収されていった。

これらの元イラク軍武装勢力の参入は、ＩＳＩＳの軍事的能力を飛躍的に向上させた。

二〇一四年六月九日、ＩＳＩＳは約一〇〇〇人の兵力で、イラク第二の都市モスルに対する総攻撃を開始した。同市には、イラク政府軍と治安部隊約三万人が展開しており、通常ならば全く成功の見込みがない無謀な攻勢だったが、予想に反してイラク軍部隊は瞬く間に総崩れとなり、翌六月一〇日にはモスルの全市がＩＳＩＳの手に落ちた。

二〇〇四年六月の主権回復後に再建され、練度も士気も低いイラク政府軍の兵士は、敵が旧フセイン時代の軍人から成る精鋭部隊と残忍な処刑で知られるＩＳＩＳだと知るとパニックに陥り、軍服を脱ぎ捨てて南へと逃亡した。市内に配備されていたイラク政府配下の治安部隊もそれに続き、ＩＳＩＳはイラク政府軍の武器庫と市内の中央銀行を占領し、資金と軍事力の両面で莫大な「戦利品」を獲得したのである。

「カリフ」として姿を現したバグダディ

モスルを一撃で陥落させた後も、ＩＳＩＳの進撃は止まらなかった。

その翌日の六月一一日、ＩＳＩＳの部隊はサダム・フセイン元大統領の出身地ティクリートを席巻し、翌一二日にはネットを通じて「我々はこれより、首都バグダッドと中部カルバラおよびナジャフ（共にシーア派の聖地）へ進撃する」との声明文を読み上げた。

それと共に、モスルで獲得した旧ソ連製の戦車や装甲兵員輸送車、アメリカ政府がイラク政府軍に供与した多用途軍用車（ハンヴィー）、迫撃砲や高射砲などの重装備を、迅速にシリア領内の拠点へと移動させた。シリアにおけるＩＳＩＳの最大拠点は、北部の都市ラッカだったが、彼らはここを占領後、独自の行政区分に基づいて「シャーム州の州都」と位置づけ、内戦で破壊された社会インフラの再建と秩序回復を行いながら、自らのイスラム教義解釈に基づく統治の既成事実を構築していった。

モスル陥落から一九日後の六月二九日、ＩＳＩＳは組織名の「イスラム国（ＩＳ）」への改称と、「カリフ制」のイスラム国家樹立を内外に向けて宣言した。カリフとは、預言者ムハンマドの後継者（代理人）として選出される「全イスラム世界の正統な指導者」だったが、オスマン帝国が第一次大戦で敗北した後の一九二四年に、事実上廃止されていた。

二日後の七月一日、バグダディは世界中のムスリムに「『イスラム国』への移住」を呼びかけたが、彼はそれまで組織外の表舞台で活動していなかったため、この時点ではバグダディとは何者なのか誰も知らず、この呼びかけはほとんど反響を呼ばなかった。

だが、二〇一四年七月四日、モスルのヌーリー・モスクで執り行われた金曜礼拝に、バグダディが「カリフ・イブラヒム」として初めて公衆の面前に姿を現し、その模様を収めた動画が翌日ネット上に公開されると、イスラム社会には大きな衝撃が走った。

六三〇年にメッカを制圧した時、預言者ムハンマドは黒いターバンを被《かぶ》っていたとされるが、それを彷彿《ほうふつ》とさせる黒いターバンと黒い衣服を着たバグダディは、学識の高いイスラム指導者の威厳をたたえた立ち居振る舞いで、約一三分にわたる説法を行った。

「(ムハンマドの代理人)カリフの指名はイスラム教徒の義務であるが、その義務を何世紀にもわたって怠ってきた。カリフが地上より消え去って久しい。しかし、ようやくカリフ制が成就した。そして私は、偉大な義務を引き受けた。私を選んだのはあなた方だ。私は、あなた方より偉いわけでも、優れているわけでもない。もし私を信頼に足ると思ったなら、私を支えてほしい。もし私が間違っていると見るなら、教えて、正してほしい。私が神(アッラー)の教えに従う限り、私に従うといい。もし私が神の教えに背く者なら、私に従うことはない」

この「カリフ・イブラヒム」の呼びかけは、初代カリフに選出されたアブー・バクルが、六三二年に最初の演説で述べたとされる次のような言葉を踏襲するものだった。

「私が神とその預言者(ムハンマド)に従う限り、みなさんは私に従ってください。もし私が、神とその預言者に従わなかった時には、私に従ってはなりません」

実際には、カリフ制はオスマン帝国時代にも形式的に存在し、トルコの「スルタン(統治者)」が兼任していた(前記した通り、第一次大戦後の一九二四年に廃止)。

だが、バグダディが言及したのは「正統カリフ」と呼ばれる七世紀の四代のカリフ(初代アブー・バクル【在位六三二〜六三四年】、第二代ウマル【六三四〜六四四年】、第三代ウスマン【六四四〜六五六年】、第四代アリー【六五六〜六六一年】）であり、彼が「クライシュ族」の末裔であるとの説明を「イスラム国」の宣伝部門が強調するのも、スンニ派の教義に基づく後継カリフの資格を彼が備えていることを示すためだった。

バース党の元官僚が支える「イスラム国」の統治法

イラクとシリアを「振り子」のように行き来しながら、人員規模を拡大した「イスラム国」は、間もなくシリアでも戦局を挽回することに成功する。

経験豊富な元イラク軍人と、イラク国軍から奪った大量の近代兵器を備えた彼らは、ヌスラ戦線や反アサド派の武装勢力と戦いながら支配領域を拡大したが、敗北した敵陣営の戦闘員の中には、「イスラム国」に恭順《きょうじゅん》を示して吸収される者も少なからず存在した。

こうして、「イスラム国」はイラクとシリア両国の北部で、支配する都市や町の数を増やしていったが、軍事力の増強による急速な勢力拡大を陰で支えたのは、他の武装勢力とは全く異なる「統治法」だった。軍人と共に「イスラム国」へと加わった、バース党員の元官僚たちにとって、新たな占領地は、旧フセイン政権で行政機構を担った経験を存分に発揮できる格好の「舞台」だったのである。

社会基盤の仕組みを熟知した彼らは、どの分野に重点を置けば住民の信頼を得られるかを把握しており、充分な予算を投じて「イスラム国レジーム」を各地域で構築していった。内戦で破壊された水道や電気などのインフラを復旧させ、調理などに使うガスボンベを供給し、食糧や飲料水の配給も行った。「ヒスバ」と呼ばれる風紀取り締まりの組織が市内をパトロールして、服装の乱れや強欲な商売などを監視し、富裕な住民からは「ザカート（喜捨）省」が税金を徴収し、母子家庭には「子育て支援」の手当が支給された。

その一方で、「イスラム国」は七世紀頃のイスラム社会を手本とする復古的な教義解釈を住民にも強制し、従わない者は、暴力や処刑などの冷酷な手段で処罰することも厭《いと》わなかった。イラクとシリアの世俗的な社会で暮らしてきた住民はもとより、当面の利害一致から「イスラム国」へと参加していた元イラク軍人や元バース党官僚の中からも、こうした「教義強制」のやり方への疑問や異議が噴出したが、「イスラム国」指導部はそのような批判者をも「不信心者」と決めつけて、処刑などの強権的な手法で叩きつぶした。

このように、「イスラム国」はイラクとシリアの支配地域内で、住民に対し「飴と鞭」を使い分ける形で、擬制的な国家制度を構築していったが、その社会事業を支える財政面でも、他の反政府武装組織とは比較にならないほど潤沢な資金に裏付けられていた。

アルカーイダ系の土着型武装組織をはじめ、ほとんどの反政府勢力は同じ宗派に属する海外の富裕層や外国政府からの援助を資金源としており、メディアで大きく報じられる「テロ活動」には、そのような資金集めのための「宣伝」という側面もあった。それに対し、「イスラム国」の場合はイラクとシリアで奪取した政府資産と、支配地域内で採掘される石油や美術品の密売、支配地域住民からの徴税、そして身柄を拘束した外国人人質と交換に得る身代金など、外国資金だけに頼らない財政基盤を構築していた。

特に重要な財源となっていたのは、産油国であるがゆえに得られる石油の売上で、もしイラクやシリアが産油国でなかったとしたら、「イスラム国」という擬制国家は生まれていなかった可能性が高いと考えられた。バース党の元官僚たちは、「イスラム国」の財務を驚くほどの几帳面さで管理し、財務等の報告書を年二回以上のペースで作成した。

また、二〇一四年一一月一四日には、オスマン帝国時代と同じ「ディナール」と「ディルハム」を単位とする独自通貨（金貨、銀貨、銅貨）を発行すると発表した。

8 「イスラム国（IS）」の支配地域 2015年12月の状況

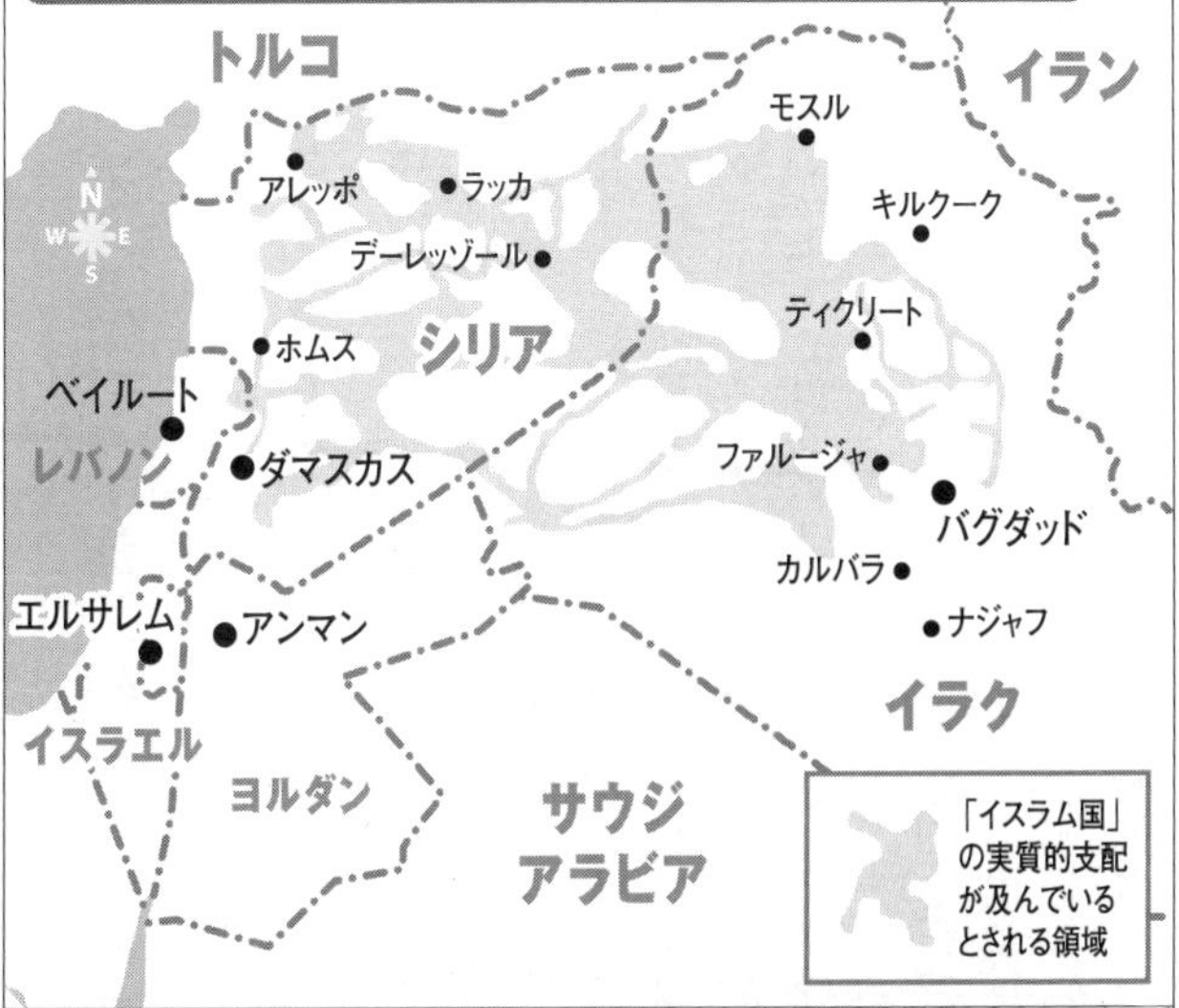

イラクとシリア以外の「イスラム国（IS）」の主な共闘勢力

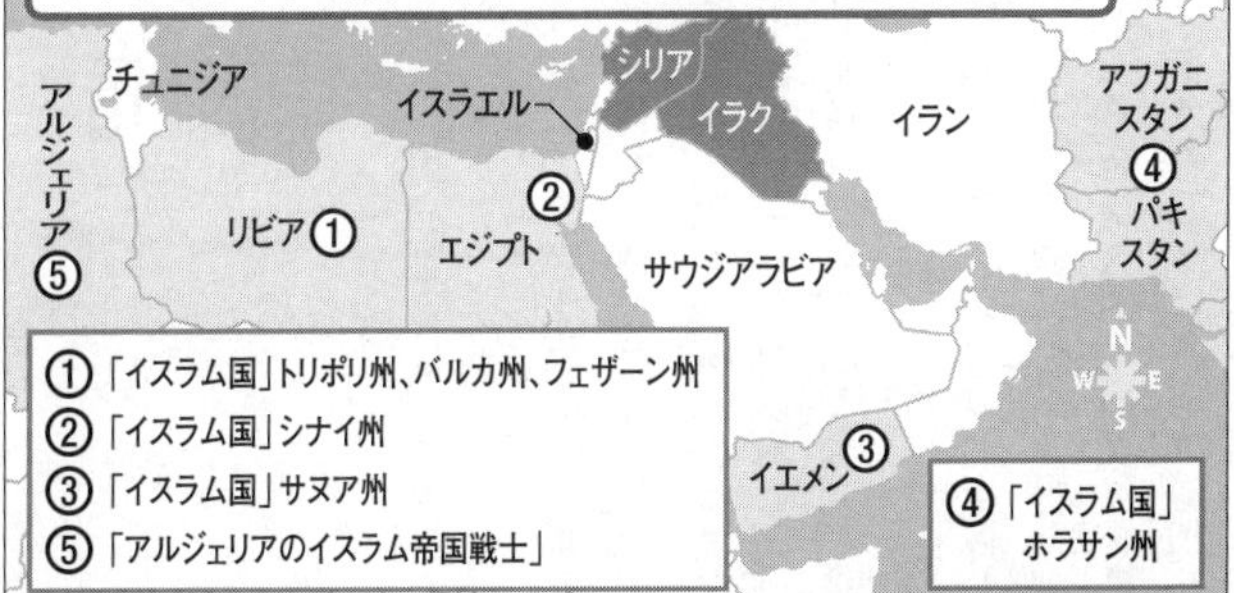

パレスチナ問題にも干渉し始めた「イスラム国」

アメリカ軍の「イスラム国」空爆開始

イラク第二の都市モスルの陥落と、それに続く「イスラム国」の樹立宣言は、イラク政府とその「後見人」的存在であるアメリカ政府に、大きな衝撃を与えた。

そして、勢いに乗る「イスラム国」の軍勢が、二〇一四年八月にイラク北東部のクルド人自治区へ進出すると、アメリカ政府は従来の「イラク政府の背後から情勢を見守る」姿勢を捨て、より直接的な形でこの「紛争」に関与する方向へと政策方針の転換を余儀なくされた。イラク北部のクルド人勢力は、イラク戦争の開始以前から、アメリカ政府と友好的な関係を築いており、サダム・フセイン体制後のイラクで公布された新憲法では「クルディスタン自治政府（KRG）」の樹立が認められていた。

クルディスタン自治政府は、約二五万人の兵力を持つ武装組織「ペシュメルガ」を擁していたが、指揮系統は一本化されておらず、その内情は特定の政党や部族に忠誠を誓う部隊の集合体だった。八月二日に開始された、クルド人地域への「イスラム国」の攻勢を受けて、兵力では優るものの指揮統制と装備兵器で劣るペシュメルガの部隊は各地で退却し、八月七日にはイラク最大のダム「モスル・ダム」が「イスラム国」の手に落ちた。

モスル・ダムは、チグリス川上流に建設された水力発電施設で、放水量の調整によってイラク中南部への水の供給を減らしたり、逆に沿岸地域一帯に洪水を引き起こすことも可能だった。この事態に危機感を募らせたイラク政府とクルディスタン自治政府は、アメリカ政府に「イスラム国」への爆撃を要請し、オバマ大統領は翌八月八日から、米軍機による「イスラム国」部隊を目標とする爆撃を開始させた。

この米軍の爆撃は、公式には「イスラム国」の進出で危険な状態に陥っていたクルド人の少数派「ヤジディ教徒」（イスラム教やキリスト教、ユダヤ教、ゾロアスター教など様々な宗教が融合した民族宗教を信仰する）を救う人道目的の行動とされたが、クルド人地域の油田にはエクソンモービルやシェブロンなどの米国系石油企業も進出しており、その権益を護《まも》る意図もあったと言われている。

実際、クルディスタン自治政府のバルザーニ大統領は、二〇一二年四月に次のような発言を行っていた。

「（クルド人居住地域の石油権益への）エクソンモービルの参入は、米軍一〇個師団に匹敵する。彼ら（米軍）は、それ（同社の石油権益）を守るために戦うだろう」

「七世紀の人間」対「二一世紀の人間」の対峙

二〇一四年九月二四日、国連安保理で「『イスラム国』への参加目的でのシリアとイラクへの入国禁止」を加盟国に義務づける決議第二一八七号が採択された。

イスラム圏のアラブ諸国を含む各国が、「イスラム国」を特に危険な存在と見なす最大の理由は、彼らが現在の国際社会で共通認識とされている価値観、特に人権や人道の尊重という観点を平然と無視し、斬首による処刑や奴隷制の復活など、七世紀のアラブ世界に存在した慣習を、二一世紀の現代にそのまま甦らせていることだった。

全イスラム世界の「正統な指導者（カリフ）」を自称するバグダディと「イスラム国」の構成員は、現在の国際社会では「非人道的な蛮行」と見なされるこうした行動について、コーラン（預言者ムハンマドが聞いた神の啓示を書き記した聖典）やハディース（ムハンマドの言行録）の該当する文章を引用しながら「これは神によって認められた行いであり、それに異を唱える者こそが不信心者だ」と反論している。

例えば、奴隷制の復活については「一神教（イスラム教、キリスト教、ユダヤ教）の信徒を奴隷にすることは許されないが、多神教の信徒を奴隷にすることは許される」との意味を持つとも解釈できる文面を根拠に、彼らが「多神教」と見なすヤジディ教徒などを奴隷として扱うことを正当化している。

こうした構図を考えれば、「『イスラム国』対国際社会」という対立の構図は、「独自の教義解釈に凝り固まった一部のムスリム過激派」対「それ以外の穏健なムスリムと異教徒（非ムスリム）」の対立であるのと同時に、「七世紀のアラビア半島に生きる人間」対「二一世紀の世界に生きる人間」の対立という捉え方もできる。

そして、イスラム圏のアラブ諸国だけでなく、欧米社会の一角で暮らすムスリムの中にも、「イスラム国」が唱える「七世紀のアラブ世界では一般的だったとされる慣習」に魅力を感じ、それこそが社会の不正や不条理を解消できる最終的・究極的な解決法だと理解して、「イスラム国」の「聖戦」に直接的・間接的に参加する人間が続出した。

特に、かつて「アラブの春」によって民主化運動が進められたリビアやエジプト、イエメンなどでは、現状に不満を抱く若者らが「民主主義」ではなく、イスラム過激派組織が提唱する「イスラム復古主義」に救いの手を求める動きが現れ、やがて「イスラム国の分派」としての活動を開始した。

リビアでは、首都トリポリを中心とする「イスラム国トリポリ州」をはじめ、「イスラム国バルカ州」「イスラム国フェザーン州」の三勢力がバグダディに忠誠を誓い、イエメンでも「イスラム国サヌア州」が、イスラム教シーア派のモスクなどを狙ったテロ事件を引き起こした。そしてエジプトでは「イスラム国シナイ州」が、イスラエルに隣接するシナイ半島を拠点に活動を開始し、エジプト軍施設などで自爆攻撃を実行した。

二〇一五年一〇月三一日、エジプトのシナイ半島を飛び立ったロシアの旅客機が突然墜落し、乗員乗客二二四人が死亡する大惨事が発生した。この事件に際し、「イスラム国シナイ州」は犯行声明を出したが、現在のところ犯人や墜落原因は判明していない。

直接的な形で「イスラム国」に加わる義勇兵は、多くの場合、トルコとの国境を越えてシリアやイラクに入り、そこで現地の戦闘部隊に参加したが、間接的な形で「イスラム国」の戦いを支援する人間については、具体的な形で類型化することがきわめて難しい。イラクやシリアから遠く離れた場所で、突然爆弾テロや特定施設の襲撃、人質をとった立て籠もり事件を引き起こす犯人は、過去にシリアやイラクで軍事訓練を受けて帰国した者（いわゆる「ホームグロウン・テロリスト」）もいれば、インターネットを通じて「イスラム国」の思想に共感し、自発的に「自分にもできる戦い」を始めた者もいる。

このように、「イスラム国」は自らの宗教的政治闘争の理念を、インターネットを駆使して全世界に向けて発信する術に長けており、彼らの宣伝広報部門が制作する各種の動画や電子雑誌『ＤＡＢＩＱ（ダービク）』、ＳＮＳなどの情報に触れたことがきっかけで「イスラム国」の義勇兵に志願した者も少なからず存在した。

そして、二〇一五年にネット配信された電子雑誌『ＤＡＢＩＱ』の第六号に掲載された「敵の言葉から」という連載コーナーで、「イスラム国」の敵として写真入りで取り上げられたのが、イスラエルのベンヤミン・ネタニヤフ首相だった。

イスラエルとファタハ、ハマスの全てと敵対する「イスラム国」

二〇一五年一二月二六日、「イスラム国」の宣伝広報部門は、バグダディの声明とされる音声をインターネット上で公開した。その中で、バグダディは「パレスチナはユダヤ人にとっての墓場となる」「（イスラエルのユダヤ人は）間もなくイスラム聖戦士の行進の音を聞くことになるだろう」と述べ、イスラエルに対する攻撃の実行を示唆した。

また、二〇一六年五月には、このバグダディの音声メッセージの一部を織り込んで、エジプトのシナイ半島からイスラエルへの攻撃を扇動する内容の動画が、同じく「イスラム国」の宣伝広報部門によってネット上に公開された。

「カリフ国家の兵士は、いまやシナイ半島で戦っている（先に触れた『イスラム国シナイ州』を指す）。彼らの視線は、エルサレムのアル・アクサ・モスクに向けられている。そして、アル・アクサまでの距離は、日々近づいている。我々は、パレスチナの被占領地で、ユダヤ人への攻撃を継続する。

ユダヤ人よ、あなた方はパレスチナの地には安住できない。

シナイ半島の『イスラム国』支配地域は、やがてイスラエルのネゲブ、ベエルシェバ、エイラート、そしてエルサレムへと広がっていくだろう」

これを見ると、「イスラム国」はイスラエルとパレスチナの紛争において、同じムスリムであるパレスチナ側の味方をしているかのように思える。

しかし実際には、奇妙なことに「イスラム国」は、パレスチナのファタハとハマスに対しても、イスラム法を実践しない「不信仰者」と断定し、批判や攻撃の標的としている。

二〇一五年六月三〇日にネットで公開された「エルサレムの人々へ」という「イスラム国」の宣伝動画では、ガザ地区で「イスラム国」に賛同して武力闘争を展開している小規模な武装勢力「サラフィー主義者」を、ハマスが逮捕・拘束している事実に触れたあと、次のような言葉でイスラエルとハマス、そしてファタハを批判した。

「我々は、ユダヤ人（イスラエル）とお前たち（ハマス）、ファタハを根絶する。いずれも社会には必要のない世俗派であり、我々の支持勢力によって踏みつぶされるだろう。（ハマスに逮捕されたサラフィー主義者などの）兄弟たちよ。今は堪え忍ぶことだ。君らが彼ら（イスラエル、ハマス、ファタハ）を追い払う日は必ずやってくる」

パレスチナのファタハは、イスラエルと共存する形での「パレスチナ国家」樹立を目標とし、ハマスはイスラエル国家を認めない形での「パレスチナ国家」樹立を目指している。だが、「イスラム国」はそのどちらでもなく、既存の国家の枠組みを超越した（あるいは無視した）形で、現在のイスラエルを含むパレスチナ全土が「カリフ国家（イスラム国）」の領土に組み込まれることを当然視している。

それゆえ、「イスラム国」のパレスチナ問題に対する姿勢は、イスラエルに対抗するパレスチナの既存勢力との「共闘」ではなく、それらの既存勢力をも「除去すべき敵」と見なしている点で、従来のイスラム過激派とは大きく異なっている。

その意味では、パレスチナのファタハとハマスにとっても、「イスラム国」はパレスチナ国家樹立という形での問題解決を邪魔する「厄介な第三勢力」という存在だった。

一方、「イスラム国」から「敵」と名指しされたイスラエルは、現在まで自国民を標的としたテロ攻撃が行われていないこともあり、具体的な軍事行動には参加していない。

むしろ、イスラエルから見れば、「イスラム国」は自国の脅威であるシリアのアサド政権やパレスチナのハマスおよびファタハを側面から「牽制《けんせい》」する存在であり、自国への直接的な危害が及ばない限り、積極的に排除する理由は見当たらない。特にガザ地区でのハマスとサラフィー主義者の「内紛」は、イスラエルにとって好都合な状況だと言えた。

実際、二〇一六年一月一九日にイスラエル国家安全保障研究所（ＩＮＳＳ）で行われた会議において、イスラエルのモシェ・ヤーロン国防相は「イランとＩＳＩＳのどちらか一方を（手を組む相手として）選べと言われたら、私ならＩＳＩＳを選ぶ。イランは我々の主たる敵だ」と明言しており、イスラエル政府内では「イスラム国」は現時点で、さほど危険な安全保障上の脅威とは見なされていない。

イラクとシリアに突如として出現した「イスラム国」は、イスラエルとパレスチナの長く終わらない紛争の構図を、さらに混乱・複雑化させるという、誰も予想しなかった副産物をも生み出していたのである。

いまだ解決の光が見えないパレスチナ問題

繰り返されるガザ地区へのイスラエル軍の攻撃

二〇一六年は、イスラエルの建国宣言が行われた一九四八年から数えて六八年、アラブ人組織のリーダーがエルサレムに集まって「これ以上のユダヤ人をパレスチナに入植させてはならない」との決定を下した一九三六年からだと八〇年目に当たるが、パレスチナ／イスラエルの紛争と対立は、いまだ解決する兆しが見えていない。

むしろ、そこに住むユダヤ人とアラブ人の関係が著しく悪化していた時代へと逆戻りしている状況にある。暴力と不寛容と憎悪が双方に広がり、相互不信が常態化する中で、憎しみの連鎖が新たな衝突を生み出すという悪循環に陥っている。

現在のイスラエル首相ネタニヤフは、歴代首相の中でも特にパレスチナに対して非宥和的な政策をとっており、パレスチナ国家の独立も一切認めない態度を貫いている。一方、パレスチナ側のハマスも、繰り返されるイスラエル軍の攻撃による市民の被害を理由に、イスラエルに対する武力闘争を停止しようとはしない。

二〇一四年七月一七日の夜、イスラエル軍はガザ地区に対する空爆を実行した後、地上部隊を侵攻させた。その理由は「ハマスが地下トンネルをガザからイスラエル領内に掘って、キブツ（集団農場）への攻撃に利用しようとした」というもので、イスラエル軍はガザ領内で計一三本のトンネルを確認した上、これらを破壊した。

このガザへの侵攻に前後して、ハマスも大量のロケット弾でイスラエルへの攻撃を行っていた。双方とも、相手側の攻撃を、自らの攻撃を正当化する根拠として用いており、同年七月八日から八月三日までの約一カ月間の戦闘で、ガザ側では一八三〇人のパレスチナ人が死亡し、イスラエル側でも兵士六四人と市民三人が死亡した。

こうしたガザ紛争の泥沼化により、イスラエル国民が政府に求める姿勢もより強硬なものとなり、いわゆる「極右」の政党や政治家の影響力が増大することとなった。

二〇一五年三月九日、極右政党「わが家イスラエル」の党首でネタニヤフ政権の外相を務めるアビグドル・リーベルマンが、イスラエル西部のヘルツェリアで演説を行ったが、そこで彼が口にしたのは次のような言葉だった。

「我々の側につく者（イスラエルのアラブ人）にはすべてを与えよう。だが、我々に逆らう者たちに相応《ふさわ》しいのは、斧で首を斬る刑（斬首刑）だ」

この過激な発言に対し、イスラエル国内では「イスラエルの刑法と基本法（事実上の憲法）に違反する犯罪行為（扇動）だ」として学者などから批判が湧き起こったが、リーベルマンの地位は揺るがなかった。逆に、二〇一六年五月には、政治的には「穏健派」に属していたヤーロン国防相の辞任に伴い、リーベルマンを次期国防相とすることでネタニヤフと合意したとの報道がなされた（その後、五月三〇日に国会が承認）。

旧ソ連のモルダビア（現モルドバ）で生まれ、二〇歳の時にイスラエルへ移住したリーベルマンは、青年時代にはユダヤ人至上主義の選民思想と排外主義を唱える政治運動「カハネ主義」に傾倒し、政治家となってからも一貫してパレスチナ人を敵視する態度をとっていた。イスラエル国内では、リーベルマンがネタニヤフの後継首相となり、強硬路線をさらにエスカレートさせるのではないかとの観測も語られている。

ネタニヤフのイラン敵視と「ホロコースト」をめぐる暴論

二〇一五年三月一七日のイスラエル総選挙を控えたネタニヤフは、同年三月三日、米共和党の取り計らいによって米議会で演説を行い、アメリカを含む主要国はイランの核開発をめぐってイラン政府と「ひどい合意」を結ぼうとしていると批判した。

この時、オバマ米大統領は「総選挙前の外国元首とは面会しない（政治宣伝に利用されるのを避けるため）」との原則に従って訪米中のネタニヤフとの会談は行わず、イランとの交渉に関するネタニヤフの発言にも「特に目新しい内容はない」と取り合わなかった。

それから四カ月が経過した同年七月一四日、米欧など六カ国（アメリカ、イギリス、フランス、中国、ロシア、ドイツ）とイランによる核協議が最終合意に達した。その内容は、イランの核開発に大きな制約を課し、一定の条件下での軍事施設への査察も義務づけるものだったが、核開発の能力を保持することは認められた。

現在のイスラエル首相ネタニヤフ。歴代首相の中でも特にパレスチナに対して非宥和的な政策をとっており、パレスチナ国家の独立も一切認めない態度を貫いている。（写真＝朝日新聞）

これを受けて、ネタニヤフは同日、イランの核合意は「歴史的な誤りだ」との声明を発表し、イランの核開発能力を残した合意内容を激しく批判した。アメリカ政府は、カーター国防長官をイスラエルに派遣し、七月二一日にエルサレムでネタニヤフとの会談を行って理解を求めたが、ネタニヤフはこの会談でも頑《かたくな》に反対論を述べた。

同年一〇月一日、ネタニヤフは国連総会の一般討論演説でも、イランの核合意は「イランによるイスラエルへの脅威を高めた」として、合意を厳しく非難した。

一方、イスラエルの対外諜報・特務機関モサドの長官を、一九九八年から二〇〇二年まで務めたエフライム・ハレヴィは、二〇一五年四月六日にイスラエルのニュースメディアへ掲載された寄稿で「ネタニヤフがイランの核合意を即座に全否定したのは早まった対応だ」と述べ、核合意にはイスラエルにとってプラスになる内容もあると主張した。

イランの核開発を外交によって抑止することは可能だとの考えを持つハレヴィは、調印された枠組みの合意は「イランが長年秘密裏に建設してきた核施設とその計画についての交渉に合意したもので、実質的には条件付きの無血開城だ」との見解を披露した。

そして、ネタニヤフがイランに要求する「イスラエル国の承認」についても、イランが応じる可能性がないとわかっていながらそんな要求を出していると批判し、「こんな要求を出すこと自体、その人物が合意を望んでおらず、より攻撃的な解決策に目を向けていると見なされる」と、ネタニヤフの強硬な態度に疑問を呈した。

先に挙げたヤーロン国防相の辞任も、「ネタニヤフ首相への信頼を失った」というのが理由とされており、イスラエルの軍や諜報機関の上層部には、ネタニヤフのイランとの対決姿勢は国民の一時的支持は得られても、長期的にはイスラエルに新たな危機をもたらすのではないかと懸念する人間が少なからず存在しているともいわれる。

だが、ネタニヤフはリーベルマンという、長年にわたる「同志」との関係をさらに強めており、リーベルマンの国防相就任によって、イスラエル軍がイランの核施設を攻撃する可能性は以前よりもさらに高まったと見られている。

また、ネタニヤフは二〇一五年一〇月二〇日にエルサレムで開催された世界シオニスト会議に参加し、ナチスのユダヤ人大量虐殺（ホロコースト）は「パレスチナのイスラム教指導者がヒトラーに進言した結果だ」と演説したが、すぐにイスラエル国内のユダヤ人学者を含む大勢の歴史家から「歴史的事実に反する暴言だ」として非難を浴びた。

ネタニヤフがこのような史実に基づかない、いわゆる「歴史修正主義」的な発言をした理由については、自分たちの方が被害者であるとの図式を改めて創り出すことで、ガザへの武力行使を正当化し、パレスチナ人に対する加害の事実から目を逸らす意図もあるのではないかともいわれている。

既成事実となりつつある「パレスチナ国家」の独立

では、パレスチナ側に目を転じると、状況は二一世紀にどう変化したのか。

パレスチナの独立というアラブ系住民の悲願は、紆余曲折《うよきょくせつ》と停滞を繰り返しながらも、全体的な流れとしては、着実に前進していると言える。

一九八八年一二月の国連総会における、アラファトによる「パレスチナの独立とイスラエル国家の承認、テロという手段の放棄」宣言に前後して、数多くの外国政府がパレスチナを独立国として承認する姿勢を見せており、その数は一九八八年末までに八二カ国に達していた。二〇一一年九月二三日には国際連合への加盟申請を行い、同年一〇月三一日には国連教育科学文化機関（ユネスコ）の加盟国として承認された。

二〇一二年一一月二九日には、国連総会でパレスチナを「オブザーバー組織」から「オブザーバー国家（正式な加盟の前段階で、独立国としての非公式な参加を認める待遇）」に格上げする決議案が、一三八カ国の賛成多数で採択され、国連の議場では「非加盟の独立国」として認められることとなった。

二〇一四年一〇月三〇日、EU（欧州連合）主要国の中では最初に、スウェーデンがパレスチナの国家承認を行い、同承認国の数は一三五カ国となった。

同年一二月一七日、EU加盟二八カ国の議員から成る欧州議会は、賛成四九八、反対一一一、棄権八八の賛成多数により、パレスチナの独立国家としての承認を支持する決議を可決した。また、EU一般裁判所は、ガザ地区のハマスを「テロ組織」の認定リストから削除するとの判決を下した。

二〇一六年一月二日には、キリスト教カトリックの総本山バチカン市国が、パレスチナを国家として承認する包括協定（二〇一五年六月二六日調印）が発効したと発表した。

これらの流れが示すように、パレスチナの独立国家としての地位は、いまだ主要国の多く（日本、アメリカ、イギリス、フランス、ドイツ、イタリアなど）が完全な承認を見送っているとはいえ、国際社会の中では既成事実となっており、イスラエルが外交的な努力で状況を覆すことは事実上不可能だと言える。

先に挙げたネタニヤフのホロコーストに関する暴言も、こうした情勢に対する「焦り」の発露だと見ることも可能である。

イスラエル側でも、パレスチナ国家の否定ではなく、むしろ独立を承認した上での共存が、自国にとって「最善」とは言えないにしても「次善の策」だと理解する政治家は、これまで何人も現れてきた。特に、イスラエル独立戦争（第一次中東戦争）以来、軍人としてアラブ諸勢力との戦いに参加した「武闘派」のイツハク・ラビンとアリエル・シャロンが、最終的にそのような結論に到達した事実は、大きな意味を持っていた。

アラファトと握手したラビンは、共存を望まない極右のユダヤ教徒に暗殺され（第九章を参照）、ガザ撤退を決断したシャロンは脳卒中で倒れたあと、二〇一四年一月一一日に八五歳でこの世を去った。

シャロンが首相在任中に西岸地区で行った、分離壁の建設によるユダヤ人入植地の既成事実化は、パレスチナ側住民の負担や不自由をさらに増大させるものだったが、この行動とガザ地区からの撤退は、もはや以前のようなイスラエル一国の独占的支配では平和な環境を実現できないとの彼の認識を示していたとも言える。

しかし、ネタニヤフ政権下のイスラエルは、こうした共存の流れを頑に拒絶し否定する政策を次々と打ち出しており、分離壁や西岸地区の入植地に関する国連の批判的な勧告も、無視する態度をとり続けている。

果たして、聖地エルサレムとその周辺地域を舞台とするイスラエルとパレスチナの争いは、発生から一〇〇年を数える前に「人知」の力で収束できるのか。

その希望の光は、現在のところ厚い灰色の雲に遮られて、アラブ人とユダヤ人が暮らす地上には、間欠的にしか届いていないのである。

あとがき

私が初めてイスラエルを訪れたのは、人類が滅亡すると予言された一九九九年も無事に過ぎようとしていた頃だった。

前に一度、金色に輝く「岩のドーム」の向こうに橙《だいだい》色の夕陽が沈んでいく、エルサレムの美しい風景写真を見たことがあった私は、一九〇〇年代最後の日没はエルサレムで見たい、と、たわいもないことを思いつき、会社の正月休みを利用して行ってみたのである。

一九九九年一二月三一日の夕刻、私は「西の壁（嘆きの壁）」で知り合った日本人観光客を誘って、エルサレム旧市街の東側に位置するオリーブ山へと歩き始めた。丘の中腹で道から外れ、旧市街を見下ろせる眺《なが》めのいい稜線に並んで腰掛けて、太陽が沈んでいくのを待つ。「岩のドーム」と「アル・アクサ・モスク」のシルエットが夕焼け空にくっきりと浮かび上がり、もうすぐ絶景の日没シーンが見られるものと期待した。

ところが、それから間もなく、旧市街の南西方向からゆらゆらと黒煙がたち昇り、北の方角へと流れはじめた。夕陽を隠すほどの量ではなかったものの、楽しみにしていた日没の光景は、書道家の作品にも似た黒い煙の筋によって、台無しになってしまった。

どす黒い煙に遮られた夕刻の太陽。ちょっと残念ではあったが、戦争に明け暮れた二〇世紀の中東の歴史を振り返ると、これもまたエルサレムの一面を象徴する光景だったと言えなくもない。

アジア大陸の端に位置しているとはいえ、日本とは文化的な結びつきがほとんどないイスラエル＝パレスチナの地を歩いてみると、独特の「異国情緒」をたっぷりと満喫できた。中世からそのまま残る石造りの建物は、ごく一部の名所を除いては保存や修復の手が加わっておらず、自然の風化による傷みや汚れが重なり合って、歴史書の中の一ページに入り込んだような気にさせてくれる。

アラブ人やユダヤ人と一口に言っても、日本ではなかなかその実体を感覚的に知ることはむずかしい。とりわけ、中東戦争のような政治的側面をはらんだ問題を考える場合、どうしても日本人とは別の世界に生きる「研究対象」として見てしまいがちである。しかし、現地で彼らの売っている食べ物を買い、道ばたで食べながら往来を眺めていると、彼らもまた日々の苦労を重ねながら、それぞれ別の事を考えて生きている個別の存在であることを実感させられる。「アラブ人」「ユダヤ人」といっても皆が同じ考え方をしているわけではないし、彼らの属する集団の方針に、彼ら全員が同意しているわけでもない。

本書は、中東戦争の起源と発端、およびその経過を、なるべくわかりやすく解説したものである。判断の基礎となる事実関係の情報量を増やしながら、なおかつ読みやすさを追求すると、必然的に少数派の存在を割愛《かつあい》して「パレスチナ・アラブ人」とか「ユダヤ人」という大まかな分類を多用せざるを得なかった。しかし、実際にはこうした集団の中でも利害対立は常に渦巻いており、様々な考え方を持つ人間が存在していたことに留意していただければ幸いである。

わずか数日間のイスラエル滞在ではあったが、私は街中のあちこちで、それぞれ違う社会に属しながら生活を営む人々の姿を目にすることができた。

旧市街のダマスカス門のそばでファラフェル（コロッケに似た揚げ物）を自分で揚げて売っているアラブ人の子供は、決して恵まれているとはいえないであろうその生活環境にもかかわらず、楽しそうに活き活きとしているように見えたし、ラトルンの機甲部隊博物館で新兵訓練の教官を務めていたイスラエル軍の若い女性士官の凜《りん》とした美しさは、祖国の生命線を握る軍務という職業に対する彼ら自身の強い誇りに裏打ちされたものであるように感じられた。

ベツレヘムからエルサレムへ戻るアラブバスの中では、あるアラブ人の父娘が私を含む周囲の乗客に対して見せてくれたささやかな親切と気遣いに接したことで、私の中にあったアラブ人という人々に対する違和感は完全に消し去られた。「下町情緒」という日本語で表現される素朴な風情《ふぜい》が、遠く離れた中東にも同じように息づいているというのは、私にとっては新鮮な驚きであり、また中東問題に対して皮膚感覚での親近感を抱いた瞬間でもあった。

本書の執筆に際しては、基本的に事実関係の詳細な記述と、当事者の論理、それが及ぼした影響の解説に重点を置き、倫理的・道徳的な判断は可能な限り差し控えるようにした。

このため、読者の中には、特定の集団が行った軍事行動やテロ活動を、筆者が「合理的判断に基づくもの」として是認《ぜにん》しているように感じられた人もいるかもしれない。

しかし、中東戦争に限らず、国家間の戦争から国内の民事裁判にいたるまで、係争中の問題を分析する際に善悪の判断を介在させることは、逆に客観的な判断能力を失わせる効果をもたらしてしまうことは周知の通りである。本書の執筆を通じて読者に提供したかったのは、判断の材料となる情報を提供することであり、決してこれらの問題についての「結論」ではないことをご了承いただきたい。

同種の問題は、国名の表記についても言えることである。

紛争の舞台となった土地は現在「イスラエル国」の領土となっているが、アラブ諸国で出版された地図の中には今でも「パレスチナ」とだけ表記している物も多く、異論の存在する地名の表記については便宜上の解決法をとらざるを得なかった。なるべく、文脈から見て妥当な呼称を用いるよう心がけたつもりだが、用語の表記法が本書の核心ではないことを改めて説明しておきたい。

さて、私がイスラエルを訪問した一九九九年一二月から翌二〇〇〇年一月にかけての時期は、エルサレムの治安も平穏で、旧市街の要所に立つイスラエル軍の兵士にもさほどの緊張感は感じられなかった。

欧米からの観光客は、気楽な服装で旧市街のスーク（市場）を見物した後、「岩のドーム」や「西の壁」を見学することも可能だった。現地入りする前には、イスラエル兵とアラブ人の小競り合いに巻き込まれることも覚悟していたが、全般的に対立の時代は終わりを告げたかのような穏やかな空気に包まれており、当時の私は、これでようやく中東戦争も終幕を迎え、あとはイスラエル当局とパレスチナ自治政府との間で平和的な交渉が行われてゆくのだろうと、漠然と考えていたのである。

しかし、それからわずか九カ月後には、シャロン党首の「ハラム・アッシャリーフ」強行訪問をきっかけにアラブとユダヤの対立が再燃し、国内のあちこちでアラブ人による自爆テロと、それに対する報復攻撃が繰り広げられることになる。このあとがきを書いている二〇〇一年六月現在、シャロン政権はアラブ側に対する強硬な報復主義を捨ててはおらず、状況は過去に何度も繰り返されたのと同じ道をたどりつつあるようにも見える。

イスラエル首相シャロンも、パレスチナ自治政府の議長アラファトも、共に相手に対する妥協を簡単には口にできない立場にある。もし、そのような態度を示せば、過去五〇年以上にわたって繰り広げられた戦争の犠牲とそれに対する復讐心を忘れようとしない一部過激派勢力による、さらなる暴力行為を誘発することを承知しているからである。

このような中東戦争の実体を知る時、改めて「平和とは何か」という問題について考えさせられる。「報復」と「予防」を主な動機として繰り返されるユダヤ人とパレスチナ・アラブ人の戦いの歴史は、戦争というものが必ずしも単純な「戦争を望む意志」によって起こされるものではないことを物語っている。

彼らにとっての「平和」とは、物理的には相手に対する武器を使用した闘争を止めることであり、内面的には相手に対する憎しみと復讐心を捨て去ることを意味する。しかし、戦いの中で肉親を失った人々にとって、憎しみと復讐心の強さは、失った肉親に対する愛情の強さを証明するものでもある。そのような「証明」の機会を捨てて、愛する家族を失った悲しみを全て忘れるというのは容易なことではない。

犠牲に対する報復と、それに対する新たな報復が永久運動のように続く限り、人々の悲しみは再生産され、それが新たな戦争の火種として積み重なってゆく。この連鎖を断ち切るには、一定期間における武力闘争の停止と、その間における子供たちへの「教育」しかないように思える。「報復からは報復以外の何物も生まれない」ことを教え、なかば強制的に「平和を押しつける」ことでしか、戦争の廃絶は実現できないのかもしれない。

平和というのは、何も努力をしていない状態で、ごく当たり前にそこに存在するものではない。並々ならぬ努力を絶え間なく継続し、戦争という不死身の怪物を扉の外れた檻の中に閉じこめ続けるという、決して終わりのない「戦い」こそが、真の「平和」の実体であるような気がしてならない。

最後に、学習研究社編集部の太田雅男・忍足恵一・今若良二の各氏をはじめ、本書の編集・製作・販売業務に携わって下さったすべての人に対して、心からの感謝の気持ちと共に、お礼を申し上げておきたい。

そして、本書を執筆するに当って参考にさせていただいたすべての書物の著者・訳者・編者の方々にも、敬意と共にお礼を申し上げたい。

2001年6月　山崎雅弘

新版あとがき

戦争や紛争は、なぜ起きるのか。なぜ、この世からなくならないのか。

戦史・紛争史研究家を名乗り、古今東西の様々な戦争や紛争を分析・解説する原稿を書く仕事を続けながら、常にそうした疑問を頭の片隅に置き続けてきた。

一九四五年の悲惨な敗戦以降、日本は在日米軍基地が集中する沖縄を除いて、戦争や紛争と深く関わらずに済むという恵まれた環境にあったが、子供の頃から戦争や紛争に興味を惹かれ、本や映画、プラモデル、机上でプレイするシミュレーション・ゲームなど、さまざまな形態でこのテーマに関わってきた。

そこで少しずつ学んだのは、戦争や紛争が起こる原因は多種多様であり、あらゆる戦争や紛争の発生を一律に抑止できるような「特効薬」的な解決法はなさそうだ、ということと、戦争や紛争を始めたり、戦時の意思決定を行う政治的・軍事的指導者の思考や行動様式には、いくつかの共通するパターンが見出せる場合があることだった。

一見すると、この二つは矛盾しているようにも感じられるが、それぞれが戦争や紛争の「異なる側面」を表しているので、切り離して考えることができる。前者の「原因」とは指導者個人の力が及ばないような領域、例えば軍事力の不均衡や、長年にわたり未解決の領土問題、武力行使で得られる経済的利益などを含み、後者は指導者が作り出したり意図的に煽り立てたりできる領域、例えば人種間の不和や対立、宗教上の不寛容、過去に隣国や周辺国との間で発生した古い戦争や紛争の蒸し返しなどを含んでいる。

これらの要素の混ざり具合は、個々の戦争や紛争によって異なっており、それゆえ共通の解決法は見出しにくい。しかしその反面、後者の「人為的要因」に着目して政治的・軍事的指導者の語る言葉や行動を監視し、彼らが過去に繰り返された「争いの炎に油を注ぐパターン」へと国民を向かわせることを阻止できれば、自国が関わる新たな戦争や紛争の発生を、少なくとも「先送り」にすることは可能かもしれない。

そのためには、政治的・軍事的指導者が提示する「自国と他国との対立の構図」を鵜呑みにせず、それとは異なる「隠された対立軸」の存在にも注意する必要がある。

一般的に、戦争や紛争は「A国対B国」や「C民族対D民族」「E教徒対F教徒」など、特定の属性を持つ集団と集団の対立図式で理解されることが多い。本書のテーマである中東戦争も、多くの場合「イスラエル対パレスチナ」や「ユダヤ人対アラブ人」「ユダヤ教徒対イスラム教徒」といった対立の構図で説明されてきた。

こうした認識は、実際に戦争や紛争で戦う双方の兵士／戦闘員にも共有されており、基本的には「間違い」であるとは言えない。本書でも、基本的にはこの種の構図を援用する形で、個別の対立や紛争、戦争を分析してきた。

しかし、終わりがないかのように続く中東戦争の歴史、特に二一世紀に入ってからの対立を俯瞰すると、このような理解の仕方だけでは、うまく説明できない部分が残ってしまうことにも気付かされた。

例えば、左ページの図は戦争や紛争の対立構造を図式化したものだが、上のシンプルな「A国対B国」の図式とは別に、双方の国内にいる「a集団」と「b集団」の間でも、意見の対立が存在する事実はあまり議論されない。一見敵対しているかのように見える「A国のb集団」と「B国のb集団」が、実は「対立関係の常態化・恒久化」によって共に利益を得るという、一般的な理解では見落とされがちな側面を、この図は示している。

実際の中東問題に置き換えて説明すると、「イスラエルのネタニヤフ政権（A国のb集団）」と「パレスチナのハマス（B国のb集団）」は、形式的には敵対しており、理念の面でも決して相容れないという意味では「敵同士」に他ならないが、それと同時に「双方の対立関係」が常態化・恒久化することで、それぞれの国内での権力基盤をさらに盤石にできるという「利害の一致」が、いつしか生まれている。

彼らにとっては、相手側の「b集団」が自国を攻撃することは、自らの「強硬姿勢」を支持者にアピールする絶好のチャンスであり、政治的地位を強固にするための宣伝に利用

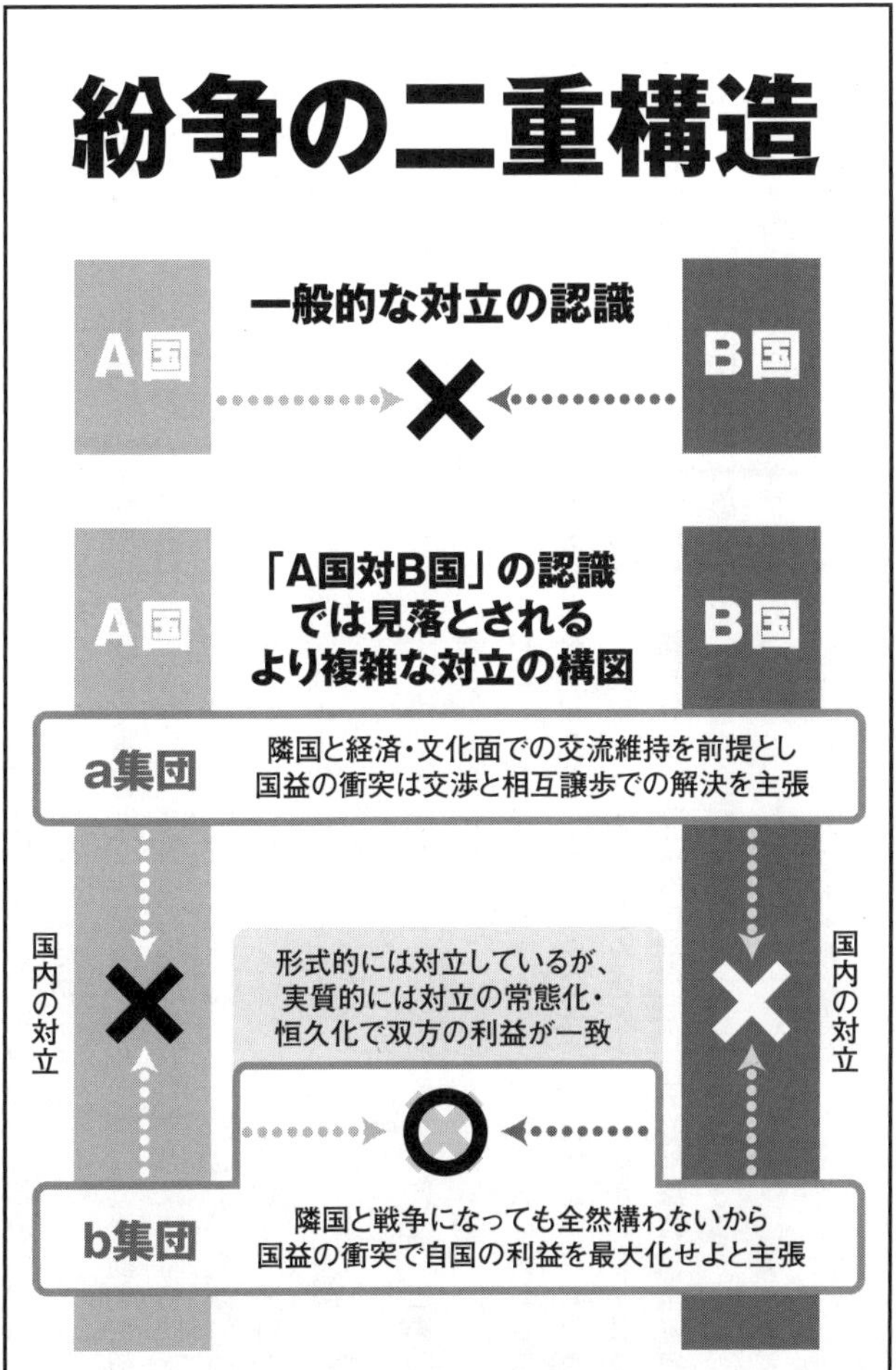
紛争の二重構造
一般的な対立の認識
A国
B国
「A国対B国」の認識
では見落とされる
より複雑な対立の構図
A国
B国
a集団
隣国と経済・文化面での交流維持を前提とし
国益の衝突は交渉と相互譲歩での解決を主張
国内の対立
形式的には対立しているが、
実質的には対立の常態化・
恒久化で双方の利益が一致
国内の対立
b集団
隣国と戦争になっても全然構わないから
国益の衝突で自国の利益を最大化せよと主張

できる「イベント（事件）」でもある。対立が続けば続くほど、自国内の「政敵」である宥和派の政治的発言力は低下し、強硬派の政治的発言力は増大する。

逆に、双方の「a集団」同士が国境を越えて連帯し、支持者を増やし、対立や衝突を引き起こすような暴力や挑発が途絶えれば、双方の「b集団」の政治的発言力は同時に低下してしまう。双方の「b集団」が平和を望んでいないとまでは言えないにせよ、交渉での譲歩を最低限に抑えて平和の到来を先送りにすることを厭わないという意味では、平和よりも対立や緊張の常態化・恒久化を優先順位の上位に置いている。


二一世紀に入り、イスラエルとパレスチナの関係が悪化し続けている背景には、この図で示したような「双方のb集団の利害の一致」が存在しているようにも思える。

第二次世界大戦中のヒトラーによるホロコーストは「パレスチナのアラブ人の入れ知恵が原因」などという、歴史的な事実経過を無視した「妄言」を堂々と公言するネタニヤフの態度や、その手法ではガザ地区の平和は実現できないことをわかっていながら、イスラエル側に対する効果の薄い無差別攻撃を繰り返すハマスの行動は、紛争の解決には全く寄与しない一方で、対立関係の常態化・恒久化という効果は生みだしている。

そして、現時点ではネタニヤフ政権もハマスも、対立関係の常態化・恒久化によって、政治的な発言力をさらに強め、穏健派の政治力を削ぐことに成功している。

このような屈折した図式は、中東問題に限らず、古今東西の戦争や紛争でしばしば見られ、人々を戦争や紛争に駆り立てる前段階としての「国民間の反目や対立」を、特定の政治勢力や政治権力者が意図的に作り出すケースも少なくない。

例えば、日本国内の一部に特定の隣国を敵視する集団がいて、その相手国の一部にも日本を敵視する「反日勢力」が存在する場合、罵倒や誹謗の応酬でそれらの「b集団」同士の対立が深まれば深まるほど、互いに敵視しているはずの両者が、二国間関係の悪化という状況に「共通の利益」を見出すようになる。

相手国の少数派にすぎない「b集団」が、日本に対する敵意を露わにした攻撃的な言動を見せた時、日本の「b集団」は、そうした攻撃的言辞が「相手国の国民全体の総意」であるかのように話を膨らませ、多くの日本人に不快感と被害者意識を抱かせ、相手国に対する敵意の炎を燃やして、自分と一緒に相手国を憎む「仲間」を増やそうとする。

これによって何が生まれるかといえば、日本と相手国の対立関係の常態化・恒久化であり、非宥和的で好戦的な主張を叫ぶ政治家や政治集団の発言力の増大である。

そして、相手国との「和解と友好」を提唱する双方の「a集団」の発言力は、相対的に低下する。「敵との和解や友好を口にするお前は、わが国民の結束を内部から乱すことで敵側を利する、敵の手先だ」との論理で、激しく糾弾される。

二つの国の国民が、互いに「相手国民は自国を嫌っている・憎んでいる」と思い込み、不安や猜疑心、被害者意識をかき立てられて、攻撃的言辞の応酬に加わるようになれば、やがて両国の関係は戦争や紛争の前段階へと移行する。憎悪や敵意によって始まる戦争や紛争は、勃発が秒読み段階に入ってからでは誰にも止めることができない。

誰がそのような行動を誘発しているのか。相手国との関係悪化で政治的利益を得るのは誰なのか。平和を望むなら、見かけ上の「A国対B国」という単純な対立の図式に隠された、本当の「戦争や紛争を創り出す図式」を見抜き、それを無効化しなくてはならない。

中東戦争の長い歴史は、戦争や紛争という人類にとって普遍的な問題の深層を理解するための、膨大な事例集であるとも言える。本書に書き記した情報は、実際に起こった歴史的事実の全てを完璧に網羅しているわけではないが、巨大な戦争の実相を読み解く上での「ガイドマップ」として、様々な形で活用していただければ幸いである。

最後に、朝日新聞出版書籍編集部の長田匡司・渡辺彰規の両氏と、解説文をお寄せ下さった内田樹氏をはじめ、本書の編集・製作・販売業務に携わって下さったすべての人に対して、心からの感謝の気持ちと共に、お礼を申し上げておきたい。

そして、本書を執筆するに当たって参考にさせていただいたすべての書物の著者・訳者・編者の方々にも、敬意と共にお礼を申し上げたい。

２０１６年６月　山崎雅弘

参考文献

※発行年が複数表記されているものは、初版発行年と参考に使用した版の発行年を表す。

◆サムエル・テリエン（小林宏・船本弘毅共訳・左近義慈監修）『聖書の歴史』創元社 一九六九／一九九〇年
◆『NEWTONアーキオ vol.5：約束の地 聖書の考古学』ニュートンプレス 一九九九年
◆『週刊ユネスコ世界遺産 vol.23 エルサレムの旧市街とその城壁』講談社 二〇〇一年
◆テオドール・ヘルツル（佐藤康彦訳）『ユダヤ人国家 ユダヤ人問題の現代的解決の試み』法政大学出版局 一九九一年
◆マーティン・ギルバート（白須英子訳）『エルサレムの20世紀』草思社 一九九八年
◆メイヤ・レヴィン（岳 真也・武者圭子共訳）『イスラエル建国物語』ミルトス 一九九四年
◆ダビッド・ベングリオン（中谷和男・入沢邦雄共訳）『ベングリオン回想録 ユダヤ人はなぜ国を創ったか』サイマル出版会 一九七二年
◆デービッド・ギルモア（北村文夫訳）『パレスチナ人の歴史 奪われし民の告発』新評

論　一九八五年
◆メナヘム・ベギン（滝川義人訳）『反乱　反英レジスタンスの記録（上・下）』ミルトス　一九八九年
◆大石悠二『戦いの時　和平の時　中東紛争起源史』ＰＭＣ出版　一九九二年
◆鳥井　順『中東軍事紛争史Ⅰ　古代–1945』第三書館　一九九三年
◆鳥井　順『中東軍事紛争史Ⅱ　1945–1956』第三書館　一九九五年
◆鳥井　順『中東軍事紛争史Ⅲ　1956–1967』第三書館　一九九八年
◆鳥井　順『中東軍事紛争史Ⅳ　1967–1973』第三書館　二〇〇〇年
◆鳥井　順『イラン・イラク戦争』第三書館　一九九〇年
◆ハイム・ヘルツォーグ（滝川義人訳）『図解　中東戦争』原書房　一九八五／一九八六年
◆田上四郎『中東戦争全史』原書房　一九八一／一九八三年
◆ダビッド・エシェル（ブライアン・ワトキンス編・林憲三訳）『イスラエル地上軍　機甲部隊戦闘史』原書房　一九九一年
◆M・ハルペリン、A・ラピドット（岡部いさく訳）『イスラエル空軍』朝日ソノラマ　一九九二年
◆モーシェ・ダヤン（古崎博訳・森田起守監修）『栄光の砂漠　シナイ作戦日誌』本田書房　一九六七年

◆モシェ・ダヤン（込山敬一郎訳）『モシェ・ダヤン自伝　イスラエルの鷹』読売新聞社　一九七八年
◆ウジ・ナルキス（滝川義人訳）『エルサレムに朝日が昇る「六日戦争」エルサレム解放の記録』ミルトス　一九八七年
◆ジャネット・ワラク、ジョン・ワラク（読売新聞外報部訳）『中東の不死鳥アラファト』読売新聞社　一九九二年
◆村松　剛『中東戦記　六日間戦争からテル・アヴィヴ事件まで』文藝春秋　一九七二年
◆アンワル・エル・サダト（朝日新聞外報部訳）『サダト自伝　エジプトの夜明けを』朝日イブニングニュース社　一九七八年
◆アンワル・エル・サダト（読売新聞外報部訳）『サダト・最後の回想録』読売新聞社　一九八二年
◆モハメド・ヘイカル（朝日新聞外報部訳）『ナセル　その波乱の記録』朝日新聞社　一九七二年
◆モハメド・ヘイカル（時事通信社外信部訳）『アラブの戦い　第四次中東戦争の内幕』時事通信社　一九七五年
◆モハメド・ヘイカル（佐藤紀久夫訳）『サダト暗殺　孤独な「ファラオ」の悲劇』時事通信社　一九八三年

◆ゴルダ・メイア（林　弘子訳）『ゴルダ・メイア回想録　運命への挑戦』評論社　一九八〇年
◆ジャック・ドロジ、ジャン＝ノエル・ギュルガン（早良哲夫・吉田康彦共訳）『イスラエル・生か死か　1・戦争への道』サイマル出版会　一九七六年
◆高井三郎『第四次中東戦争　シナイ正面の戦い』原書房　一九八一／一九八三年
◆アブラハム・アダン（滝川義人・神谷壽浩共訳）『砂漠の戦車戦　第4次中東戦争（上・下）』原書房　一九八四／一九九一年
◆川本和孝『キッシンジャーとサダトとソ連　十月戦争と超大国』拓殖大学海外事情研究所　一九八六年
◆ロン・ノルディーンJr.（江畑謙介訳）『現代航空戦史事典』原書房　一九八八年
◆イツハク・ラビン（竹田純子訳・早良哲夫監修）『ラビン回想録』ミルトス　一九九六年
◆デニス・アイゼンバーグ、ユリ・ダン、エリ・ランダウ（佐藤紀久夫訳）『ザ・モサド世界最強の秘密情報機関』時事通信社　一九八〇／一九九〇年
◆ゴードン・トーマス（東江一紀訳）『憂国のスパイ　イスラエル諜報機関モサド』光文社　一九九九年
◆『別冊歴史読本　ユダヤ大辞典』新人物往来社　一九九七年
◆立山良司『イスラエルとパレスチナ』中央公論社　一九八九年

◆高橋和夫『アラブとイスラエル　パレスチナ問題の構図』講談社　一九九二年
◆広河隆一『中東　共存への道　――パレスチナとイスラエル』岩波書店　一九九四年
◆藤村　信『中東現代史』岩波書店　一九九七年
◆ジャセップ出版編集部・編訳『ユダヤ人とパレスチナ人』ジャセップ出版　一九七三年
◆アモス・オズ（千本健一郎訳）『イスラエルに生きる人々』晶文社　一九八五年
◆バカル・アブデル・モネム（関場理一訳）『わが心のパレスチナ　PLO駐日代表が語る受難の歴史』社会批評社　一九九一年
◆アンドリュー・ボイド（辻野功・藤本篤共訳）『世界紛争地図』創元社　一九八五／一九八六年
◆トーマス・L・フリードマン（鈴木敏・鈴木百合子共訳）『ベイルートからエルサレムへ　NYタイムズ記者の中東報告』朝日新聞社　一九九三年
◆ハコボ・ティママン（川村哲夫訳）『レバノン侵攻の長い夏　イスラエルからの反省』朝日新聞社　一九八五年
◆ピエール・サリンジャー、エリック・ローラン（秋山民雄・伊藤力司・佐々木坦共訳）『湾岸戦争　隠された真実』共同通信社　一九九一年
◆臼杵　陽『中東和平への道』（世界史リブレット52）山川出版社　一九九九年
◆毎日新聞社外信部『図説　世界の紛争がよくわかる本』東京書籍　一九九九／二〇〇

〇年
◆Israel Defence Forces - Chief Educational Officer, Office of Information and Training "Ha'Haganah" Ministry of Defence Publishing House 1985
◆Gilbert, Martin "Atlas of the Arab-Israeli Conflict" Oxford University Press 1974/1993
◆Tessler, Mark "A History of the Israeli-Palestinian Conflict" Indiana University Press 1994
◆McAleavy, Tony "The Arab-Israeli Conflict" Cambridge University Press 1998
◆Bregman, Ahron and El-Tahri, Jihan "The Fifty Years War: Israel and the Arabs" Penguin Books / BBC Books 1998
◆その他、新聞・雑誌記事多数。

〈新版追加分〉
◆マーティン・ギルバート（千本健一郎訳）『イスラエル全史（上下）』朝日新聞出版　二〇〇九年
◆酒井啓子『移ろう中東、変わる日本　2012–2015』みすず書房　二〇一六年
◆エフライム・ハレヴィ（河野純治訳）『モサド前長官の証言「暗闇に身をおいて」』光文社　二〇〇七年
◆吉岡明子、山尾　大編『「イスラーム国」の脅威とイラク』岩波書店　二〇一四年
◆ロレッタ・ナポリオーニ（村井章子訳）『イスラム国　テロリストが国家をつくる時』

文藝春秋　二〇一五年
◆池内　恵『イスラーム国の衝撃』文春新書　二〇一五年
◆黒井文太郎『イスラム国の正体』ベスト新書　二〇一四年
◆アレクサンドラ・アバキアン「ガザ地区」（『ナショナル・ジオグラフィック日本版』一九九六年九月号）日経ナショナル　ジオグラフィック社　一九九六年
◆稲坂硬一「イスラエル軍のガザ侵攻〝鉛鋳造作戦〟」（『軍事研究』二〇〇九年四月号）ジャパン・ミリタリー・レビュー　二〇〇九年
◆青木弘之「〝ジュムルーキーヤ〟への道」（『現代の中東』二〇〇一年　No.31）アジア経済研究所　二〇〇一年
◆野口雅昭『中東の窓』http://blog.livedoor.jp/abu_mustafa
◆『最近の中東・エネルギー情勢から』http://www.energyjl.com/jameef.html
◆その他、新聞・雑誌・ネット記事多数

解説

戦争を語るときに中立的であることは可能か？

内田　樹

本書では、主として第一次世界大戦終結以来過去１００年にわたる中東における戦争と政変とテロについて、中立的、客観的な視座から、何が起きたのか、誰がどういう行動をしたのかが経時的に淡々と書かれている。

と書いておいていきなり前言撤回するのも気がひけるが、果たして中東の政治について、いかなる党派的立場にも与しないで書くことは可能なのだろうか。

私たちが知る限りのどのような中東紛争についての書物も、記事も、論文も、何らかの党派的立場から自由ではない。書き手の国籍によってすでにバイアスがかかる。イギリスもフランスもアメリカもロシアも、中東紛争については当事者である。その地域のどの戦争でも、どの政変でも、どのテロでも、彼らの国はそれによって受益したり、損害をこうむったりする。だから、どれほど中立的であろうとしても、他国の人たちからは「自分の国や陣営の行動を正当化する説明に偏している」という疑いを受けるか、あるいはその逆に同国人から「自分の祖国の国益を損なう、自虐史観に偏している」という非難を受ける。いずれにしても、あまり心穏やかにこの論件を扱うことが許されない。

しかし、日本人の研究者は、そのような困惑を回避できるというアドバンテージを有している。それは日本はこの地域の紛争に、これまでのところは当事者として集団的な仕方ではコミットしたことがないからである。

もちろん、日本政府も日本人もこの地域の紛争に全くのデタッチメントを貫いてきたわけではない。石油ショックの時には、エネルギー源確保のためにそれまでの心情的な「親イスラエル」から「親アラブ」にシフトした。「日本赤軍兵士」はテルアビブ空港で銃を乱射して多くの市民を殺害した。湾岸戦争とイラク戦争では日本政府はアメリカを支援した。民間人が何度かテロリストの人質になり、あるいは解放され、あるいは殺害された。それらが「日本」という国名がこの地域の歴史に登場する数少ない出来事である。だが、そこに国家行動の一貫性や長期的な世界戦略を認めることはおそらく誰にもできない。

もちろん世界の人々は、日本がアメリカの「属国」であり、中東でもそのようなものとしてふるまうことを知っている。だが、それでも日本政府がこの地の紛争に対して「非当事者」のような顔をしていられるのは、いずれかの陣営についても、今のところ日本人の兵士が現地の人を一人も殺していないからである。

アメリカの世界戦略を支援している以上、日本は中東紛争の当事者だ、イスラエルの国旗の前で「イスラム国」への戦いへの協力を約束した以上、日本は中東紛争の当事者だ、という言い方をすることは可能である。原理的に言えば、その通りだ。けれども、何千人もの人をすでに殺している国と、政策的にはアメリカの戦争に加担しているが、まだ自国の兵士が戦闘では一人も殺していないという国の間には「程度の差」というものがある。そして、人の命に関わる「程度の問題」はしばしば「原理の問題」よりも重い。

日本は程度問題に過ぎないにせよ中東の紛争において「当事者度」が低い。そして、この事実が中東紛争について日本人が語る場合に享受しうる例外的なアドバンテージをもたらしていると私は思う。

以前、イスラーム法学者の中田《なかた》考《こう》先生とお会いした時に、中田先生に「どうして、イスラーム教徒の少ない日本の地で『カリフ制再興』を主張されているんですか」という素朴な疑問を呈したところ、中田先生は「シリアやイラクで同じことを主張したら、すぐに殺されますから」と即答した。その時、日本という国は、中東の戦争やテロについてどういう立場を明らかにしようと、直ちにどこかの陣営によって「敵」として認定され、排除されるリスクが少ない例外的な言論環境にあるのだということを知った。

山崎さんの本書はこの「中立的・非党派的であることが許される例外的な言論環境」が生み出したものである。アメリカやフランスやイギリスやあるいはロシアや中国では、このような書物はおそらく書かれないし、刊行もされない。それらの国々では、入りみだれる敵味方のどの陣営にも与しない中東論などありえないからである。それぞれの立場のそれぞれの言い分のどれにもいくぶんかの理があるとするような「コウモリ」的政論は要するに現状肯定・現状追認に過ぎないと一蹴されるだろう。紛争の当事者たち全員が「この論件について中立はありえない。われわれの味方をしないなら、敵と見なす」と詰め寄ってくる。日本でも、そういう口ぶりでこの問題を論じる人はいる（たくさんいる）。けれども、日本では誰かから「敵と見なされた」場合でも、いきなり失職するとか、著書が発禁処分を食らうとか、秘密警察に拘禁されるとか、テロに遭《あ》うとかいうことはない。そこまでの政治的実力は今のところ、どの立場に与する人も持っていない。「程度問題」ではあるが、それが中立的であることが許される例外的環境の実相である。本書はそのような例外的な環境から生まれた例外的な書物であり、例外的でありうることのアドバンテージを最大に利用した書物である。そのことの「ありがたさ」（今の政権が続く限り、このアドバンテージは早晩失われるだろうが）を一人の日本人として感謝したいと思う。

その上で、山崎さんの紛争史研究の個性的なところは何かについて述べたい。

この書物における山崎さんの主張を強《し》いて言葉にすれば、「平和は戦争より望ましい」ということになる。だが、これはあまりに一般論的に過ぎて、政治的主張とは呼べない。その上で改めて本書の記述を丁寧に読むと、山崎さんが「もちろん平和を心から求めはするけれども、改めて、屈辱的な平和と英雄的な戦争とどちらを選ぶかと問い詰められたら、私は答えに窮する」という微妙な立ち位置にあることが知れる。この「答えに窮する」という態度が許されるということこそが日本の言論環境の例外性であり、山崎さんはその態度を意図的に、効果的に、利用していると私は思う。

お読みになった方は同意してくださると思うけれど、本書の白眉は詳細な戦闘の記述にある。そして、そこには「民族の大義」や「士気」や「復讐心」に駆られた少数の精鋭が、「政治的策謀」や「利害得失の計算」で動かされた大軍を圧倒して、戦局を一変させた事例がいくつも紹介されている。その時の記述から、山崎さんが、陣営に関わらず、そのつどの不利な戦況を打開した英雄的な兵士たちにひそやかな共感を覚えていることが知られる。党派的であることをどれほど自制しても、「英雄的であろうとする人間」に対する、政治的立場を超えた敬意は抑制できない。私はそういう山崎さんの心情的な「揺れ」を好ましく思ってこの本を読んだ。

山崎さんの書き物は、他のどの主題のものであっても、つねに中立的であろうとする誠実な努力に貫かれている。ある政治的・宗派的・イデオロギー的立場を一方的に支援したり、批判したりということを山崎さんはされない。けれども、「感情の豊かな人間」「雅量のある人間」「私利を離れて行動する人間」に対する敬意は隠すことはできない。それは措辞《そじ》の微妙な選択を通じて漏れ出てしまう。その人の国籍がどうであるか、いかなる宗派に属しているか、いかなる政治的立場にあるかといったことは、その人が個人として信頼し、敬愛するに値する人であるかどうかとは関係がない。「人を信じる」というのは「政治的正しさ」のレベルの話ではないからだ。もし、その人が自分の傍《かたわ》らにいたら、私の同胞であったら、同志であったら、戦友であったら、自分の命をその人に託すことができるかどうかという「生き死に」のレベルの話である。山崎さんは個人や集団の良否や歴史的意義を評価する時に、彼自身がその場にいると想定して、「この人物に、あるいはこの集団に、私は自分の命を預けられるかどうか」を基準にしているように私には思えた。学術的厳密性とか客観性という点からすれば「ありえない」話である。けれども、生々しい現実を今生きており、そのつど生き延びるための選択を前にしている人間にとってはこれはきわめて切実な判断基準であると私は思う。

山崎さんの紛争史が中立的・非党派的記述をめざしながら、ある種の倫理的な指南力を持ち得ているのは、この語られざる基準が彼の非情緒的な歴史的記述にひそやかに伏流しているからだと私は思っている。

（うちだ　たつる／武道家、思想家）

［新版《しんぱん》］中東戦争全史《ちゅうとうせんそうぜんし》

朝日文庫

2016年８月30日　第１刷発行
2024年１月30日　第３刷発行

著　　者　山崎雅弘《やまざきまさひろ》

発 行 者　宇都宮健太朗
発 行 所　朝日新聞出版
〒104-8011　東京都中央区築地5-3-2
電話　03-5541-8832（編集）
03-5540-7793（販売）

印刷製本　大日本印刷株式会社

Published in Japan by Asahi Shimbun Publications Inc.
定価はカバーに表示してあります

ISBN978-4-02-261872-6

内田 樹
直感はわりと正しい
内田樹の大市民講座
不安や迷いに陥ったら自分の直感を信じてみよう。社会の価値観がブレるとき、本能的な感覚が案外、頼りになる。ウチダ式発想法の原点。

國分 功一郎
哲学の先生と人生の話をしよう
親が生活費を送らない、自分に嘘をつくって？「哲学は人生論である」と説く哲学者が三四の相談に立ち向かう。《解説・千葉雅也》

アレックス・カー
美しき日本の残像
茅葺き民家を再生し、天満宮に暮らす著者が、思い出や夢と共に、愛情と憂いをもって日本の現実の姿を描き出す。《解説・司馬遼太郎》

ドナルド・キーン
日本人の質問
著者が受けた定番の質問から日本人の精神構造や文化を考える表題作ほか、ユーモアたっぷりに綴られる日本文化についての名エッセイ集。

むの たけじ 聞き手・木瀬 公二
老記者の伝言
日本で100年、生きてきて
秋田から社会の矛盾を訴え続けたジャーナリストが考える戦争・原発・教育。最後の五年間を共に過ごした次男の大策氏によるエッセイも収録。

大貫 健一郎／渡辺 考
特攻隊振武寮
帰還兵は地獄を見た
太平洋戦争末期、特攻帰還者を幽閉した施設、「振武寮」。元特攻隊員がその知られざる内幕を語る驚愕のノンフィクション。《解説・鴻上尚史》

山崎 雅弘
[増補版] 戦前回帰
「大日本病」の再発

国家神道、八紘一宇、教育勅語、そして日本会議。戦前・戦中の価値観が姿を変えて、現代によみがえる。急速に進む「大日本病」の悪化に警鐘を鳴らす。

山崎 雅弘
[新版] 独ソ戦史
ヒトラーvs.スターリン、死闘1416日の全貌

第二次世界大戦中に泥沼の戦いが繰り広げられた独ソ戦。ヒトラーとスターリンの思惑が絡み合う死闘の全貌を、新たな視点から詳細に解説。

山崎 雅弘
[新版] 西部戦線全史
死闘！ヒトラーvs.英米仏1919〜1945

第一次世界大戦の講和会議から第二次世界大戦のドイツ降伏に至るまでの二六年間を、ヨーロッパが戦場になった「西部戦線」を中心に徹底解説。

池上 彰編・著
世界を救う7人の日本人
国際貢献の教科書

緒方貞子氏をはじめ、途上国で活躍する国際貢献の熱いプロフェッショナルたちとの対話を通じ、池上彰が世界の「いま」をわかりやすく解説。

緒方 貞子
私の仕事
国連難民高等弁務官の10年と平和の構築

史上空前の二二〇〇万人の難民を救うため、筆者は難局にどう立ち向かったか。「自国第一主義」が世界に広がる今、必読の手記。《解説・石合 力》

朝日新聞国際報道部／駒木 明義／吉田 美智子／梅原 季哉
プーチンの実像
孤高の「皇帝《ツァーリ》」の知られざる真実

独裁者か英雄か？ 彼を直接知るKGB時代の元同僚やイスラエル情報機関の元長官など二〇人の証言をもとに、その実像に迫る。《解説・佐藤 優》